求 是 书 系 · 广 播 电 视 学

求 是 书 系 · 广 播 电 视 学

Typology of TV Program

T

Y P O L O G Y   O F   T

T V P

R O G R A M

电视节目类型学

徐舫州 徐帆 著

ZHEJIANG UNIVERSITY PRESS
浙江大学出版社

前　言

　　流连于书店，发现关于电视的书越来越多。有理论研究，也有业务分析；有宏观解读，也有个性评论；有本土案例，也有海外译著；有学者文集，也有"名嘴"传记——凸现"乱花渐欲迷人眼"之势。

　　然而，"势"应"实"而起。一个不可否认的事实在于：中国电视的大发展，除了带动起一个产业的完善建构，还描绘出一个学科的优质愿景——电视学的谱系由此延展。

　　电视，是中国社会生活的一个焦点，它的呈现形式与承载内容均为"中国特色"的最佳阐释与进程显现。时至今日，在国家体制、文化产业和广电序列三个层面的改革关键期中，从中国电视上折射出的光芒，必然具有丰富而深刻的内蕴。所以，中国电视学的发展契机又更待何时呢！

　　当从眼前做起，从脚下做起。

　　诚然，一个学科的建构与发展，需要基础理论和分支研究的支撑。书店中关于电视的书虽然林林总总，但是其中真正有分量的，到底有几本呢？学术泡沫在电视学领域，一定也会存在，更何况这是一门如此热闹的显学。

　　在这样的背景下，可以说，《电视节目类型学》关注的问题不是热点、敏感点，而是基点、出发点——的确，在目前的电视学学科范畴中，可以大致区分为文本研究（Text Study）以及由此衍生出来的产业研究（Industry Study）和受众研究（Audience Study）三块内容。其中的文本研究是最基础的电视学研究方向，而文本研究中最重要的就是对于电视节目（TV Program）的研究。

　　那么，如何把电视节目研究工作"做精"、"做深"、"做实"呢？首先的第一步，就是要"做实"。俗语说得好，"名不正而言不顺"，"做实"则从"名正"起步——于是，关于电视节目的类型研究，就成为了基础的基础，是为电视学的基点所在。

　　《电视节目类型学》，就是这样一本根基性较强的电视学术作品。它本着"电视学科理论逻辑、电视业界实践模式与电视观众收视习惯相结合"的"三结合"原则,将当下的电视节目类型划分为"电视新闻资讯节目"、"电视谈话节目"、"电视文艺节目"、"电视娱乐节目"、"电视纪录片"、"电视剧"、"电视电影"和"电视特别节目"这样八个大类,并分别就各类型节目的发展历程、划分理论、划分类型和热点问题这样四块内容进行深入阐析,力图构筑起电视节目类型研究的一套理论体系。

当然,这套体系的确立并非理论的终点,其本身也并非完美;而仅希望能够提供一种思路、一种框架,将对于节目类型与类型节目的研究拓展开来。

最后,作为一本教材,《电视节目类型学》适合高等院校广播电视专业学生,以及对电视研究感兴趣的其他专业学生使用;作为一本专书,本书适合广播电视领域研究人士,以及对电视节目感兴趣的阅听人群阅读。

作　者
2008 年 9 月

目 录

目 录

目 录

目 录

导　论

学界·业界·精神·历史的共鸣选择
相关理论资源借鉴
类型界定研究简史
类型界定原则及方法论

　　《电视节目类型学》这本书的诞生，无疑是中国电视业界与学界共同繁荣发展的历史必然选择。

　　从宏观层面观照，当下愈来愈如火如荼的中国电视践行带动了将电视作为对象的各学科、各门类研究的勃发兴起；这些电视相关研究的逐渐上规模、成系统，又聚沙成塔、集腋成裘地促进了电视理论体系的完善和巩固；而规模化、系统化的电视理论，在电视业界实践的相辅相成配合下，终于进一步在学术之林中立住了自身之位，形成了独立的一门学科——电视学。

　　以上这一从电视实践到电视理论、从电视研究到电视学科的形成完善过程，极具整体性与互动性的特质，支撑着以"电视"为内涵的诸多外延不断扩展、深化。

　　从微观层面观照，细细分析这其中的核心要素，所呈现出的一个关键词，即为"电视节目"。正如一份关注电视业界动向发展的刊物就取名为《节目》，以及在每年电视学体系中不断涌动的以"电视节目"为书籍、论文标题的著作的出现——这些现象彰示了一个本质，其要义，质言之："电视节目"为电视学科之"元概念"。同样的，"电视节目"的重要意义在电视业界领域内亦十分明晰，其主旨，概谓之："电视节目"为电视实践之"元载体"。

一个十分明显的事实是,如果没有绝大多数的电视学者对于电视学研究在基本问题上(比如电视节目类型界定问题)有一致的看法,那么电视学就难以成为一门科学;同样的,如果没有绝大多数的电视工作者对于电视实践在基本操作理念上(比如不同类型电视节目的内在属性、制作模式、目标观众)有相近的认识,那么电视业界也将没有足够大的发展潜力。

综上,从宏观到微观,"电视节目"的意义已不需赘言。顺着这一思想脉络而伸展,电视节目的类型学研究,其价值也逐渐显见:毋庸置疑,这是电视学科"元概念"与电视实践"元载体"的"基石"所在,是基础之基础。在中国电视学界与业界蓬勃发展之今日,本书将以垒实"电视大厦"之"地基"为己任,通过新颖、务实的思想建构以及广博、深入的整合分析,为中国电视的实践从业界、学科研究者、相关决策者乃至社会大众提供最"基层"、最准确地理解电视的一条通途。

第一节　学界·业界·精神·历史的共鸣选择

一、学界展望

"电视节目"作为电视研究的本体对象所在,是无论如何也绕不过的分析样本。"电视节目"的基础意义,就好比新闻学领域的"新闻"、传播学领域的"信息"、电影学中的"影片"以及美学中的"什么是美"。因而本书所进行的关于节目类型学的研究,可以称得上是电视学科领域中的基础性分支学科范畴。"在眼前的往往会被漠视",本书将以电视学科中"最熟悉的陌生人"——节目类型作为研究对象,以界定分析作为研究方法,在电视理论学界的意义是极具现实性和及时性的。

试看当前人文社科领域最红火的显学新闻传播学和影视研究,电视学科跟以上两者的关系都是那么的"水乳交融",电视学理论发展的实力和潜力,由此彰显。但是,作为研究的基础样本——电视节目,其分类标准却是五花八门,莫衷一是:观众群、表现形态、主题内容、播出时段、播出方式、剧情时空、播出背景等等,都在被提及,甚至标准的标准也在被不断提出。那么随着这股似是而非的理论趋势,电视节目界定的"标准的标准的标准的……"将不断有进行下去的可能,特别是对于不甚严谨乃至本身就只是滥竽充数的学者来说,这是他们混饭的"金窝窝";但是,对于整体电视理论研究的发展而言,却有百害而无一利。

另一种因界定不清而导致的学术危害在于,由于对于相关电视节目的内涵和外延的不够明晰,致使在研究论证的过程和结果中出现了混淆不清、逻辑迷失的尴尬状况——这一现象在当下中国大陆电视理论研究界可谓具有典型性意味,甚至成为进一步拓展理论空间的一大瓶颈要素,比如对于"电视专题片"和"电视纪录片"、"综艺节目"和"娱乐节目"、"偶像剧"和"青春偶像剧"等等长期受到学界和业界关注的节目,其界定的不清晰、不分明,致使相关研究者和制作单位出现一定程度的困惑。

因此,综观电视理论研究层面,节目类型的界定无疑是电视理论纵深发展的基础。近年来,广播电视学的专业理论研究发展,与新闻学和传播学等兄弟学科几乎在齐头并进。而其中的电视学是支撑这一学科的关键,电视节目类型研究更是支撑电视学的关键。从另一个角度来说,理论必然要有实践指导的作用,只有分明的界定规范,才有准确的分析对应,这样方能使本来就对理论界并不那么重视的电视实践业界真正把目光投向学研界的理论观念。

基业常青,从脚下做起。《电视节目类型学》中相关分析研究就将背负起这一并不热闹但却必要的使命。

二、业界需求

在当下的电视业界,对于实践层面的一线电视人来说,"无所谓分什么类型,去拍去做便可以"的心态处处可见。诚然,不同类型的电视节目具有几乎无异的电视化手法,采、编、播等等万变不离其中。但是,每种电视节目类型的内在核心和精神指向必然在些微处有闪光的显现,如若一视同仁,那么"千片一面"的视听疲态和"听之任之"的收视惯性便必然会出现。

如果电视人没有节目的区分意识,那么做出来的节目的同质化趋向便不可避免。而与此同时,恶性的"多米诺骨牌"似的影响将会进一步危及节目所属的栏目,然后延展到栏目所属的频道。

举个并非危言耸听的现实案例:目前,中央、省、市各级电视机构都几乎设置了多个专业化频道,冠以诸如新闻、影视、综艺、娱乐等等名称的频道可谓是蔚为大观。但是,一个苍白的现实局面是:虽然频道名称都颇具专业性和指向性,但是在这些频道中的所含节目却并不具备足够对应的专业性和指向性——这其中就有电视节目类型界定缺失问题的潜在,导致新闻频道不那么足够"新闻"、文艺频道怎么也看不出与综艺频道有什么区别!如此频道品牌的建构就无从说起了。

频道资源,应该说是电视媒体在媒体新时代、新格局中竞争的有力平台。如果频道资源只有量的增加,内涵节目又不具特色,那么只会导致质的下降以及受关注度的稀薄化。

因而,对于电视节目类型界定的业界需求,是从普通电视人到节目层、栏目层甚至到频道层、台(网)层都能清晰体现出来的。

首先,从宏观业界角度观照:在行业高度,有利于制定电视业界所应对的行业标准。电视节目具有文化和经济产品的双重属性,因而,建立一个成熟的电视节目市场规则,制定合理的行业标准势在必行;而市场的进一步成熟和有序发展,也必须通过清晰的节目界定,使了解节目信息成为"制播分离"改革进展的途径之一。

其次,从具体业务角度思考:电视节目的类型界定有利于电视节目的科学管理,一扫我国目前对于电视节目的管理"过于原则化"的粗放式管理弊端;还有利于构建新颖的电视节目类型;能够使节目创新有章可循,很大程度上能够避免探索未知的盲目性,提升单位人、财、物的效率值,降低市场风险值;同时,节目界定的清晰可为电视节目编排提供依据,亦有助于进行节目资源整合,优化节目排期,以期获得最佳收视效果。

三、精神指向

正如鲁迅先生曾说的"中国文艺界上可怕现象,是在尽先输入名词,而并不绍介这名词的函义。于是各各以意为之……还要由此生出议论来"①——虽然时代不同,观照领域不同,但是先生的话却是通理。电视节目类型学,不仅是电视理论研究的应有之义,也是电视业界实践的迫切要求。笔者认为,电视节目类型学研究的历史意义、理论价值和实践指导作用之于中国电视界的发展,无疑也是可以上升到鲁迅先生为文治学"我以我血荐轩辕"的精神高度。得他之风骨气概,笔者将在中国电视研究领域"俯首甘为孺子牛",勤思而务实地将电视节目类型学的研究工作缜密而细致地开展、深化下去。

当然,在研讨撰述的进程中,最大的困难莫过于两大瓶颈:一是历史资料的缺乏;二是找不到一种理想的参照系。如何解决这些问题? 正如德国学者格罗塞所言:"在一块从未有人探索过的新境地,谁都不可能找到许多无价的

---

① 鲁迅:《扁》,《语丝》第16期,1928年4月。

事实,只要找到路径,就应当知足了。"①是的,如若相关的同类著作已然有汗牛充栋之势,我们这一课题和这本书的意义和价值便会荡然消逝。于是,"走自己的路"成为我们的精神指向。"世上本没有路,走的人多了,也便成了路"——鲁迅先生的这句名言,亦再次让人充满欣慰。

海子的诗句"面朝大海,春暖花开"是那样的美好,本书的完成也因此"面朝大家,心旷神怡"。为什么将许多人觉得虚化的精神指向放在本书开篇的导论部分,因为这是本书的坚实支撑,重要价值无可替代。只有正确的精神指向,在学理层面的论证进展才会披荆斩棘、坚持到底。而更关键的意义在于,去除浮泛的学术歪气,没点儿精神是不行的,特别又身处在这样一个泡沫横生的时代中。

四、历史选择

全球,特别是中国电视的发展可谓日新月异,无论从节目内容层面、技术层面,还是从频道高度、栏目高度来看,电视的内涵和外延都具有无限的观照热点,这既适应其发展要求,也需要电视业界和学界人士投入更多量精力、做出更深入实务的研究。在这样的时代背景和电视环境中,本书的准备、构思和落笔舍去枝枝蔓蔓,仅只就"电视节目类型界定"这一要点展开广泛而深入的研究分析,力图通过行文构建起理据充分的框架体系,望能对电视节目研究有深入的促进作用。一方面,科学合理的电视节目类型分类有助于廓清节目的多种特性,充分明确研究对象;而建立在统一分类标准基础之上的电视节目研究,更能够方便研究者之间的相互交流,便于研究成果的传承和共享,降低沟通成本,节省研究投入。另一方面,本书力图提供一种新的研究思路和应用方式,希望在客观上能起到抛砖引玉之效用,引起更多对电视节目类型学研究的关注。

第二节　相关理论资源借鉴

一、借鉴概说

"没有规矩,不成方圆。"电视节目类型的界定分类工作,无论在理论意义中,还是在实际操作上,都是欲成方圆前必然要立起的规矩。于是,马上映入

---

① 格罗塞:《艺术的起源》,商务印书馆,1984年版,序言。

眼帘的一个问题便是:"怎么立呢?"

虽然,不能绝对地说"借鉴出真知",但是本着"拿来主义"、为我所用的原则标准,从更宏观层面的艺术形态学、类型学,从平级的类型电影、电影类型划分,以及从同为重要媒体类型的广播事业的分类中吸取菁华。将其中无论是指导理念,抑或是方法论层面中的优势部分引用过来,无疑对本书的阐论分析有着极大的促进作用和提升效果。

以下将列举出关于各种相关门类的界定著作或文章中的关键几种,加以评述。既借为理论资源,同时又向前人致敬。

二、西方艺术形态学研究

艺术形态学,从学科衍生角度回溯,可以通向生物学中的形态学(Morphology)门类中。借鉴生物形态学研究机体的结构形态之说,艺术形态学便可谓是研究艺术形式规范系统的一门科学。作为艺术与技术完美结合的现代声、光、电产品与作品,电视节目的类型界定必然会从这艺术形态学的源头获取养分与资源。

这一学科源远流长,从古希腊时期开始,毕达哥拉斯(约前570—前475)及其学派对数的和谐与美的探讨以及对音程的分析等,都多少蕴含了丰富的艺术形态学思想。到亚里士多德(前384—前322)时,他在传世著作《诗学》一书中首先就区分了当时各门艺术的三种形态差别:所用的媒介不同;模仿的对象不同;模仿的方式不同。

之后时光流逝,直至经过了中世纪的黑暗和文艺复兴的曙光,德国美学家莱辛(1724—1781)又异军突起。他在《拉奥孔》一书中对诗与画的全面比较,尤其是形态方面的比较,至今仍能给人们以多方面的启示。

18世纪的后半期,是艺术形态学取得前所未有的意义、规模、条件和前景的时期,其重点表现就在于众多相关著作的涌现,如巴德的《统一原则下的美的艺术》(1746)、门德尔松的《论美的艺术和科学的基础》(年代不详)、本大卫的《一种审美学说的尝试》(1799)、克鲁格的《编纂一本关于美、艺术的系统百科全书的尝试》(1802)等,其中的艺术分类和艺术形态的分析,已经接近近代观念。但系统的、自觉的形式论美学,还是应首推康德(1724—1804)。康德认为:美仅仅关涉到对象的形式,只有不涉及概念和利害、有符合目的性而又无目的的纯然形式的美,才称得上"纯粹美"。这就把形式提到了前所未有的高度了。

到了19世纪,西方美学的集大成者黑格尔(1770—1831),同样在艺术形态学方面有着卓越的贡献。他的三大类型说(象征型、古典型、浪漫型)、五大门类说(建筑、雕塑、绘画、音乐、诗歌)以及关于抽象形式的外在美(整齐一律、平衡对称、和谐等)的论述,迄今仍旧极富启示性。

黑格尔之后,文艺美学理论呈现出众多流派竞争的局面,这些流派都多多少少涉及了艺术形态学的问题。卡冈在其《艺术形态学》中分析了以下七种流派的艺术形态学思想:思辨—演绎流派、心理学流派、功能流派、结构流派、历史—文化流派、经验主义流派、怀疑主义流派。

接下来,完成艺术形态学之"学科飞跃"的,当属美国美学家托马斯·门罗(1897—1974)。门罗于1954年在题为《作为美学分支的艺术形态学》的论文中,首次提出"艺术形态学"的概念。他在艺术形态学方面的主要贡献是初步确立了艺术形态学的范围、目的、价值、意义和基本概念。他提出了艺术形态的五个构成层次:艺术材料、形式结构、复合成分、构成方式和类型风格。

之后出场的苏联美学家莫·卡冈将艺术类型学精缩到艺术分类学的观照领域,他的论述更为深化细化,涉及了具体的分类结果,将在下一部分详述。

三、莫·卡冈的《艺术形态学》研究

在卡冈的艺术形态学中,其核心内容就是艺术分类的标准和具体类别层次问题。这个系统层次和相应的划分标准参考如下:

(一)根据艺术的本体论原则将各门艺术划分为三大类型:空间艺术、时间艺术、时空艺术。这条原则辅以符号学的原则补充,于是又可以划分为另外三大类别:再现艺术、非再现艺术和再现—非再现艺术。

(二)上述的三大类别相互交叉,又产生出九种艺术门类,大致囊括了历史上形成的所有艺术活动形式:

语言艺术、音乐艺术、语言—音乐艺术;

造型艺术、建筑艺术、造型—建筑艺术;

表演艺术、舞蹈艺术、表演—舞蹈艺术。

(三)艺术样式与艺术品种。艺术样式根据借助材料所创造的不同形象而划分;艺术品种根据各种样式不同材料的不同工艺学成形方式而划分。

(四)艺术样式之间的相互影响造成艺术种类。

(五)艺术样式内部结构的变化造成艺术体裁,其中有四个区分度量:题材、认识容量、评价方式、形象模式。

他所归纳的这一划分体系，是按光谱系列原则展开的，因而是逐渐过渡、逐渐演化的。他所确立的这一艺术谱系，基本上确立了整个艺术世界的疆域，并将各门艺术在整个艺术世界中"定位"。

卡冈体系对于电视节目类型界定研究工作的最大价值在于，其理论层面的缜密性、体系性的指导引路。[①]

四、类型电影研究

类型电影，几乎昭示着电影行业大众文化属性的瓜熟蒂落，因为成类型意味着定模式、成批量、上规模的文化商品标准化大生产在电影领域开始欢腾叫跃，其中的著名强势代表便是美国好莱坞的商业类型电影。

或许从纯艺术的角度，类型化都是值得文化卫道士们大书特书、诟病一番的。但是，电影的消遣与欢愉性质正是其长期为普罗大众喜闻乐见的重要原因，所以不要奢谈所谓的"审美"或"艺术"诸如此类的字眼儿或相应话题，起码要慎言。

关注类型化的电影，由此也就更不是纯艺术角度的美学观照了。作为文化产业中的重要工具，对于电影的类型划分，目的很明确：让人们更好地使用该种"工具"。这里的"人们"既包括影院观众，又涵盖制作影人。

具体到电影类型划分的学理著作，中外各家各派各抒己见，可谓参考诸多。本文仅以较新版本的国内学者著作《影视类型学》[②]为参照坐标，从中大致厘清电视节目之姊妹电影影片的类型划分状况。

《影视类型学》研究了类型电影这一美学现象以及一些重要的类型电影的具体形态。同时，该书不仅对一系列的概念进行了具有新颖性的定义、阐发和解释，例如："神话"、"杂耍蒙太奇"、"暴力美学"、"悬念"等；还对如何认识今日中国的大众文化及其中的好莱坞模式、后现代在中国、王朔文化的喜剧性与电视帝王戏等热点论题提出了独到、新颖的理论反驳或应对。

特别值得注意的是，《影视类型学》一书是内地第一部电影电视类型学研究的专著，该书作者也是率先在内地引进、介绍并开展电影类型学研究的学者。由于作者持续地关注中国当下的文化现象，该书不仅在文艺学研究中具有创新性，还与当下中国的文化思潮密切相关。

---

① 参考［苏］莫·卡冈：《艺术形态学》，三联书店出版社，1986年版。
② 参考郝建：《影视类型学》，北京大学出版社，2004年版。

当然,虽然对于该部著作的评价颇高,但是准确地说,其中几乎没有涉及电视类型学的研究。若严格地定义,则应该只能归于纯电影类型学研究而不能越俎。

试看其中的主体论述的划分,从该书的第四章到第十六章,分别详述了爱情片、西部片、惊险片、恐怖片、侦探推理片、黑色电影、政治电影、强盗片、警匪片、动作片以及其中的武打片、惊悚片、音乐歌舞片、喜剧片十三种电影类型的划分,并各通过一句话将某类型片的要义精括。比如,将爱情片称为"永恒题材中的浪漫与困境","牛仔故事中的文明迷思"自然是西部片,把惊险片浓缩为"悬念游戏与现代人的焦虑",而"当我们渴望古堡幽灵和吸血僵尸时"便需要观看恐怖片,诸如此类,一针见血。

当下电视事业的勃兴和电视节目的发展,文化产业的属性日趋强化,因而借鉴类型电影的商业标准化分类(当然,还是有其艺术审美的需要促因),十分必要。

五、广播节目类型研究

广播节目的出现和盛行,较之电视节目而言,在时间性的比较坐标系上,无疑还是具有优势的。在 20 世纪 80 年代,发展成熟的广播几乎还是与初展风姿的电视一道,成为广大普通百姓的重要精神食粮和消遣工具,那时广播电视学界对于广播的研究非常重视,视为主流(起码不似今日的萧瑟)。

在 20 世纪 80 年代末出版的《广播电视概论》一书的第五章"广播节目设置"[①],就非常完整地给出了广播节目的界定分类。现整理如下:

(一)新闻性节目

1. 消息报道性新闻节目;2. 专题性新闻节目;3. 大板块综合节目。

(二)文艺性节目

1. 音乐广播:(1)欣赏性节目;(2)知识性节目;(3)音乐新闻和专题节目;(4)配合性节目;(5)背景音乐。2. 文学广播:(1)文学节目;(2)广播剧;(3)电影、话剧录音剪辑。3. 戏曲广播:(1)欣赏性节目;(2)报道性节目;(3)知识性节目;(4)综合性节目。4. 曲艺广播。

(三)教育性节目

1. 对象性节目:(1)对农村广播;(2)对少年儿童广播;(3)对青年广播;

---

① 参考施天权《广播电视概论》,复旦大学出版社,1987 年版,第 109～127 页。

（4）对人民解放军、武警部队广播。2. 专题性节目：（1）工交财贸节目；（2）理论宣传节目；（3）法制宣传节目。3. 知识性节目。

（四）服务性节目

1. 听众信箱节目；2. 天气节目；3. 广告节目；4. 外汇牌价节目。

正是由于当时广播节目的盛行，节目划分显得特别完善、缜密。而从今天的视角去看，不免发现其中的一些广播节目类型已然消逝。

以上从西方艺术形态学特别是卡冈的艺术形态论、电影类型学以及广播节目界定的理论引述，基本上从各个角度将本书的主旨"电视节目类型界定"所需的研学养分全面补充完备。接下去第三部分的研究简史，将从电视节目分类自身的研究历史进程中，获取更直接和贴近的指导、支撑。

第三节　类型界定研究简史

一、简史概说

关注中国电视理论界的发展历程不难发现，在诸多学术著作、论文中，对电视节目界定、类型划分这一方面的研究可以说并不少。或者说，只要是观照某种特定电视节目类型的特征、趋势、影响等等方面的论述，都不能绕过类型界定这一道工序，毕竟"名正方能言顺"。但是，与此同时，《电视节目类型学》一书在成型过程中，通过广泛搜集、参考，也发现：或许正是"都要提"、"说得多"，反而显得泛，并没有哪部著作或哪篇论文特别详细地将中国电视节目的类型界定工作专门化地进行过（甚至海外学界的相关著作也不多）。

不过，虽然前人学者并未将电视节目类型研究完完全全作为一个单独的课题展开研讨和论证，但是他们在相关著作或论文中的一些论述，对于中国电视节目类型学的深入研究以及本书的理论建构，还是颇具借鉴价值的。本书从某种意义上说，也是"站在诸位巨人肩膀上"的集成归总。

二、《中国应用电视学》之"节目编"划分

《中国应用电视学》是中国电视学界在 20 世纪 90 年代初期的重大理论著作成果，它的出现几乎宣告了"电视无学"论的完全消亡，它以百科全书似的体例写法体现了其特有的系统工程性，而特别值得在此提及的是，《中国应用电视学》一书中四大篇内容的第二篇"节目编"中对于中国电视节目类型的大致

区分。

在"节目编"中,总共涉及了《中国应用电视学》全书的第五章"电视新闻节目"、第六章"电视教育节目"、第七章"电视文艺节目"、第八章"电视文学"、第九章"电视剧"、第十章"电视纪录片"、第十一章"电视专栏节目"和第十二章"电视广告"。通过这些章节的设置,我们就不难发现该书实际上将电视节目总共划分出八个不同类型加以理论详述。

再进一步研究该书"节目编"中这八个章节的基本内容框架,更能细分厘清其中更准确的电视节目类型界定:

《中国应用电视学》全书的第五章"电视新闻节目"将"以现代电子技术为传播手段,以声音、画面为传播符号,对新近或正在发生、发现的事实的报道"[①]作为电视新闻的定义,并将其细分为消息类新闻节目、专题类新闻节目、言论类新闻节目三大类。

第六章"电视教育节目"中对于其概念的解释是"充分发挥电视的传播功能,运用电视的技术和艺术手段,面向整个社会传播科学文化知识,进行社会教育的电视节目的总称"[②],并且该章内容继续把教育节目划分为社会性教育节目、知识性教育节目、系统性教学节目和电视大学教学节目四大类。

第七章"电视文艺节目"中认为"以电子技术为传播手段,以声画造型为传播方式,运用艺术的审美思维,把握和表现客观世界,通过塑造鲜明的屏幕形象,达到以情感人为目的的特殊屏幕艺术形态"[③]是文艺节目的涵义所在,并根据电视屏幕上涌现的电视文艺节目的实际情况将其分为四大类:电视文学类、电视艺术类、电视戏剧类和电视文艺类。

第八章"电视文学"的论述将电视文学定义为"通过特殊的屏幕造型手段,运用文学创作的一般规律,形象地反映生活,塑造人物,抒发感情,充满了文学的氛围,给观众以文学审美情趣的电视艺术作品"[④],并将电视文学的样式划分为电视小说、电视散文、电视诗和电视报告文学。

---

① 北京广播学院电视系学术委员会:《中国应用电视学》,北京师范大学出版社,1993年版,第152页。

② 北京广播学院电视系学术委员会:《中国应用电视学》,北京师范大学出版社,1993年版,第199页。

③ 北京广播学院电视系学术委员会:《中国应用电视学》,北京师范大学出版社,1993年版,第228页。

④ 北京广播学院电视系学术委员会:《中国应用电视学》,北京师范大学出版社,1993年版,第255页。

第九章"电视剧"列举了在不同时期,电视剧观念的诞生、嬗变、更新、扩展和突破,并将各类电视剧划分为电视短剧、小品,电视单本剧,电视连续剧和电视系列剧。值得注意的是,此章并没有对"电视剧"进行定义界定。

第十章"电视纪录片"中之于电视纪录片给出的定义是"直接从现实生活中选取图像和音响素材,通过非虚构的艺术表现手法,真实地表现客观事物以及作者对这一事物认识的纪实性电视节目"[①],同时将纪录片的模式按历史进程顺序归总为格里尔逊式、"真实电影"、访问谈话式和个人追述式。

第十一章"电视专栏节目"中写道:"电视专栏是电视广播中内容相对专一、具有专门栏目的节目类型"[②],并且按照节目内容属性将其分为社会教育专栏、新闻信息专栏、体育运动专栏、文艺专栏、服务专栏;按照节目形式类别将其划分为电视纪录片、电视谈话节目、科教片型和竞赛型。

第十二章"电视广告"从创意、定位、表现和结构形式四个角度对电视广告作了理论分析,并将其从结构形式上分为示范验证型、人物佐证型、生活片断型、新闻报导型、悬念疑问型和气氛渲染型。

从以上的引述中不难发现,该书对电视节目类型的阐述无疑是极其全面,但是其中的缺陷也是非常显著的,就是不同类型的节目定义间的混淆与重复十分明显,比如"电视文艺节目"与"电视文学"的概念重叠,以及电视专栏节目的内容指向过于泛化。

三、《电视新闻节目分类与界定条目定稿会纪要》之界定成果

为了深入研究和探讨电视新闻节目的分类与界定问题,1990 年 7 月 25日至 8 月 1 日,全国电视学研究委员会在山西太原召开了首次电视新闻分类与界定研讨会,并于 1991 年 3 月 16 日至 17 日在北京召开电视新闻节目分类与界定条目定稿会,这次新闻节目界定活动根据当时我国电视新闻的实践,从理论的高度围绕电视新闻、新闻性节目、电视评论、新闻性专题节目、电视新闻的从业人员等几个方面的问题展开了较深入的研讨,取得了一定的研究成果,并从狭义电视新闻、新闻性节目、电视评论、电视新闻的从业人员以及新闻性节目外延的界定等几个方面展开了较深入的研讨,初步划清了新闻性节目与

---

① 北京广播学院电视系学术委员会:《中国应用电视学》,北京师范大学出版社,1993 年版,第324 页。

② 北京广播学院电视系学术委员会:《中国应用电视学》,北京师范大学出版社,1993 年版,第359 页。

其他专题节目和文艺节目的界限,列出了电视新闻应包含的条目名称共 53
条,其中的前 33 条基本明示了电视新闻节目的界定与划分情况:

表 1①

1. 电视新闻	2. 电视新闻节目	3. 消息类电视新闻
4. 专题类电视新闻	5. 言论类电视节目	6. 杂志型电视新闻节目
7. 新闻联播	8. 影像新闻	9. 口播新闻
10. 图片新闻	11. 字幕新闻	12. 哑语新闻
13. 新闻提要与回报	14. 现场采访	15. 非常事件报道
16. 连续报道	17. 系列报道	18. 电视新闻直播
19. 电视新闻现场报道	20. 电子媒介中继采访	21. 电视专题新闻
22. 电视专题报道	23. 电视访问	24. 电视纪录片
25. 电视新闻背景材料	26. 电视评论	27. 评论员评论
28. 电视论坛	29. 电视讲话	30. 电视新闻述评
31. 电视座谈	32. 新闻提示	33. 新闻点评

该分类非常细致,但是标准的多样性似乎使得界定的理论意义远大于实
践的指导价值。

四、《中国电视专题节目界定——研讨论文集锦》之界定成果

毋庸置疑,由中央电视台主持完成的"中国电视专题节目界定"学术研究
活动,是 20 世纪 90 年代中期国内电视理论研究的一个最重要的项目。它的
理论意义在于对纷繁复杂的电视专题节目形态进行了简约化的归纳和整理,
并对其所具有的内涵与范围进行了概念表述。这项工作是一个涉及传播学、
文艺学、逻辑学、分类学、哲学、美学等众多学科交叉研究的系统工程。因此,
它是一项复杂、艰难又有着很高科学性要求的研究工作。通过这项研究,归总
出的电视专题节目分类条目,其涵盖面基本上达到周全无缺,充分体现出中国
电视专题节目的精髓所在。其中的界定条目稿不仅具备美学价值,更重要的
是具有实用价值,充分展示出中国电视专题的特色,并对创作实践提供了有益
的借鉴作用。

在该次学术界定活动的相应著作《中国电视专题节目界定——研讨论文

---

① 周经:《电视新闻节目分类与界定条目定稿会纪要》,《电视研究》,1991 年第 3 期。

集锦》中,列出了中国电视专题节目界定分类条目一览表①,展示如下:

表2②

(一)报道类(含纪录片)				
1. 纪实型 (1)新闻性 (2)文献性 (3)文化性 (4)综合性	2. 创意型 (1)抒情性 (2)表现性 (3)哲理性 (4)愉悦性	3. 政论型 (1)评述性 (2)思辨性 (3)论证性	4. 访谈型 (1)对话性 (2)专访性 (3)座谈性	5. 讲话型 (1)报告性 (2)发布性 (3)礼仪性

(二)栏目类		
1. 对象型 (1)军人节目 (2)青少年节目 (3)老年节目 (4)妇女节目 (5)残疾人节目 (6)少数民族节目 (7)港澳台胞节目 (8)对外节目	2. 公共型 (1)社会性节目 (2)经济节目 (3)文化节目 (4)体育节目 (5)科技节目 (6)卫生节目	3. 服务型 (1)公益性 天气预报　股市行情 寻人启事　广而告之 节目预报 (2)指导性 示范节目　时令节目

(三)非栏目类			
1. 特别节目型	2. 系列节目型	3. 连续节目型	4. 竞赛型 (1)益智性 (2)娱乐性 (3)技能性

(四)其他类	
1. 主持人节目	2. 节目主持人

　　以上的分类基本上将20世纪中国电视专题节目的界定研究作了一个总结。而该项研究中所谓的"电视专题节目"是指"主题相对统一的电视节目,它与综合节目相对应,是电视节目中的一种主要类别"。因而并没有将所有电视节目类型涵盖进去。而且十年过去了,中国电视业界的发展可谓是日新月异,不论在内容层面,还是在技术层面,播出水平和质量的提高都是有目共睹的,就连电视观众的审美取向和收视水平都在"水涨船高"中有所改变和提升。所以,以上的节目分类似乎更具有历史价值,而从现实意义和理论指导的方面来说,则相对失语。

　　①　杨伟光:《中国电视专题节目界定——研讨论文集锦》,东方出版社,1996年版,第5页。
　　②　杨伟光:《中国电视专题节目界定——研讨论文集锦》,东方出版社,1996年版,第2~4页。

五、《电视节目学概要》之"节目分类"论述

壮春雨教授在其著作《电视节目学概要》中,将电视节目作为研究对象,从诸多角度进行了较为全面的理论阐述。该部著作中的第五章"节目分类",便是分析电视节目类型界定的专门章节。

在该章的第一节中,论述了电视节目分类的基本原则是"同一性"原则,其中涵盖着相同的属性和相等的条件两方面要素。

在该章的第二节中,呈现了节目分类的多种方法。若以结构方式来划分,可分为一般性节目、对象性节目、综合性节目、专题性节目等;若以内容为标准,可分为新闻类节目、教育类节目、文艺类节目、服务类节目等,其认为此类划分为国内外一般做法,也是最主要的分类法;若以节目来源划分,可分为自办节目、交流节目、联办节目、转播节目等。在多种方法论的展示之后,其推出了该部专著以电视节目内容属性为标准的"六分法",即新闻类节目、教育类节目、文艺类节目、电视剧、体育类节目和服务类节目(其中的教育类节目又分成文化教育类和社会教育类两种)。

同样在该章的第二节中,以内容属性为界的其他划分方法也依次展现:(1)"三分法"——新闻、教育、文艺;(2)"四分法"——新闻、教育、文艺、服务;(3)"五分法"(两种)——新闻、教育、文艺、体育、服务或新闻、文化、教育、宗教、娱乐(联合国教科文组织分法);(4)"六分法"——新闻、言论、知识、教育、服务、文艺;(5)"八分法"——新闻、言论、教育、知识、文艺、受众参与、服务、综合。①

壮春雨教授向我们彰示了电视节目界定的诸多方法论模式,但是由于没有足够的实证案例的支撑,各种分类法似乎都有足够的合理性成分而不能拥有真正权威、排他性的价值意义,因此使得该章论说的实际指导意味在无形中被稀薄化。

六、《电视艺术哲学》与《十年》中的特定节目界定

《电视艺术哲学》与《十年》两部著作分别对电视文艺类节目界定和新闻类节目界定作了较好的解释,因而具有务实的借鉴意义。

将电视文艺类节目划分阐析得比较清晰的是苗棣教授在其《电视艺术哲

---

① 壮春雨:《电视节目学概要》,浙江大学出版社,2001年版,第175～184页。

学》中的相关论述,他认为:"如果根据艺术分类的一般原则,以外部形态和创作手段的特性为主要依据为电视艺术进行分类,大概可以将现行的电视艺术作品分为三大类:一、电视剧……二、主持人综艺节目……三、电视艺术片。"①虽然该种分类较为简单,但是其难能可贵处在于——如此的划分方式并没有重合交叉之处。因此,对于实践的指导作用和对于观众的理解促进,无疑是具有特别优势的。

孙玉胜在其畅销著作《十年》中主张:"将电视新闻节目在大类上分为'报道类节目'、'杂志类节目'、'谈话类节目',而在这些大类之下又可分为不同的形态,如:'报道类节目'可以分为'新闻(消息)报道'、'调查类报道(或称深度报道)'、'专题报道'等。"②同时他还指出:"中国电视新闻节目如何根据其内容和形态进行科学的分类是我们面临的一个问题。而且是一个十分紧迫的问题。这需要理论专家们的努力,更需要实践者的总结。"③孙玉胜同样简要的分类和呼吁,其实道出了业界一线对于电视节目类型清晰界定的需要,甚至是渴求。

七、"多维组合"分类标准表之界定模式

由刘燕南、夏征宇、李颖、杨振荣四位学者所做的论文《电视节目"多维组合"分类法及其编码设计》④,根据电视节目的多重属性特征,提出了一种新的节目分类标准和方法——"多维组合"分类法,并对其进行了规范化的编码设计,具体内容如下表:

该多维分类系统以及多维码设计,对于我国电视节目研究和实践具有多方面积极的意义,其最明晰的特点就是理性化和标准化。该文还以《开心辞典》节目为例,采用多维码对其进行分类编码:该节目主要属性即其内容属性为综艺娱乐类,选择定义码 C 为其第 1 位编码;《开心辞典》的形式特征十分明显,属于竞赛类,可以选择竞赛类的定义码 O 为其第 2 位编码,即次要属性1;该节目的次要属性 2 和次要属性 3 都不明显,故置"0"处理;接下来是确定其管理级别,按前述解说,娱乐类节目属于基本管理级,即 3 级,于是编码的最

① 苗棣:《电视艺术哲学》,北京广播学院出版社,1997 年版,第 77~79 页。
② 孙玉胜:《十年——从改变电视的语态开始》,三联书店,2003 年版,第 489 页。
③ 同上。
④ 刘燕南、夏征宇、李颖、杨振荣:《电视节目"多维组合"分类法及其编码设计》,《现代传播》,2003 年第 1 期。

表3

分类维度	定义码	类别	分类维度	定义码	类别
内容	A	新闻	形式	O	竞赛
	B	影视剧		P	谈话
	C	综艺娱乐		Q	连续/系列
	D	戏曲/音乐		R	杂志/板块
	E	专题/纪录		S	直播
	F	生活服务		T	卡通
	G	广告		U	引进片
行业	H	法制类	对象	V	老年类
	I	军事类		W	女性类
	J	科教类		X	少儿类
	K	农业类	管理	1	严格管理
	L	体育类		2	有条件管理
	M	时政类		3	基本管理
	N	财经类		4	开放管理

后一位是3。最终，我们得到《开心辞典》的分类编码为CO003。

但是该体系的缺憾也是非常突出的，便是过于符号化和复杂化，实际操作性较弱，在业界中广泛推广意义也不大。

第四节　类型界定原则及方法论

从本章第二部分"相关理论资源借鉴"和第三部分"类型界定研究简史"的论述分析综合而论，本书主体框架中的类型界定方法将取其中的理论菁华，并辅以电视收视活动"约定俗成、深入人心"的普泛习惯、规则为现实支柱来划分电视节目类型，尽可能地贴近电视业界和收视观众。

而在借鉴先学的同时，本书也希冀广大的电视理论和实践工作者广泛借鉴本书的类型界定模式，将其作为各自电视务虚研究或务实操作的"指南针"。

具体而言，《电视节目类型学》一书，在主体框架中将按照"电视学科理论逻辑、电视业界实践模式与电视观众收视习惯相结合"的"偏重内容属性"的

"三结合"分类原则,初步确定了以下八种电视节目类型:电视新闻资讯节目、电视谈话节目、电视文艺节目、电视娱乐节目、电视纪录片、电视剧、电视电影和电视特别节目。

从这八种电视节目类型中,不难看出以下的界定特质:

(1)全面综合了以往相关学科中类型界定的理论依据,以及之前中外电视学科研究中主流的分类意见,既把体系性原则落到实处(其每种节目类型,又将按照"光谱原则",进一步细分阐释),又将可取性传承发扬光大(这八大类型的节目成为各家界定言说的高密度交集所在)。

(2)深入整合了中外电视业界实践中各种节目类型外在特征和内在属性,在进一步完善传统节目类型,比如电视新闻资讯节目、电视剧等界定的同时,深入探讨有生命力、有实践指导价值的节目类型,比如电视电影、电视特别节目等。

(3)全面参考了广大电视观众的收视习惯和普遍印象,力图使每一位电视观众都能够对这种分类方法产生足够的共鸣,清晰明了、一目了然是重要的原则所在。同时,该种分类方式也希望扭转电视观众心目中不合时宜的电视观念。

总之,本书力求建构起一套足够科学化、标准化、系统化的电视节目类型界定体系,希冀以一己之力打好根基,为支撑起中国电视理论研究之"大厦"出力。同时,也欢迎电视业界和学界的人士以本书界定模式为参考,希望无论是在学理还是在实践中,都能帮助您完成对中国电视的进一步深入理解和认知。

第一章
电视新闻资讯节目

中外电视新闻资讯节目的发展历程
电视新闻资讯节目的定义阐述及功能特质
电视新闻资讯节目的七种类型
电视新闻资讯节目的四个热点问题

第一节 中外电视新闻资讯节目的发展历程

1936 年 11 月,英国广播公司(BBC)在伦敦郊区亚历山大宫播出电视节目,宣告了电视的诞生。1939 年,美国无线电公司在纽约世界博览会上展示电视技术,并当场实况播放美国总统罗斯福在博览会上的讲话。尽管它不是正式的新闻广播,却被公认为最早有声音和图像的电视新闻。1951 年 11 月 18 日,美国哥伦比亚广播公司(CBS)的著名主持人爱德华·默罗创办了电视新闻节目《现在请看》。爱德华·默罗原是二战时期 CBS 著名广播节目《现在请听》的主持人。他把这个广播节目的风格和制作手法创造性地运用到电视新闻节目之中,取得了不同凡响的收视效果,并"引发了各家电视网络的第一次新闻大战"①。继《现在请看》之后,1968 年 9 月 24 日,CBS 又推出了一档电视深度报道节目《60 分钟》。《60 分钟》节目每周一期,以对社会问题作有深度

① 王晴川:《谈美国电视的深度报道节目》,《中国广播电视学刊》,2001 年第 6 期,第 62 页。

的调查为主要内容,勇于触及别人不敢涉及的棘手问题。从 20 世纪 70 年代开始,《60 分钟》节目的影响面日渐扩大。30 年来,它赢得了 63 项美国广播电视业最高奖——"艾美奖",成为美国广播电视新闻节目获"艾美奖"最多的一档节目。

因而,在全球范围来看,电视新闻节目从其诞生至今不超过 70 年时间,但其发展速度无疑是惊人的,给这个世界带来的影响也是难以估量的。

在我国,电视新闻资讯节目虽然起步较晚,但发展势头却是非常迅猛的。

我国的电视新闻是从 1958 年开始起步的,"1958 年 5 月 15 日,北京电视台第一次自办新闻节目,播放的是 4 分钟的《图片新闻——东风牌小轿车》。"[1]之所以使用图片新闻的形式,主要是由当时的技术设备所限。在当年的 6 月 29 日,北京电视台使用日本在北京举办展览时留下的一辆两讯道转播车转播了"八一"男女篮球队和北京男女篮球队的比赛。当年的 10 月 1 日,又用我国自己研制的第一辆黑白电视转播车转播了天安门广场庆祝建国 9 周年阅兵典礼和群众游行,晚上又转播了焰火晚会实况。

在我国电视新闻事业的发展初期,我国主要使用摄影机和电影胶片拍摄电视新闻,报道形式上也主要学习、沿用新闻电影的手法。同时,我国电视新闻的发展进程,基本是以中央电视台电视新闻节目的发展脉络体现出来的。1978 年 8 月 1 日,中央电视台《新闻联播》开播,为各省、市电视台树立了消息类电视新闻资讯节目的样板;1980 年 7 月 12 日,中央电视台创办了第一个评论性栏目《观察与思考》,这是中国电视新闻史上第一个以栏目形式固定下来的评论性电视新闻节目;1987 年 7 月 1 日,中国第一个新闻杂志节目——上海电视台的《新闻透视》正式开播,成为当时上海电视节目的"三驾马车"之一;1993 年 3 月 1 日,中央电视台一套实行每天 11 次的新闻滚动播出,大幅度增加新闻播出量与新闻时段;同年 5 月 1 日,中央电视台推出杂志类电视新闻节目《东方时空》,开辟了中国早间电视新闻的收视空间,以清新的面貌赢得观众好评;1994 年 4 月 1 日,推出评论类电视新闻资讯节目《焦点访谈》,形成了电视新闻舆论监督的威力;1995 年 4 月 1 日,推出午间新闻节目《新闻 30 分》,以新闻的编排组合加强报道深度为特色而深受欢迎;1996 年 3 月 16 日,中央电视台正式推出《实话实说》栏目,开创了我国新式电视谈话节目先河;1997年被称为中国电视直播年,中央电视台先后直播了日全食、彗星同现苍穹的天

---

[1] 郭镇之:《中国电视史》,文化艺术出版社,1997 年版,第 86 页。

文奇观,香港回归 72 小时直播,中共"十五大"开幕式,小浪底和三峡水利工程截流等。此后,中央电视台的电视新闻直播连年不断,涉及领域不断拓展,表现方式更加多样,直播内涵更加深入,直播技术和理念也更为成熟;2003 年 7 月 1 日,中央电视台新闻频道正式开播,标志着我国电视新闻进入了又一个新的发展阶段。

第二节 电视新闻资讯节目的定义阐述及功能特质

在理清了电视新闻资讯节目的历史发展轨迹之后,我们尝试对电视新闻资讯节目进行宏观的理论把握。

一、电视新闻资讯节目之定义

一般来说,给研究对象下定义的公式是:"被定义的概念=属+种差","属"一般是被定义对象的上界临近概念,它比被定义的概念范围要广,被定义的对象是它的子系统。由于对上界临近概念的选择不同,就产生不同的系统归属和不同的定义。而种差是作为属中一员的被定义者的特性。由于定义考虑到文字的简洁,只把其中最主要的特性概括进去。这样,定义的内涵就是事物的本质加事物的特性,是本质与特性的综合而扼要的表述。

对电视新闻资讯节目的定义应当考虑到两个层次:首先,是新闻资讯的含义;其次,新闻资讯的传播手段是电视而不是别的媒介。

(一)新闻资讯界定

新闻资讯是随着传媒业的发展而出现的新的术语,它是对过去"新闻"术语内涵的补充和延展,反映随着时代的发展,新闻的信息属性的放大。当然,在本质上,我们仍把新闻资讯归属于新闻。

新闻一词发源于我国唐代,当时其含义主要指日常生活中的奇闻轶事。随着现代新闻学的诞生,产生了诸多对新闻定义的表述。根据各定义的"属"的不同,我们可以大致将其分为几个类型。

类型一、事实说——即把新闻看做是一种事实、现象,并且指的是事实、事物现象本身。例如:

"新闻者,乃多数阅读者所注意之最近事实也。"(徐宝璜)

"新闻者,最近时间内所发生,认识一切关系人生兴味,实益之事物现象也。"(邵飘萍)

"新闻就是广大群众欲知,应知而未知的重要事实。"(范长江)

"新闻是一种新的,重要的事实。"(胡乔木)

"新闻是新近发生的,能引人兴味的事实。"([美]布莱尔)

"新闻是最近报道的事情。"([美]莫特)

"新闻即刚发生和刚发现的事物。"([法]贝尔纳·瓦耶纳)

类型二、活动说——即把新闻视为一种报道或传播活动,行为主体以新闻机构为主,也可以是其他机构或个人。例如:

"新闻是新近发生的事实的报道。"(陆定一)

"新闻是已经发生和正在发生的事情的报道。"([美]约斯特)

"新闻是新近变动的事实的传播。"(王申)

类型三、功能说——即把新闻归为一种实现某种目标,达到某种目的或完成某项使命的功能或手段。例如:

"新闻是新近报道或评述最新的重要事实以影响舆论的特殊手段。"(甘惜分)

"新闻是根据自己的使命,对具有现实性的事实的报道和批判。"([日]小野秀雄)

类型四、信息说——这是随西方信息理论传入而出现的新的研究方法的归纳,例如:

"新闻是及时公开传播的非指令性信息。"(项德生)

"新闻是经报道或传播的新近事实的信息。"(宁树藩)

此外,还需提及的是西方还有一类从新闻内容的趣味性、反常性等特征来认识和解释新闻的定义,例如:

"狗咬人不是新闻,人咬狗才是新闻。"([美]《纽约太阳报》编辑部主任约翰·博加特)

"新闻是一种令人惊叫的事情。"([美]《纽约太阳报》主编达纳)

"新闻是三个 W,即女人,金钱和罪恶的记录。"([美]斯坦利·瓦利克)

以上这些定义,无论是从怎样的属概念归类,都能看出人们认识新闻现象、研究新闻本质的努力。

而在我国新闻学术界,最具权威性的新闻定义,仍然是 1943 年陆定一在《我们对于新闻学的基本观点》中提出的"新闻的定义,就是新近发生的事实的报道"。这一定义坚持唯物主义立场,明确事实是新闻的本源和实体,突出了"新近发生"这一主要特征,且文字简明扼要,易记易传。但其缺陷是注重了事实和报道者之间的关系,忽略了受众的地位。定义只注重事实的时新性,忽略了受众是否未知,是否具有知新性;只注重对新近事实的及时报道,忽略了事实是否重要,受众是否需要知道。注意到这一缺陷,中国人民大学新闻学院郑保卫教授在他的《当代新闻理论》一书中,将新闻的定义表述为:"新闻是公众关注的最新事实信息的报道。"[①]这也许是新闻发展到今天,学者们对新闻定义的新把握。新闻定义的发展,也显示出给新闻下定义,其意义不在于定义本身,关键是新闻学术界借此获得了对新闻本质及其特性更深刻的认识。

(二)电视新闻资讯节目界定

如同对于新闻资讯的定义,我们暂且将定义的视阈限定在电视新闻上。有关资讯方面的定义和内涵我们将在下一节中有专门的阐述。

关于电视新闻的定义,亦如对于"新闻"的界定,众说纷纭。我们可以选取几种说法来展示学术界不断深入地对电视新闻的理解与把握。

定义一:电视新闻是一种报道消息的形式,是通过无线电波传递图像和声音,观众通过电视荧光屏收看的一种形象新闻。(刘洪斌,1985)

定义二:电视新闻是利用电视传播工具,对新近发生或发现的事实所进行的报道。(任远,1986)

定义三:电视新闻是电视台传播的新近或正在发生的事实的信息。(庞啸,1987)

定义四:以现代电子技术为传播手段,以图像、声音、文字为符号,对新近发生的事实所做的报道。电视新闻是电视各种新闻报道形式的总称。(北京广播学院,1988)

定义五:电视新闻是以电视屏幕的图像与口头解说相配合为手段的新闻报道。(何兴光,1988)

定义六:电视新闻是用电视作为传播媒介对新近发生或正在发生的政治事件或社会事件的报道。(杨秉林,1989)

定义七:电视新闻是借助电视作为传播的视听符号,对变动的事实的及时报道。(黄匡宇,1990)

定义八:电视新闻是凭借电视媒介传播的新闻。(张君昌,1995)

定义九:由赵玉明、王福顺主编,北京广播学院出版社1999年出版的《广播电视辞典》第98页中关于"电视新闻"的词条是这样解释的——

---

① 郑保卫:《当代新闻理论》,新华出版社,2003年版,第48页。

(1)以现代电子技术为传播手段,以图像、声音、文字为传播符号,对新近发生、发现或正在发生的事实的报道。

与报纸、广播新闻相比较,电视新闻具有视听兼备、声形并茂、直观生动、现场感强等特点。此外,电视新闻可以充分发挥屏幕上人际传播的优势,记者、主持人与被访对象、观众"面对面"交流、沟通,使观众容易产生身临其境的"参与感"。早期的电视新闻是使用电影摄影机拍摄的,机械技术的局限使新闻报道时效慢,表现手段不够丰富。20世纪70年代初期,轻便的摄录同步的电子摄录设备 ENG 运用于电视新闻采制,使现场报道、现场采访等电视新闻独具的特点与优势得到充分发挥,大大强化了电视新闻的表现能力。现代通信技术的发展,不仅提高了电视新闻传播时效,也扩大了传播范围和影响。

(2)电视新闻类节目的总称,是电视节目的骨干和主体。

按照我们在前面所说的形式逻辑的定义方法,"定义=属+种差","属"表明被定义对象的本质属性,而种差则是由外延的界限厘定。上述这些定义基本上都认识到电视新闻作为新闻家族的一个分支,它与报纸新闻、广播新闻一样同属于新闻的范畴,其新闻属性是相同的,所不同的只是传播新闻的技术手段和方式,即"种差"不同。当然,各个定义在具体描述其"属"概念和"种差"概念时亦有不同的理解和说法,因此各定义间出现了较大的差异。

以中国传媒大学电视学院叶凤英教授和浙江大学新闻与传播学系朱菁副教授为代表的一些学者比较坚持由中国广播电视学会电视学研究委员会主持完成的"电视新闻节目分类与界定"研究项目所确定的有关"电视新闻"的定义,这一定义的完整表述在《中国应用电视学》:"电视新闻是以现代电子技术为传播手段,以声音、画面为传播符号,对新近或正在发生、发现的事实的报道。"[①]

应当说这个定义兼顾了电视新闻的共性与个性,理清了传播所借助的载体、传播所使用的符号及传播内容的限定三个方面的界定。定义的前两句话突出了电视新闻的个性特点,区分了电视新闻与报纸、广播新闻的差别。"以现代电子技术为传播手段",说明电视新闻从传播手段上区别于作为印刷媒介的报纸。有人提出这一说法过于宽泛,易与通讯社使用的传播图像与声音的"电传"设备相混淆。事实上,后一句的"以声音、画面为传播符号"将同为电子

---

① 北京广播学院电视系学术委员会:《中国应用电视学》,北京师范大学出版社,1993年版,第152页。

媒介的电视新闻、广播新闻和通讯社电传及最新的网络新闻区别开来。广播仅以声音为传播符号,是单通道媒介;而电视则声形兼备,将视觉、听觉多种符号同时提供给观众,这样视听双通道传递信息的手段,使得单位时间内信息量激增。这种独特的传播符号使电视新闻具有个性化传播特点与优势。定义的后一句"对新近或正在发生、发现的事实的报道"是对电视新闻的共性界定。这一界定源于陆定一对于新闻的定义,同时又结合了学术界对于新闻本质和特性的进一步把握和电视技术发展所提供的新闻采集传播的新手段,使电视新闻的定义更符合电视新闻的传播现状。

我们认为,到目前为止这还是对电视新闻所下的比较完美的定义。我们也以此为依据来定义电视新闻资讯节目,即:

电视新闻资讯节目是以现代电子技术为传播手段,以声音、画面为传播符号,对公众关注的最新事实信息进行报道的电视节目类型。

在这个定义中,有关电视个性的界定我们仍沿用上述的定义,而关于新闻共性的内容则借鉴了郑保卫教授对于新闻的定义,这样就对媒体传播的受众需求、媒体传播新技术所能达到的即时传播的水平、以及现今社会发展对资讯信息需求量的凸显有了整体的观照。

二、电视新闻资讯节目之传播特质

众所周知,新闻的共性要素包括:真实性、新鲜性、及时性、公开性。电视新闻资讯节目要遵循新闻的共同规律;同时,因其传播的方式和报道的手段与其他媒体有所不同,电视新闻资讯节目又有自己富于个性的传播特质。

1. 传播符号的综合性

电视是双通道的传播媒介,所传递的符号不仅有文字、声音、图片,而且还有形象、色彩等多元信息,它们同时作用于受众的听觉、视觉感官,视听结合,形声并茂,比报纸、广播具有更直接的表现力。从视觉通道可以获取新闻人物形态和现场环境,照片、图表、动画、文字等符号;从听觉通道还可以细分为解说、同期声、音响、音乐等符号。这些符号并不是单独孤立起作用的,而是相互结合,共同发挥综合传播的优势。尤其是视觉通道更可以利用丰富细腻的无声符号,传递出环境氛围的"言外之意",来扩充和丰富新闻信息,深化主题。

2. 传播行为的及时性

电视以电波为载体,决定其传播速度的迅即性,它可以使现在发生的新闻现在传播。随现代电视技术的发展,现场直播使电视新闻资讯节目回归本体:

电视可以在新闻事件发生和发展的同时,进行同步的、直接的跟随和现场报道。这种同步的及时性和直观可信度是其他媒介难以企及的。即使条件限制不能及时传送新闻现场的画面,电视也可以通过口头播报或不中断正在播出节目的情况下"飞"出字幕传播相关资讯。

3. 新闻事实的传真性

其他媒介提供的新闻信息,是通过记者对新闻事件的了解、观察、归纳、构思,依靠语言、文字转述出来,传达给受众,受众需要通过大脑的联想还原景物。一千个读者就会有一千个林黛玉的形象,受众对于读到和听到的新闻的还原亦有所不同。但电视新闻资讯节目则把新闻事件现场的图像再现于受众眼前,给人以明晰的直观印象,使人不容质疑。电视作为人类视觉和听觉功能的延伸和扩大,其传真性是其他媒介无法媲美的。

4. 深度涉入的参与性

电视新闻资讯节目的参与性,在传播的意义上是指受众对于传播内容的心理介入和传播过程的亲身介入。

电视媒介的人性化传播,易与观众达成亲切的交流感。播音员、记者、采访对象直接"面对面"与观众交流,因为能够见其形,闻其声,产生身临其境的感觉,容易激起受众交流的欲望。

另一方面,现代电子通讯技术的发展,使得受众直接参与有了物质保障。更重要的是,以受众为本的传播理念被广泛接受并运用于新闻实践,使屏幕上出现了越来越多的受众参与类节目。加拿大著名学者马歇尔·麦克卢汉把这种观众参与补充传播过程的现象称为"深度涉入",他认为,只有包含了需要电视观众来完成某些过程的电视节目,才是最有效的。

三、电视新闻资讯节目之社会功能

电视新闻资讯节目如同其他新闻一样具备信息属性、舆论属性、宣传属性和商品属性。作为渗透力极强的大众传播载体,电视新闻资讯节目对社会生活的巨大影响是不言而喻的,其主要功能如下所示。

1. 传播信息

新闻事业作为一项特殊的社会传播活动,其产生是为了适应人类社会对信息的需求,同时社会对信息的需求推动其迅速发展。

电视新闻资讯节目以传播信息为主要功能,其每个传播符号都承载信息、传播信息。离开信息,电视新闻资讯节目将无立足之地。而且,由于电视媒介的信息容量远远大于报纸和广播,快捷的速度和丰富的信息量使得电视在媒介竞争中脱颖而出,成为人们获知新闻资讯的主要渠道。

2. 舆论导向

电视新闻资讯节目与其他新闻媒介一样是舆论的工具,对社会舆论的形成具有重要的作用。反映舆论,形成舆论,引导舆论并进行舆论监督是电视新闻资讯节目的重要作用。

3. 传播知识,丰富生活

人们的生产、工作、生活都需要知识和知识流通,电视新闻资讯节目在发挥传播知识的作用方面有着无以伦比的优势。由于电视能直观地、形象地显示事物的形态,受众在观看节目获得知识信息的同时,还能得到视听的满足及心理的娱乐与享受。

第三节 电视新闻资讯节目的七种类型

以现代电子技术为传播手段的电视新闻资讯节目,在传播速率和传播广度上拥有无可比拟的优势,其以多元素的图像、声音为传播符号,对新近或正在发生、发现的事实做出报道。它汇集广播、报纸、杂志、电影等众多媒体之精华,以声、画形象发挥了独特的优势,在新闻报道中异军突起、后来居上,使人们不出家门而能"目睹"天下事。苏联学者曾提出"电视的本体是新闻"之说。尽管这只是一家之言,但它反映了这样一个事实:在电视的众多节目中,新闻节目发挥着主体、骨干的作用。在一些电视节目发达的国家,电视节目的现状也证实了这一点。电视新闻成为这个"地球村"的居民们了解世界的一个最快速、最有吸引力的信息通道。

当下的电视新闻资讯节目,在节目内容上不断拓展深入,节目形态也日益纷繁复杂,逐渐形成了有利于发挥电视传播优势的一些具体类型。作为中国电视节目的主体与骨干,我们有必要厘清电视新闻资讯节目的主要类型。电视理论界对电视新闻资讯节目类型做过"约定俗成"的界定和划分,比如,把电视新闻按内容分为消息类电视新闻节目、专题类电视新闻和评论类电视新闻三大类;也有的是按播出时的形态进行划分的,也是分为三类:口播新闻、图像新闻和现场直播新闻。事实上,人们多样化的信息需求和传播技术的进步,使得呈现在观众眼中的电视新闻节目类型已远不止这几种。

在本书中,将按照电视新闻资讯节目的内容特点、表现功能和要求,结合目前电视新闻的发展现状,把电视新闻资讯节目划分为七大类型,分别是:消息类电视新闻资讯节目、评论类电视新闻资讯节目、深度报道类电视新闻资讯节目、杂志类电视新闻资讯节目、谈话类电视新闻资讯节目、资讯信息类电视新闻资讯节目和直播类电视新闻资讯节目。这种划分基本囊括了现今屏幕上常见的电视新闻资讯节目类型。

一、消息类电视新闻资讯节目

在确定消息类电视新闻资讯节目的节目形态之前,要先弄清楚什么是消息。消息这种新闻体裁是各种媒体在新闻报道中最常用的报道方式之一,它在传递信息、舆论导向上起着举足轻重的作用,一直是新闻报道中的主角。《新闻学大词典》中对消息的解释是:"以最直接、最简练的方式报道新闻事实的一种新闻文体,是最经常、最大量运用的报道体裁。"①

把消息的概念借用到电视媒体上,我们认为,消息类电视新闻资讯节目是以现代电子技术为传播手段,以多元素的图像、声音为传播符号,迅速、简要、客观地报道新近发生、发现的事实的电视新闻节目。在形态上,消息类电视新闻资讯节目篇幅短小紧凑,在中国广播电视新闻奖评选标准中,长消息一般也不会超过4分钟。这种电视新闻节目时效性强、信息量大、形式灵活多样,从一出现,就受到观众的喜爱。如今,这种电视新闻已经成为电视新闻节目的主要节目形态,成为电视观众方便、快捷地获取信息的一个必不可少的窗口。典型的消息类电视新闻资讯节目有中央电视台的《新闻联播》、香港凤凰卫视的《时事直通车》等。

消息类电视新闻资讯节目能迅速、及时、客观、简要地报道国内外最新事态,充分地体现了电视新闻的时效性、客观性、社会性的传播规律,是电视台实现要闻总汇的主要节目。

消息类电视新闻资讯节目有以下四点基本特质。

(一)时效性强

新闻必须讲求时效性,而消息类电视新闻资讯节目还必须具备消息所特有的"以快夺人"的特点。消息类电视新闻资讯节目追求时效性表现在两个方面。一方面是取材新。消息类电视新闻资讯节目所报道的内容必须是新近发生、发现的事件。另一个方面是报道的速度快。这是消息类电视新闻资讯节

---

① 甘惜分:《新闻学大词典》,河南人民出版社,1993年版。

目与其他媒体新闻节目竞争的核心点。因此,可以说,时效性强是消息类电视新闻资讯节目生存的基础。

在电视发展的初期阶段,受技术、设备、传输条件等多种因素的制约,消息类电视新闻资讯节目的时效性比较差。现在,随着科学技术的不断进步,电视新闻的传播手段得到了突飞猛进的发展。消息类电视新闻资讯节目中的现场报道、现场直播日益增多,许多具有重大意义的历史时刻,在电视新闻的节目中都实现了新闻报道与新闻事件的"同步进行"。在不同媒体的激烈竞争中,消息类电视新闻资讯节目以其灵活多样的报道形式,已经彻底改变了时效性差的形象,成为观众及时了解天下大事的主要选择之一。

(二)形式简要

由于消息类电视新闻资讯节目要迅速、及时地报道国内外的最新事件,时间短,速度快,因此记者必须以最简洁的文字、最典型的画面把信息传递出去,这就对消息类电视新闻资讯节目的篇幅有一定的限制。另外,消息类电视新闻资讯节目在栏目内要汇集尽可能多的信息,根据栏目编排的需要,消息类的电视新闻也要尽可能地简练。因此,消息类电视新闻资讯节目在形式上都比较简短。

(三)题材广泛

电视新闻的观众是一个庞大的群体,不同的观众由于受其政治、经济地位及所处的具体环境的影响,他们对信息的需求也各有不同。因此,为了满足不同观众的需求,消息类电视新闻资讯节目很少单独播出,每期节目都是由若干条新闻组成。消息类电视新闻资讯节目的报道领域非常广泛,涵盖了社会生活的各个领域。《新闻联播》《时事直通车》《直播上海》等代表性的消息类电视新闻资讯节目,都成为国内外的要闻总汇。2003年7月1日,中央电视台新闻频道正式开播,滚动播出、时效为先的新闻传播环境使得播出的新闻量成倍地增长。随机抽取新闻频道2004年11月7日节目时间表统计,全天新闻频道消息类电视新闻资讯节目的播出时间长达285分钟。量上的优势为消息类电视新闻资讯节目报道题材的多样性和内容的广泛性提供了最直接的保障,消息类电视新闻资讯节目已经成为电视新闻报道的主要节目类型。

(四)讲求新意

有新意的新闻能给人新鲜感、吸引力,同时还能激发人们的思索。消息类电视新闻资讯节目贵在于"新",这种新不仅是时间新、题材新,还要求报道的角度新、主题新、表现手法新。

1. 角度新

新闻角度是记者挖掘、表现事物的新闻价值时所选取的报道角度。选取什么样的角度主要取决于记者的新闻敏感,是记者新闻业务水平的具体表现。以千篇一律的角度去做报道,只能形成模式化新闻。抓角度,首先要抓住事物的特点。新闻要想避免平庸,就需要记者在了解新闻事件的基础上,抓住个性,抓取事件的本质特点,报道才能具有新意。

2. 主题新

主题、立意是记者对客观事物价值的挖掘和认识。主题、立意是新闻的灵魂,新闻要选择有新意的主题。记者要在深入采访的基础上,经过思想加工,形成有新意的主题思想。只有深入采访,掌握第一手的丰富材料,从宏观认识上把握事物,才能够从感性到理性提炼出具有新意的主题思想。切忌主题先行,这样做出来的新闻必然缺乏新意。

3. 表现手法新

确定了要报道的主题内容之后,就需要考虑选择有新意的表现方式来达到最佳的效果。作为一种声画一体的媒介,电视新闻表现手法创新的领域是极其广阔的,比如:声画有机配合扩充信息量;解说文字贴近生活;善于以形象的比喻使枯燥的数字"活"起来;新闻结构安排好开头、结尾,使材料展现具有吸引力;用电子特技、定格、慢镜头等技巧手法增强画面感染力和扩充信息量等等。

总之,电视新闻的表现符号丰富,再加上技术手段日趋先进,这为电视新闻工作者创作潜力的发挥提供了宽广的平台。

二、评论类电视新闻资讯节目

在以往的许多电视新闻专著或论文中,著作者往往把评论类电视新闻资讯节目归入专题类电视新闻节目类型中去,因为评论类电视新闻资讯节目既有新闻要素,又不拘泥于新闻,而是在新闻事实的基础上深入探讨和分析,达到用事实说明道理的目的。经过多年的探索和发展,评论类电视新闻资讯节目已逐步成熟,摆脱了过去专题报道的思路与模式,形成了区别于其他节目形式的独特的视听语言风格和节目内涵。因此,本文将评论类电视新闻资讯节目作为一个独立的节目形式予以论述。

评论类电视新闻资讯节目是通过对新闻事实的深入调查采访,在获取丰富新闻资料的基础上,客观分析论证、表达见解的电视新闻资讯节目类型。这类节目的传播指向不仅仅是报道事实,而是在分析事实的过程中讲清道理,在节目过程中由记者或节目主持人代表传播媒介旗帜鲜明地表达对所报道的新闻事件或社会热点问题的看法、见解、认识、态度,并借以影响社会舆论。评论类电视新闻资讯节目如同其他媒介的新闻评论一样,是电视作为新闻媒介的旗帜和灵魂,它代表着电视媒介的舆论导向水平和政治业务能力,但它的话语方式更有形声兼具的实证色彩。

评论类电视新闻资讯节目的起步如同我国电视业的起步,其最初源于报刊评论的借用,用"编者的话"、"编后语"等小言论,写成文字稿,由播音员口播,或者直接读报刊社论和评论,既缺乏电视特色,更谈不上评论的深度和力度。因此,评论一直是电视新闻资讯节目的薄弱环节。随着电子技术发展所提供的多样化表现因素,电视从业者们对电视语言的探索也在不断深入,评论类电视新闻资讯节目的表达形式、传播方式也在发展创造之中。尤其是近年来,电视屏幕涌现了一批有电视特色、有深度表达的评论,扭转了电视评论欠缺的局面。

当前的评论类电视新闻资讯节目既是对其他媒介评论的承袭和融合,又在各方面因素的综合作用下发挥自身特色,形成自己独有的表述方式。

首先,评论类电视新闻资讯节目具有新闻评论的共性要求,即有新闻性、社会性、政治性和指导性,围绕社会和广大群众普遍关心的新闻事实,进行分析、探讨、研究,最后引导出科学的、思辨的、能为群众所接受的结论来,从而指导社会生活实践。新闻性是新闻评论最基本的要求,但评论性节目的新闻性、时效性和消息类新闻有所不同:消息类新闻的优势在于消息的新、快,要求具有很强的时新性;评论性节目更侧重于挖掘新思想、新观念,在"新"的前提下讲求时宜性。

其次,评论类电视新闻节目是充分发挥电视特色,融评论与深度报道于一体的新闻类节目。目前,这类节目已表现出成熟的个性特质。

1. 报道与评论并行

评论性电视新闻资讯节目由两部分构成,作为事实的信息和作为意见的信息,两者互为依托。报道与评论并行的结构形态与电视评论节目用事实说话的话语方式相辅相成。通过报道与评论同步记录生活,并表达党、政府及社会各界的意见看法,将事件性信息和意见性信息融为一体,事实在各方面声音中呈现,评说在对事实的人格化叙述中表达,并给观众以极大的思考空间。

我国的评论性电视新闻资讯节目是在发展中逐渐体现报道和评论并行的

进程。一方面,是原有电视新闻栏目中评论因素的渗透,无论《新闻联播》、《新闻30分》、《中国新闻》等都有节目主持人在新闻的前后所加的简短提要和评说,利用新闻的编排及时为事件提供背景资料,即时访问当事人、知情人和专家,同时报道各方面的看法等方式,努力将评论融于报道之中。另一方面,评论节目越来越注重报道的力度,这是基于电视特性和受众需求所形成的认同。如评论节目《焦点访谈》的定位语由最初的"时事追踪报道,新闻背景分析,社会热点透视,大众话题评说"变为今天的"用事实说话",就是以正在进行的过程展示和对同一事件各个层面的纪实,提供给受众的是一个内容和形式融合、意见和信息兼备的整体。成都电视台的《新闻背景》特点是"只述不评",实际是以一种隐晦的手段让受众自己作出评论。上海电视台《新闻透视》的指导思想是通过对新闻事实的报道、追踪、深化、解释、评述,既生动形象地宣传党的路线、方针、政策,又及时反映群众的意见、呼声和要求。评论节目逐渐以报道和评论并行形成一种有利于受众作为个体判断信息的体系,以更多有价值的信息为受众提供多元化的思考线索。

2. 采访、调查的过程即为评论的过程

评论性电视新闻资讯节目最重要的一点就是汇集方方面面的声音,记者、主持人的采访、调查是这些声音的最佳载体。记者、主持人采访、调查的过程即为评论的过程,这是现代电视新闻评论节目独有的结构形态。一方面,采访调查的过程使评论具象化,使之更具电视特色。因为事实的呈现本身就是一种意见表达,但这种表达需要通过记者、主持人的视线,通过摄像机的镜头有目的地进行,让事实在动态过程中展现。另一方面,采访调查的过程中,当事人、群众、相关方面专家乃至记者、主持人等各方面的意见、话语都作为一种信息,和事实的信息汇集在一起,提供给了观众一个尽可能宽阔的视角。此外,由于评论节目所具有的舆论监督作用,有些事实不能通过常规采访途径获取,在某些特殊情况下,评论节目只得运用隐性采访展示事件过程,以便受众获得贴近真相的信息,从而作出较为准确的判断。需要注意的是,采访调查的过程即为评论的过程,意味着评论者身份角色的转换,在某种程度上,记者、主持人由结论的得出者成为意见的中介者,包括他们自己的意见也成为信息的一部分,使受众在尽可能宽广的视域里作出自己的判断,这体现了现代电视评论的精神。

3. 评论的多向互动

评论是一种话语表达,而任何话语都是双向或多向的,只有在一种互动的过程中,评论才得以真正完成。评论类电视新闻资讯节目对这种多向互动的追求,一方面体现在充分展示新闻事件关联人等自己的评论,在各种评论的多向交汇中架构受众的思考空间。另一方面,将受众的参与、反馈及时组织到节目中来。《焦点访谈》从 1998 年 4 月开始完善反馈机制,对一些重点报道进行追踪报道并将处理结果展现给受众。将多向互动作为评论的一部分,这是现代传播观念从单向走向双向的必然产物。参与互动体现在评论节目为受众提供声音表达的可能上,如主持人、记者采访新闻事件关联人这种人际交流方式使得受众在屏幕内参与评论成为可能,而评论节目中的反馈实现的就是对职业评论者的评论,这也是评论精神的深层体现。传播技术的发展又强化了这种互动性,评论节目还进一步借助网络这一传播手段来发展评论。

三、深度报道类电视新闻资讯节目

对于深度报道类电视新闻资讯节目,有人从不同角度出发,划分出了不同的类型。从国内的现状看,有人认为《新闻调查》的节目形态是典型的深度报道类电视新闻资讯节目;也有人把专题类、杂志类、谈话类等形态都划为深度报道类电视新闻资讯节目。因此,在确定深度报道类电视新闻资讯所属的节目形态之前,我们必须廓清一个概念:什么是深度报道?

《新闻学大词典》对深度报道的解释是:"运用解释、分析、预测的方法,从历史渊源、因果关系、矛盾演变、影响作风、发展趋势等方面报道新闻的形式。"[①]

《中国应用电视学》针对电视新闻节目进一步指出,"解释性、调查性、分析评述性、问题探讨性等一些具有思想内容深度的报道都可归属于广泛的深度报道范畴。"[②]

从以上定义可以看出,深度报道类电视新闻资讯节目的内涵还是比较清晰的。笔者认为,深度报道类电视新闻是以现代电子技术为传播手段,以多元素的图像、声音为传播符号,对新近发生的新闻事件所做的解释性、调查性、分析评述性等具有思想内容深度的报道。深度报道类电视新闻资讯节目不满足于向受众提供简单的新闻事实,而是对新闻要素做进一步的深化处理,要求一

---

① 甘惜分:《新闻学大词典》,河南人民出版社,1993 年版,第 153 页。
② 北京广播学院电视系学术委员会:《中国应用电视学》,北京师范大学出版社,1993 年版,第181 页。

方面剖析新闻事实的内部要因;另一方面展示新闻事实的宏观背景,对新闻事实进行跨时空、由里到外的综合、立体反映,从总体上把握其真实性。

在这个定义里面,实际上是有两层内涵:

一是要有"深度"。"所谓深度就是对事实的占有,作为记者,你获得事实越多,你离深度越近。深度报道'深'就深在以事实的讲述和事实中疑问的解开为核心。"[①]记者采访过程中挖掘到的新闻事实越多,就越能为论点提供有效的话语支持,就会向深度走得越近,就能使受众从不同层面、不同程度地悟得报道之深度。

同时,人们在思考一个问题时,总是会想到这个问题何以来、何以去,总是需要借助一个过程有秩序地求解。观众对这个"过程"的依赖,就要求深度报道在时间叙述上,不仅说明现在,还要涉及过去和未来;在地点展示上,不仅要报道现场,还要有地域的延伸和波及;在人物采访上,当事人要采访,相关人和见证人亦要采访;在事实本身的搜集上,除了要掌握基本事实外,与事件本身相关的细节、各个层次的背景都要有充分的考虑。只有这样,受众才可能全景式地知晓事实,新闻发生的来龙去脉、前因后果才会在报道中客观、明白地表现出来,记者对其意义、趋向以及影响的预见和分析才会拥有权威性和参考价值。

第二层内涵指明了其形式为"报道"。其实质是指记者如何表现新闻的客观存在,并客观地表现记者对事实的理解,并运用话语、编排、摄录技巧或事实的取舍来达到这一目的。

而作为一种相对独立的电视新闻类型,深度报道类电视新闻资讯节目承担着提供深度信息,反映、解释和分析新闻事件的多重功能,在电视新闻的多种类型中有着独特的魅力。它与广播、报刊等的深度报道不同,和其他类型电视新闻的报道方式相比,在表现方式上也有本质的区别。

1. 理性分析的特点突出

较强的理性分析色彩是深度报道类电视新闻的显著特质。深度报道类电视新闻不仅要报道发生了什么,还要究其原因,探讨"为什么发生"和"怎样发生"等深层次的问题。"它通过记者、编辑对事实的全面把握和对材料的精心选择,以生动感人、有说服力的微观事实,对事实做深层的理性思索,让观众在了解事实真相的同时,从中悟出一些道理,这也是深度报道类电视新闻节目的

---

① 孙玉胜:《十年——从改变电视的语态开始》,三联书店,2003 年版,第 93 页。

生命力所在"①。对同一新闻题材,可以根据受众的信息需求和节目的自身定位,以不同的方式处理成不同侧重的深度报道。

2. 全景式的立体报道

多侧面、多角度的全景式立体报道,是深度报道类电视新闻的又一显著特质。生活的错综复杂决定了社会事物之间的关系不是简单因果的而是多重因果的。过程的表现和原因的分析就是要阐明矛盾发生的原因、解决途径及其中的曲折。理性的思辨决定了深度报道类电视新闻必须是全景式的立体报道,它不是简单地报道事件结果,简单地传达某种结论,而是着重于过程和原因的分析,要再现新闻事件的方方面面,即要为人们提供"是什么"、"为什么"和"怎么办"的信息。这样层层剥笋似的多侧面、多层次反映剖析事物,才能使报道有理有据,做到入情、入理、入心。

3. 运用多样的表现手法

表现形式的选择是为揭示和深化主题内容服务的,内容与形式相结合是节目成功的基础。深度报道类电视新闻的表现形式呈现出多样化的显著特点,例如,先设置悬念,再逐渐深入揭示事件真相;或者是以记者或主持人的思考为主线,在对事实的分析中层层递进,等等。这种多样性正是由深度报道类电视新闻本身所要表现的内容决定的。在内容上,深度报道类电视新闻要求对事物作多层次的思考和立体化的展示,这就决定了它在表现手法上,在结构上必须是多样性的。深度报道类电视新闻内容多层次、立体化的伸展为多样化的表现形式和结构创造了条件,也为记者创造性能力的发挥提供了条件。深度报道类电视节目的内容是多样的,在一个节目里,可运用的报道形式也是多样的。

4. 拥有相对稳定的受众群

深度报道类电视新闻节目大多是根据社会需要设置的,与现实生活结合紧密。一般都有比较明确的节目定位,以及相应的取材范围和表现形式,在内容与形式的结合上具有一定的风格特点。因此,这类节目一般拥有一批相对稳定的受众,而稳定的受众群对节目的要求往往会比较高,他们的接受态度和意见、建议,又反过来影响节目的内容和形式,推动节目的不断改进和提高。从这方面上看,深度报道类电视新闻节目与受众之间的互动关系,远比消息类电视新闻资讯节目密切得多。

---

① 叶子:《电视新闻节目研究》,北京师范大学出版社,1998年版,第179页。

深度报道类电视新闻资讯节目旨在对重要新闻事实作详尽、深入或独特视角的报道,为受众提供有关人物、事件或问题的深度信息,简言之,深度报道类电视新闻资讯的采制,在"现代新闻理念"、"深入挖掘采访"、"用事实来说话"、"符合思维规律"四个方面是远远胜于一般电视新闻资讯节目的。在我国,于1996年5月17日晚,在中央电视台第一套节目推出的第一个深度报道类电视新闻资讯栏目《新闻调查》,就以极大的社会责任感将自己的目光投注到社会的各个角落,表现出了博大的人文关怀。

四、杂志类电视新闻资讯节目

"杂志"这个词,起源于阿拉伯语"Makhazin",原意为"仓库"。一般仓库都有两个特点:一是存储的物品种类较多;二是各种物品分类摆放。由此可见,"杂志"含有兼收并蓄、分类排列的意思。在众多的电视节目形态中,人们便借用"杂志"这一概念,来归纳内容上包罗万象,而形式上采用分类编排的这类电视节目。

杂志类电视新闻资讯节目是指采用杂志式的专栏化分类编排方式,由节目主持人串联播讲的综合性电视新闻资讯节目。这种电视新闻资讯节目形态借鉴杂志的编辑手法,将长短不一、表现形式各异的新闻性稿件,按栏目的宗旨加以取舍,有机地组成一个定期定时播出的单元。它融信息、舆论、知识传播于一炉,杂而有序,内容上中心突出,形式上灵活多样。既有信息量大的众多简讯,又有一定的深入报道,是电视节目栏目化的具体表现,也是主持人栏目的一种。杂志类电视新闻资讯节目最早出现于美国,这种节目形态推出以后,很快被各国电视界广泛地运用并得以快速发展。今天它已成为很多国家电视屏幕上运用最广泛的节目形态之一。

杂志类电视新闻资讯节目的结构包括两个层次:一是局部结构,主要处理节目素材之间的关系,赋予每一个局部相对确定的意蕴和相对完整的形式;一是整体结构,即根据节目方针、本次节目的预期目标,把各个局部联结为并然有序的有机整体。曾任《东方时空》栏目总制片人的孙玉胜说过:"《东方之子》、《面对面》、《生活空间》、《时空报道》四个组就像四个车间,不断制造出标准部件,进而组合成每天变幻奇妙的《东方时空》。"[①]可以看出,在杂志类电视新闻资讯节目中,局部结构和整体结构的关系是对立统一的,应该坚持局部的

---

① 孙玉胜:《所能想到和做到的》,《东方时空精粹》,中国人民大学出版社,1998年版,第13页。

合理性和整体的紧密性相统一。

杂志类电视新闻资讯节目最突出的特质就是在节目结构上的分类编排，这种板块模式使杂志类新闻资讯节目在传播上占据了独到的优势。

1. 节目内容丰富广博

杂志类电视新闻资讯节目视野广阔，涉及面广，能够在一期节目里满足不同层次受众的不同需求。杂志类新闻节目的长度一般在 30 分钟以上。如果一个主题，在内容上缺乏一些跌宕起伏，时间一长，观众就会产生疲惫心理，注意力就会转移。要使观众注意力集中，最好的方法是变化。板块结构在题材内容上的多样变化，犹如一个个兴趣点一样，可以把观众的观看积极性调动起来。还没等观众产生疲劳感，新的板块就出现了，观众的注意力又被集中到新的内容上了。每一板块出现时伴随生动活泼的特技画面，从画面到音响、音乐的变化，加上主持人串联词的承上启下，使不同内容一环一环地进行下去，观众的感觉是连贯的，节目是有整体感的。

节目内容的综合性，除了取材力求丰富多彩外，更为重要的是这种节目按多元要求组织内容，讲究雅俗共赏，注意在提供信息的同时提供背景材料、相关知识、引导思考、激发联想。这样，这类节目的内容综合性就具有既不同于新闻节目，也不同于专题节目的特点。

2. 节目形式灵活多样

应该说，有些新闻类型在形式上也具有多样性和灵活性的特点，但杂志类电视新闻资讯节目在体现这一特点时却有自己的某些特殊的做法，使其优势更加明显。比如：在杂志类电视新闻资讯节目中，既重视调动各种体裁，又不为体裁界限所束缚，有时甚至把不同体裁连缀成一个话题；力求语体化，尽可能按社会语言规范、广播电视线性传播方式，以及与节目的整体语言环境相协调的要求，调动和组织声音、图像符号为表现内容服务；较多运用访谈、现场报道等形式，以增强节目的现场感，引发受众的交流、参与欲望；注意发挥主持人组织和串联节目的作用，等等。这类节目的形式多样性，既与内容的综合性表里相应，同时又使观众有"常看常新"之感。

3. 节目各部分协同"作战"

杂志类电视新闻资讯节目包括若干部分，每个部分都有预先设定的功能或意图。在杂志类电视新闻资讯节目中，各个板块的内容被有机地联结成为一个整体，从而形成了多种社会功能，这些功能已不是节目各个局部功能的简单之"和"，而是局部功能协同作用的结果。功能的协同性，就是要求每次节目在体现节目多功能定位的基础上,争取整体大于局部之"和"的表现功能和社会功能。这种协同功能的产生,在于对各种结构手段的调动,尤其是串联手段,为杂志类电视新闻资讯节目的各个局部创造一个协同工作、良性互动的内在环境。从这个意义上说,功能的协同性是杂志类电视新闻资讯节目区别于其他新闻性节目的根本特点。那种把杂志类电视新闻资讯节目笼统称为综合性节目的说法之所以不确切,就是因为它可能使人只注意内容或形式的综合,而忽视或无视功能的协同性这一更为根本的特点。

正是由于具有这些优势,杂志类电视新闻资讯节目一出现就显现出旺盛的生命力,引人注目。所以,在 20 世纪 80 年代以来的中国电视节目调整中,杂志类电视新闻资讯节目像雨后春笋般地涌现出来,并呈现出欣欣向荣、稳定发展的良好态势。1993 年 5 月 1 日清晨,中央电视台开办的杂志类电视新闻《东方时空》开播,这个 45 分钟的杂志型新闻节目共包括四个板块:《东方之子》、《焦点时刻》、《生活空间》、《东方时空金曲榜》。节目播出伊始就产生了广泛影响,改变了中国大陆观众早间不收看电视节目的习惯,被誉为是"开创了中国电视改革的先河"。在这之后,《东方时空》于 1996 年、2000 年、2001 年分别经历了三次大的改版调整,使其在内容和形式上与时俱进,更加符合广大观众的需求。2004 年 9 月 1 日,《东方时空》移师晚间,子栏目调整为《时空连线》、《时空看点》、《时空调查》、《百姓故事》、《东方之子》、《媒体观点》6 大板块,以新的起点、新的面貌,打造中国电视新闻杂志"第一高度"。

五、谈话类电视新闻资讯节目

谈话类电视新闻资讯节目是当今社会比较"火爆"的电视节目形态之一。本节界定的是在电视新闻范畴内的谈话节目,广义上的电视谈话节目在后面的章节中会具体探讨。

谈话类电视新闻资讯节目是指以面对面人际传播的方式,通过电视媒介再现或还原日常谈话状态的一种节目形态。通常是围绕新闻事件、社会热点等当前群众普遍关心的问题,在主持人、嘉宾和观众之间展开的即兴、双向、平等的交流,它本质上属于大众传播活动。谈话类电视新闻资讯节目的特点不在于对新闻事件诸要素的具体报道,而是通过主持人与参与者的访谈,一方面可以传播思想、观点,另一方面也可以通过采访时的对话,对新闻事实进行更深入的挖掘和探询。因此,在这里我们把演播室的电视新闻访谈节目——如香港凤凰卫视的《新闻今日谈》和电视新闻专访——如中央电视台新闻频道的

《面对面》这两种节目形态,统一归为谈话类电视新闻资讯节目。

人类传播是从人际口语交流开始的。这种人际传播虽然极为原始,但是它却具有角色认同、情感互动和心理交流等特点,是迄今为止最为基本的、信息量最为丰富的传播行为。人际传播的优势在谈话类节目中得到了凸现。因此,电视传播如何尽可能以面对面的人际交流方式,在空间轴线上缩短与观众的距离,把电视节目由大众传播更多地转向人际传播,已经成为电视人十分关注的问题。在这里,我们主要从谈话者双方、谈话主题这三个特质来分析谈话类电视新闻资讯节目。

1. 主持人

在美国电视界,年薪最高的主持人不是娱乐节目的主持人,而是谈话节目的主持人。这种现象从侧面证明了谈话类节目及谈话类主持人在电视节目中的地位和作用。由于谈话节目本身独特的形态,决定了谈话节目的制作是一次性完成的,这样的"一次性"取决于节目主持人对于节目录制过程的控制,而事后编辑修改的空间却很小。因此对谈话节目的成败起决定作用的主要是主持人的表现,主持人的思维、状态和综合素质直接关系到节目的质量。所以,谈话节目比任何节目都依赖于主持人及其对话的嘉宾。

谈话类电视新闻资讯节目主持人应是驾驭谈话走向和现场氛围的核心。在一期谈话类电视新闻资讯节目中,主持人必须头脑清晰,反应灵敏,对话题有较强的理解和组织水平、较强的现场气氛调节和控制能力,对话题的走向应该始终心中有数。谈话类电视新闻资讯节目尽管是各抒己见,有不同观点的交锋,但也要重视导向作用。主持人在现场提问上,要时刻把握好展现主题的契机和嘉宾谈话的分寸。既要客观,让参与者能无拘无束地发表个人见解,真正做到实话实说,又要把握好导向。

此外,对谈话类电视新闻资讯节目主持人的另一个基本要求是善于提问。因为谈话是有目的、有计划的对话。从报道本身看,似乎被访问者是主体,报道内容主要是他的讲话。但就采访而言,主体是主持人,谈话成功与否取决于主持人提问的水平。主持人善于提问,才能打开受访人的"话匣子";提问有条不紊,层层递进,谈论的话题才能逻辑分明、层层深入。所以,在正式谈话开始之前,主持人要善于根据谈话对象的实际和观众的需求,精心琢磨谈话的内容,设计提问方式。

2. 谈话主题

对于谈话类电视新闻资讯节目来说,话题也是决定一次节目成败的关键因素之一。一般说来,谈话类电视新闻资讯节目的话题内容十分广泛。从需要的角度说,它的反映面可以也应当涵盖社会生活的各个领域。但作为新闻报道,它要求题材具有新闻价值;而以语言交流为主要表现手段,则要求内容和访问对象都适合用这种方式来表现。所以,谈话类电视新闻资讯节目话题的多样性,是建立在需要和可能基础上的多样性,而不是任何话题都适宜的。

在设置谈话类电视新闻资讯节目的话题时,以下几个方面是不可忽视的。第一,话题要体现时代精神的主旋律和社会发展趋势。谈话类电视新闻资讯节目提供的是深度信息,但并不是任何信息都可以成为话题。究竟谈什么,把着眼点放在哪里,从谈话中提炼出一个什么样的主题,都必须从现实的社会需要出发。话题要立足于当前社会现实,提倡和弘扬符合时代和社会发展总趋势的新事物、新思想、新经验,批评和鞭挞阻碍时代进步、社会发展的陈旧观念、腐朽事物和现象。第二,号准社会脉搏,紧紧扣住受众对有关事物的关注重点。谈话类电视新闻资讯节目面向受众,话题能否为受众所理解,引起受众的共鸣,在很大程度上取决于是否善于把握受众的关注重点,话题本身要有在生活中存在的意义。所以,谈话类电视新闻资讯节目应选择大众关注的话题,要有新闻性、社会性和针对性,力求做到既与当前形式密切相关,又与百姓贴近。此外,在选择话题时,还应该考虑到节目定位、受众特质以及话语环境等因素。

根据话题的内容,可以把谈话类电视新闻资讯节目分为事态性和观念性两大类。事态性谈话类电视新闻资讯节目着眼于为受众提供他们所关注的新闻事实和对事实的看法,如就中央人民银行决定第七次降息问题访谈有关嘉宾等;观念性谈话类电视新闻资讯节目则是报道有识之士的真知灼见,以传播某一方面的观点、见解。如和麻省理工学院媒体实验室负责人的谈话,和微软总裁比尔·盖茨的谈话等。

3. 参与者

谈话类电视新闻资讯节目的参与者有两种:一种是特邀来的嘉宾,一种是在现场自愿参加话题的热心观众。这两种参与者在谈话中的表现同样影响到节目精彩与否。好的谈话对象是谈话类电视新闻资讯节目成功的基础。

对于谈话类电视新闻资讯节目的嘉宾,一般按以下标准选择:新闻事件的当事人或参与者;嘉宾的业绩、经历享有相当的知名度,或其业绩、经历能引起观众对其人生历程、内心世界、发展经验的广泛兴趣;嘉宾的业绩、经历一定程度上反映社会的多样性、变动性,能为观众提供某种启示,等等。除了上述标准外,语言表达能力也是一个不可忽视的条件,不然就不会引起观众持续收看的兴趣,更谈不上与观众的交流了。总之,谈话类电视新闻资讯节目的嘉宾必须具有权威性、真知灼见和一定的个性魅力,否则难以收到预期的效果。

与嘉宾的选择标准不同,观众的参与者,首先要求是热心、积极,有积极参与表达的愿望,又能实话实说。即席发言、迫切的有感而发的个性化语言往往会让谈话现场气氛出现高潮,使节目增色不少。

六、资讯信息类电视新闻资讯节目

在新闻传媒界,很少有像"资讯信息"这样概念相对模糊的节目形态。从基本意义上讲,信息、新闻、资讯是一个理论界定争论犹在的历史课题;而资讯信息类节目的外延及内涵随着社会经济的进步也在不断地延展,并随着人们信息消费方式变化而快速更新。日益增长的受众需求使资讯信息类节目的作用渐次增加,难以准确把握的状况又成为其价值体现的现实掣肘。

关于资讯信息类电视新闻资讯节目,一个难以回避的话题是:什么是新闻,什么是资讯,什么是信息,什么是讯息,四者之间是何种关系——从"狗咬人不是新闻,人咬狗才是新闻"的西方调侃观念,到多年来主导新闻界的陆定一的"新闻就是新近发生的事实的报道",新闻的定义至今仍众说纷纭。王中在 20 世纪 80 年代初提出"新闻是新近变动的事实的传播",重在传播;而后来较为典型的观点则表现出越来越多的学者认为新闻是一种信息,如"新闻是向公众传播新近事实的信息"(宁树藩)、"新闻是新近发生的事实变动的信息"(成美、童兵)、"新闻是新近发生的事实的报道的信息"(胡正荣)、"新闻是一种信息,是传达事物变动最新状态的信息"(李良荣),将新闻界定为信息的一个部分,或者说新闻是特殊的、经过加工的信息,从一定程度上反映出明显的时代特质。按照新版《现代汉语词典》的解释,信息是指"音信,消息",资讯的注解为"资料和信息";中央人民广播电台王渝新 2003 年撰文认为,"新闻是广泛传播的反映新近事实变动的讯息"。

从新闻到信息、资讯到讯息,不仅每个概念的内涵和外延都缺乏准确定义,而且时代的变迁又在不断地赋予它不同的注解。资讯信息类电视新闻资讯节目就这样漂移在混沌的世界里,并随着电视节目形态变化尤其是社会经济生活的变革一起逐步修正和完善。

也因此,这是一个过程性的节目分类概念。按照最基本的定义,它应有广义和狭义之分;而事实上,资讯信息类节目其具体的内容及形式表现已经有了明显倾向性的特质。

按照"资讯为先"的业界原则,从字面上讲,广义的资讯信息类节目系指提供简要新闻及各个方面、各种类型动态的集成化电视形态,它甚至可以放大成为独立的电视频道。目前比较有代表性的如凤凰卫视资讯台,它以整点和半点滚动播出的时事新闻节目为主干,插以财经及时事深度报道节目,特别以每隔30分钟播出的世界各地的天气情况预报为代表,彰显出资讯台的个性特色。

而更为媒体及受众广泛接受的狭义的资讯信息类节目,则指以不同行业及不同形式构成的集纳式专业信息板块。比如CCTV-2经济频道的《经济信息联播》、《中国财经报道》、《全球资讯榜》等经济节目,以及每家电视台都有的《天气预报》、《节目预告》等节目,甚至从某种意义上讲,广告板块也是资讯信息的节目形式。

随着社会信息化程度的提高,人们的信息消费方式也在不断变化。与报纸、互联网等媒体比较,资讯信息类节目为电视媒体除了娱乐功能的主导优势以外,平添了竞争力量。它是时代发展的产物,也是不同媒体竞争和变革的需求。其传播特质也在不断完善中充分体现。

1. 资讯至上

在信息时代,资讯容量成为媒体最主要的竞争力之一,与互联网及报纸相比,电视在传递资讯方面因为缺乏资料性等原因,具有明显的不足。但因为媒体自身的传播优点,精心编辑后的电视资讯信息节目充分表现了"少而精"的特点。如CCTV-2经济频道新近热播的《全球资讯榜》,有效利用午间休息时间,使观众在35分钟内对政治、经济、企业、时尚等方面信息有了基本了解,其借助杂志排行榜的传播方法更加强了新闻信息的传播效果。

2. 适时传播

以散见于各个电视频道的与天气相关的信息为突出代表,资讯信息类节目充分表现出及时的传播价值。CCTV-1综合频道及各卫星频道晚间的《天气预报》早已成为观众的生活参考,早间散见于各个频道的《气象信息》更由于其贴近性成为适时的出行参考,其灵活多样的节目方式几乎成了不可或缺的"出行天气早餐"。凤凰卫视资讯台每30分钟穿插的世界各地的天气情况预报则几乎成了整个频道的"润滑剂",对喜欢不同类型节目的观众产生了共同的收视吸引,大大提升了电视台的收视影响。

3. 功能彰显

以不同行业及不同形态出现在荧屏上的资讯信息节目,实用性及功能性日益增加,直接或间接地影响着人们的生活。如突出专家引导作用的 CCTV-2 经济频道的《证券时间》,无疑是股民的风向标;而与天气相关的资讯则是日常生活及出行甚至经营活动的直接助手;作为几乎无处不在的各类广告信息则直接左右着观众的生活消费选择。不容质疑,资讯信息类节目的功能性将会持续增加,具体板块对播出时间的调整及内容风格创新无不在提高收视率及体现节目价值方面渐次显现更大功效。

4. 价值最大化

信息过剩时代,传播者需要更多地对资讯信息进行精致管理,从而实现发布价值最大化。电视媒体形态的优劣势需要更准确地把握信息消费趋向,以提升传播效率,在媒体竞争中获取比较优势。目前业已出现的资讯信息节目专题化、集成化状态基本起到了集束信息的"拳头"作用,显现出节目力量,而其可视性、娱乐性等趋势走向则会更大程度地放大资讯信息类节目的收视价值,在各类节目中彰显"后信息时代"的独有魅力。

七、直播类电视新闻资讯节目

北京时间 2003 年 3 月 20 日上午,当美军对伊拉克突然发动首轮空袭后仅 6 分钟,中国观众惊奇地从 CCTV-4 中文国际频道《中国新闻》中直接看到了"关注伊拉克战争特别报道"的新闻直播。就是这次战争报道使电视新闻资讯节目迸发了勃勃生机,使电视新闻资讯节目回归了本体,并开启了中国电视新闻直播的新时代。

电视技术的发展使得电视新闻的加工、采集、传递变得更为快捷有效。今天,数字技术的快速进步使得小型便捷式的新闻采录、传播设备的普及有了最大的可能,同步采录、同步播出的直播类电视新闻资讯节目应运而生,成为现代电视屏幕上的主角。

直播类电视新闻资讯节目是在新闻事件发生发展的过程中,运用摄录和传播设备同步报道、同步播出的新闻节目形态。

今天,直播类电视新闻资讯节目越来越受到电视受众的青睐,其本身所具备的特质与优势的魅力牢牢吸引着受众的眼球,成为现代电视传播中必不可缺的节目形态。

"新闻直播有两种含义,一种指的是只在新闻合成和演播室播报这两个环节上实现了直播,目前的直播类新闻栏目大多停留在这一层次;还有一种是新闻事件的发生与播出之间的直播。典型的例子如香港回归、三峡截流、迎接新千年等,它是以新闻现场为主体,综合背景资料、演播室串联、评述、现场采访及多个现场之间交流为一体的系统化传播样式。"①在我们的研究视野里,直播类电视新闻资讯节目也应具备上述两层含义:即时重大新闻事件的现场直播和演播室里的新闻直播为典型模式。现场直播完全以纪实的手法把现场的情景边摄录、边同步播出,传播与接收是在同一时间里进行的。演播室直播相对于录播而言,虽说是在演播室边播讲边传送,但受众在收看的时间上与主持人和嘉宾访谈也是同步进行的。无论是采取哪种方式,它们都以传播的共时性和新闻的时效性赢得受众。

直播类新闻节目的传播内容大致可分为三个类型,一种是可以预知并能事先准备的大型新闻事件,如港澳回归、长江三峡截流、重大会议报道等,这种可预知的报道为媒介提前安排直播提供了条件,有利于节目的安全直播;另一种是不可预见的突发性新闻事件,如"9·11"恐怖袭击,美英联军突然轰炸伊拉克等,这类重大新闻事件能否立即进入直播类新闻节目直接考验了电视媒体的应变能力与综合实力。第三种是日常的新闻事件,这些内容进入直播类新闻节目的视野应当是直播类新闻节目的发展趋势,即直播常规化。

仔细拆分,我们可把直播类电视新闻资讯节目的特质归结为以下几个方面。

1. 零时差,同步传播

这是电视新闻直播的优势与魅力中最显而易见的特点,也是现代电视新闻理论中最具冲击力的理念,它甚至改变了传统的新闻定义。

同步传播是电视新闻直播的第一要素,也是直播类电视新闻资讯节目最本质的特征。它在第一时间面对不可预测的新闻事件,把观众带到事件发生的现场,这种参与的同步性是新闻时效性的极致。不仅如此,它将新闻事件的发展过程和结果同步传达给观众,由此产生的新鲜感和悬念自始至终吸引着受众的注意力。因此,越来越多的电视媒体尽可能地对新闻事件进行直播,这已成为世界各大电视网的共识。美国CNN正是通过对海湾战争的独家新闻直播,给电视界带来了一场对传统的电视新闻操作方式及价值观念的革命,同

① 朱羽君、殷乐:《信息社会的活跃时空·电视新闻栏目——电视栏目形态研究之三》,《现代传播》,2001年第3期。

时也奠定了其作为世界著名大媒体的地位。中央电视台同步直播伊拉克战争，在中国电视新闻发展史上无疑具有里程碑的意义，它使中央电视台及时进入了全球信息流通的主流领域。

2. 零距离接触，信息零损耗

这点特质使得新闻的真实性要义得到最大程度的体现。零距离的接触，是在现代电子传播技术条件下，充分利用卫星直播电视设备实行的远距离即时双向传播，这使得全球任一地点发生的重大事件都可实现现场画面的回传。由于记者的报道发自新闻事件的现场，记者所见即观众所见，记者对事件的探究过程，就是观众获知信息的过程，因而信息的传递是未经剪接的、连续完整的，这样的报道也是最真实和最少损耗的。直播类电视新闻资讯节目以现在进行时态现场报道即时传播新闻事件，使观众直接进入新闻现场，新闻的真实性得到了最大化体现。

3. 记录过程、传播过程与接受过程"三位一体"

报道者与受众对新闻事件的了解过程之间仅有零误差，传播的效果是绝对权威的。在直播类新闻节目中，报道者代替受众走近事件现场，对事件信息的知晓、了解、判断和分析，报道者与受众是同步进行的，对正在发生的新闻事件的分析与评价，从新闻事件的人物关系和背景信息中得出什么样的判断与结论，传者与受者的认识过程也是同步的。这就使受众始终处在一种期待视野之中，并保持一种常态的吸引力。这种过程的直播当然是最权威可信的。

信息社会，人们对新闻的需求已经到了即时观看的层面，技术也提供了充分的可能性。新闻直播调动一切手段，让观众及时、直接地接近信息源，并体验逐渐推进的过程，是最具电视特性的一种新闻形态。直播节目在各国的新闻节目中都占有相当大的比例，是电视新闻发展的最终趋势。

电视新闻的现场直播同时也是新闻改革的成果，其发展到现在已经成为媒体与社会的一种共振现象。从直播类电视新闻资讯节目的价值体现来分析，可以有几个层面的含义：

（1）直播类电视新闻资讯节目最能体现电视媒体的实力和竞争力。现场直播这种看似最原始的直接展现，其实是聚集了所有电视新闻工种，并将其发挥到极致的终极产品。从节目系统到技术系统，任何一个环节出现了误差，屏幕上都会毫不掩饰地展现。现场直播的实力，实际上是对电视媒体综合实力的衡量，尤其是对新闻资源占有能力的考量。

（2）直播类电视新闻资讯节目也最体现媒体管理的能力。电视新闻直播是管理者、操作者、接受者三者互动的艺术,对直播节目质量好坏、水平高低的评价全在受众手中遥控器的掌握中,重大事件、焦点事件、受众关注的事件发生时,新闻资源的占有者如果不及时发出声音,渐渐就会失去权威性和公信力,最终被受众所抛弃。

第四节　电视新闻资讯节目的四个热点问题

在信息时代的今天,各大电视媒体在新闻资讯传播过程中的竞争越来越激烈。电视新闻资讯节目在白热化的竞争中,呈现出多样化的发展态势。同时,亦产生了许多有争议的现象,引起了学界和业界的广泛研究。在此,我们主要探讨当前电视新闻资讯节目中存在的几大热点争鸣,主要包括:民生新闻、方言播报新闻、报摘类电视新闻及电视新闻中的隐性采访。

一、民生新闻

以关注当地百姓生活、采用灵活报道手段为特征的电视新闻在 20 世纪 90 年代就出现了,但这种后来约定俗成地称为"民生新闻"的电视新闻节目真正形成"星火燎原"之势,则是近两年的事情,而点燃这把"大火"的当属江苏广播电视总台城市频道创办的《南京零距离》。

2002 年 1 月 1 日,《南京零距离》开播。开播第 6 周,该栏目便进入 AC 尼尔森南京地区电视节目排行榜前 15 名;第 36 周,《南京零距离》名列南京地区所有电视节目收视率排行榜之首,开创了电视新闻节目超越电视剧、娱乐综艺节目夺取收视率桂冠之先河。[①] 随着《南京零距离》的成功,各地方电视台类似的"民生新闻"栏目也纷纷涌现,安徽电视台经济频道的《第一时间》,湖南经视都市频道的《都市一时间》、上海电视台新闻综合频道的《新闻坊》等一批新闻栏目,都打出了关注民生、反映民生的新闻牌,并取得了不俗的业绩,"民生新闻"成为引起电视界广泛关注的一种新兴文化现象。

"民生新闻"这一概念最早出现在以城市居民为主要阅读对象的都市报、晚报中,一般是指与市民衣食住行等日常生活形态紧密相关的社会新闻。"民生新闻"这种提法应该说并不是一个严格的专业概念,它是从多个角度共同界定的结果:从内容上看,民生新闻主要反映日常状态下平民百姓的衣食住行及

---

① 胡智锋:《数字——〈南京零距离〉》,《现代传播》,2003 年第 2 期。

其所想、所感；从表达上看，民生新闻多采用一些符合普通百姓接受心理和能力的"软性"表达，语言注重口语化，更加通俗易懂；最重要的是，民生新闻在创办宗旨和终极目标上有特殊定位，即以关切的目光反映民生疾苦，将硬新闻软处理，同时又赋予软新闻以硬道理。它寻求的是社会制度、传统文化、主流观念与观众收视率之间的平衡点。因此，"民生新闻"一方面概括了媒体对报道内容的选择标准，另一方面还在体现报道者的立场、态度和出发点的同时，蕴含着媒体对自身社会功能的认识。其中，媒体对自身社会功能的认识，是民生新闻的核心。

对"民生新闻"这一现象，目前国内研究者的解读大体可以分为三种话语：(1)本土化话语。认为民生新闻是地方电视台运用本土化、本地化策略在央视新闻的强大压力下突出重围的成功尝试。① (2)平民化话语。认为以平民为主体的受众回归是中国电视改革 10 年来的大趋势，而以民为本，关注日常生活琐事的民生新闻的出现不过是这一趋势的深化和发展。② (3)民主化话语。这是研究者们对民生新闻提出的一个比较高的期许。有研究者提出，民生新闻的未来是否可以建构为市民公共领域，能否成为民主进化的助推器。③

其实，对于这样一个业界新的热点，我们不必急于给出一个最后的界定，民生新闻多元观念的相互影响和讨论，客观上必然带来对民生新闻认识的逐渐清晰。

民生新闻尽管风头正劲，处于发展的兴盛时期，但我们也应看到其繁荣发展过程中存在的潜在问题。首先，民生新闻的同质化竞争日益严重。以南京为例，在每晚 18 点 50 分到 20 点 20 分的这一个半小时里，有《南京零距离》、《1860 新闻眼》、《直播南京》、《服务到家》、《法制现场》、《标点》等六档民生新闻节目，虽然各节目定位略有差异，但在节目形式和内容上却大同小异。其次，民生新闻较好地体现了"三贴近"原则，关注民众生活琐事，最快报道当日当时新闻，但在深度与宏观把握上就难免欠缺，这成为众多民生新闻的一块硬伤。另外，如果把握不好"为民生计"的根本宗旨，则很容易使民生新闻在内容

① 王辰瑶：《2004 年广播电视研究的十个关键词》，中华传媒网，2005-01-18，http://www.academic. mediachina. net。

② 孟建、刘华宾：《对"电视民生新闻"现象的理论阐释——以安徽电视台〈第一时间〉为例》，《中国广播电视学刊》，2004 年第 7 期。

③ 孟建、刘华宾：《对"电视民生新闻"现象的理论阐释——以安徽电视台〈第一时间〉为例》，《中国广播电视学刊》，2004 年第 7 期。

的把握或角度的选择上滑向低俗。电视新闻的平民化追求,不能成为庸俗化和游戏化的挡箭牌。而避免这些倾向的关键是媒体要牢记社会责任,坚持正确的导向与较高的品位,以实现民生新闻的持久繁荣。

应当说,民生新闻节目是在媒体"非批评即表扬"的困境中找到了一个出口,搭建了政府和民众之间的沟通桥梁而得到广泛认可的。这种认可鼓励电视新闻人慎重权衡国家利益与公众利益,将两者结合并协调获得媒体利益。由此,认清潜在的问题,把握好民生新闻的未来发展,将电视媒体的"公共空间"功能淋漓尽致地发挥,推动公众参与社会公共生活,无疑是中国电视新闻人任重道远的职责。

二、方言播报新闻

近两年,电视屏幕中以方言播报主持的电视新闻节目逐渐成为一道独特的景观。2004 年 8 月,由国家广电总局和中国广播影视集团主办的中国国际广播影视博览会评选的"全国百佳节目"中,重庆电视台的《雾都夜话》和杭州电视台西湖明珠频道的《阿六头说新闻》均榜上有名。这两档节目都是以方言播报主持,地域特色浓厚,节目的个性化突出,同时在当地拥有很高的收视率。在全国其他地区,方言播报主持的电视新闻节目也正方兴未艾,许多省市地方台都有自己的方言节目。据了解,仅成都、重庆的方言广播电视节目就不下10 个。

《国家通用语言文字法》第 12 条指出:"广播电台、电视台以普通话为基本的播音用语。"因此,方言播报电视新闻的做法是与这一法规相违背的。但是,为什么现实环境中却出现了越来越多方言播报的电视节目呢? 这一现象的出现在业内引起了激烈的讨论。

有观点认为,民生新闻讲究贴近性,方言就是一种在表达方式上的贴近,是本土文化的具体载体之一。方言播报主持是民生新闻蓬勃发展催生出的一种新的电视新闻播报方式。

大众传播媒体以往最重要的定位是政府的宣传工具,但随着改革开放的深入,我国的新闻媒体正在逐步改变自己的单一角色,担负起舆论引导者和经济创收者的双重角色。因此,一些观点认为方言播报电视新闻的兴起是大众媒体争夺细分化市场的直接结果。近年来,本土文化的觉醒,使得大众传媒通过方言播报的电视节目满足了一部分观众贴近乡音、乡情的心理需求。这种电视节目一方面体现了大众传媒的人文关怀,另一方面也证明了方言本身的社会价值和市场价值。分析现实状况可以看到,在方言电视节目比较发达的地区,比如广东、福建、四川、浙江等省,大都是经济发达、文化厚重、自然条件优越、生活悠闲富足的地区,其方言凭借当地的经济实力,在全国已经具有了一定的影响力。而在经济欠发达地区,几乎没有出现方言播报的电视节目。由此可见,当前方言播报电视节目的兴起,大众传媒更多的是以赢得收听、收视市场为出发的"市场行为",尽管实际中是对传承本土语言起到了推动作用。

赞成使用方言的观点还认为,方言也是一种语言,和普通话在本质上没有高低贵贱之分。影视作品固然有推广普通话的使命,但也有维护民族文化的责任。因而对方言节目没有必要"赶尽杀绝"。① 方言播报的电视节目也是对电视观众多样性需求的一种补充,起到了丰富电视屏幕的作用。在地理空间上,方言播报的电视节目地域性非常强,传播构成为点状分布,针对性很强;在受众数量上,其受众对象的范围也很狭窄。因此,方言播报的电视节目,不具备普通话电视节目作为主流节目的强势影响力,其要想冲击普通话电视节目事实上是不可能的。

反对的观点则认为,用方言土语播报主持新闻是对发扬地域特色和本土化的一种"误读"。其危害不仅在于触犯了《国家通用语言文字法》,消解了大众媒体的语言示范功能,而且对"分众化"的偏狭理解容易造成族群歧视和族群撕裂,狭隘的地域文化观也会排斥对国家和民族的认同。保护方言和地方文化也有很多方式方法,但不宜使用作为大众性文化载体和社会公器的广播电视媒体来保护方言。②

需要指出的是,在日益激烈的大众传媒竞争中,电视新闻节目的本地化是有一定道理的,但是"本地化"是否等同于"本地话"还值得商榷。电视新闻的本土化是电视新闻节目对本地信息的深层挖掘,对外地信息的本地化解读,以及采用适合本土观众口味的节目形式。我们要防止用语言上的"接近性"标准来排斥新闻价值的其他标准,用地方认同来抗拒国家认同,用族群认同来拒绝民族认同。

三、报摘类电视新闻

将平面媒体的新闻报道引入电视,用声画语言来解读报章,这种新型的报

---

① 《方言也是语言》,大众网—《齐鲁晚报》,www.dzwww.com,2005 年 1 月 20 日。

② 邵培仁,李雯:《语言是桥也是墙——对方言广播电视新闻节目的疑虑与拷问》,中国新闻研究中心,www.cddc.net,2005 年 1 月 7 日。

摘类电视新闻节目,近年可谓异军突起。凤凰卫视于 2003 年初开播的《有报天天读》,短短半年时间栏目收视率便挺进凤凰卫视前三名。中央电视台新闻频道自 2003 年 7 月 1 日正式播出起,就推出一档全新的早间报摘类节目《媒体广场》,集萃各种报纸资讯,每天滚动播出两遍。至于散落在各栏目间的报摘板块,更是数不胜数,比如 CCTV-2 经济频道《第一时间》的《读报》;上海卫视《看东方》的《早报早知道》;江苏电视台城市频道《南京零距离》的《孟非读报》等等,都在观众中产生了较大影响。这些报摘类电视新闻节目浓缩报刊精华,聚焦尖锐话题,不经意间,宣告了我们已进入一个各类媒体互融互动的新时代。

报摘类广播电视节目在我国新闻传播史上最早可以追溯到 1950 年 4 月 10 日开办的《首都报纸摘要》节目(即现在中央人民广播电台的《新闻和报纸摘要》)[①]。在大众中产生影响并引起学者关注的类似电视新闻节目,是凤凰卫视 1998 年开播的《凤凰早班车》,主持人陈鲁豫通过报摘来"说新闻"的潮流,波及了整个中国电视新闻播音界。

报摘类电视新闻节目整合其他媒体的信息资源,将平面媒体的深度、广度的报道优势与电视媒体的大众化、形象化相结合,为平面媒体电视化传播开辟了一条新路。报摘类电视新闻节目的传播优势主要表现在这样几个方面:(1)报摘类电视新闻节目形式比较简单,制作成本不高,报纸也是当今主流媒体之一,为这类电视新闻节目提供了巨大的传媒信息来源。(2)对资讯的整合利用,拓宽了报摘类电视新闻节目的视野和信息含量,有助于电视新闻弥补自身理性与深度欠缺的缺憾。(3)主持人的点评实现了对电视新闻的解读和价值判断,主持人点评的独特风格有助于新闻的电视化传播。

然而,在肯定报摘类电视新闻节目优势的同时,我们也应该看得到,报摘类电视新闻节目由于节目本身缺乏原创性,只是充当了新闻报道的"二传手",并且是平面媒体内容和电视传播手段杂糅的产物,因此它不可避免地存在一些先天性的不足。首先,报摘类电视新闻节目的核心竞争力在于其拥有的话语权——不仅要有信息的话语权,还要有解读信息的话语权。凤凰卫视《有报天天读》的成功之处,就在于充分利用所处政治环境和地理条件的优势,把自身的话语权发挥到了极致。而在这一点上,目前国内绝大多数报摘类电视新闻节目并不具备明显的竞争优势。其次,报摘类电视新闻节目是对报刊信息

---

① 《新闻和报纸摘要节目简介》,中国广播网,www.cnr.cn,2005 年 1 月 20 日。

的二次整合,电视新闻对新闻报道有自己的取舍甚至发挥,主观性太重,存在着信息片面、误导公众的可能。优秀的读报节目不是单纯的念报,它必须融入主持人自己的立场和观点。如何把握好这一解读过程中"自律"与"他律"的分寸,是考察一个读报节目未来走势甚至生死存亡的依据。

报摘类电视新闻的"走红",是电视新闻对不同媒体资源成功整合的表现。随着媒体竞争的日趋激烈,当今传媒之间融合互动的趋势已呈现出越来越明显的发展态势。一方面,广播、电视纷纷开设读报栏目,另一方面,报纸却借鉴电视的"视觉思维"跨入"读图时代",大量使用图片、照片来强化视觉效果吸引读者。甚至还出现了"新闻链接"这种原产于互联网上的报道方式,促进了平面媒体的新闻报道在内容上不断向深度推进。手机短信早与互联网捆绑在一起,报纸、广播电视与网络媒体、与手机的互动已是不争的事实。不同媒体之间的融合互动,是传媒市场激烈竞争的产物。信息技术高速发达的时代,传媒资讯是以"共享"方式存在并进行传播,任何一家媒体都无法单凭一家之力穷尽天下新闻,传统的以"第一落点"为特征的"独家新闻"已经难以存在。"新闻竞争的焦点已经不在于独家发现,而在于独到的开发和配置。新闻传播已进入需要更加理性选择和充满智慧创新的时代。"[1]从这一发展趋势上看,整合多种媒体资源的这类电视新闻节目显示了蓬勃的生机。

四、隐性采访

隐性采访这个话题,已经不只是一时的热点了。从隐性采访的最初出现,这种特殊的采访形式就一直是电视新闻界讨论的焦点之一。而且随着大众媒体的舆论监督作用不断加强,这种特殊的采访形式表现出被随意使用的趋势。"隐性采访又称为秘密采访或暗访,是指新闻记者在未被采访对象感知的前提下,运用摄像机或照相机等工具,秘密地采获新闻事实的方法。"[2]由于这种采访方式视角独特、现场感强,可以把社会生活最逼真、最生动地还原出来,因此这种方式采访的电视新闻具有非同寻常的震撼力。中央电视台《焦点访谈》、《每周质量报告》等栏目一系列批评报道所取得的成功,大多得力于隐性采访的巧妙运用。

对于隐性采访的使用,业界和学界关注的问题主要集中在隐性采访的性

---

① 马莉、邓为:《传媒融合互动的趋势及思考》,荆楚网,www.cnhubei.com,2005 年 1 月 8 日。
② 王军:《新闻工作者与法律》,中国广播电视出版社,1996 年版,第 137 页。

质、隐性采访中新闻媒体的角色定位、怎样平衡隐性采访中的权利和义务等方面。隐性采访是一个相对比较复杂的话题,对于它的研究,往往涉及新闻、道德、法律三大话语体系。在新闻话语体系中,隐性采访既是实行舆论监督、履行媒介社会职责的利器,也是参与新闻竞争、吸引受众眼球的一大法宝。在道德话语体系中,隐性采访一方面有利于媒体塑造自身的道德理想,另一方面媒体在曝光非道德内容的同时,可能自身也存在非道德因素。在法律话语体系中,隐性采访中还存在着诸多法律困惑及违法现象,比如身份违法、行为违法、工具违法、不良动机导致违法等等。对于这些热点问题的探讨,相关的探讨文章比较多,由于篇幅所限,对此不再赘述。在这里仅探讨几个与隐性采访有关的法律和道德问题。

首先是隐性采访权的问题。按照我国《宪法》的规定,新闻自由的权利来源是言论和出版自由,这种权利是一种与义务相对应的权利(新闻权是由采访权和报道权构成的。采访权是新闻机构及从业人员的权力,隐性采访权是采访权的组成部分)。从法律上讲,新闻记者并没有被赋予超越正常采访报道之外的特殊权利。隐性采访权仅仅是习惯权利,并没有成为法定权利。因此,我国的媒体及从业人员运用隐性采访权,必然要从手段和结果上坚持正确的舆论导向,主持社会公正的需求,以及良好的社会效果等基本前提。从这个意义上说,不是任何人,在任何情况下,对任何事物,都可以运用隐性采访进行任何形式的新闻报道。

其次是隐性采访的侵权问题。按照我国《宪法》的要求,新闻自由权利只是相对的权利,是一种在法律规定的范围内,依照公众的意志和公共的利益进行行动思维,不受约束、控制和妨碍的权利。在所有的新闻采访和报道中,新闻记者必须处理好行使新闻批评自由与保护公民、法人权利的关系。处理不好,就会引发新闻侵权,导致纠纷,形成诉讼,承担赔偿责任。在新闻报道中,尤其是隐性采访中,最容易受到侵害的是人格权,它包括有:人格尊严、名誉权、隐私权、肖像权、信誉权等等。在新闻实践和法律实践中,当新闻批评的自由与人格的保护之间发生冲突时,法律应当也只能向人格权的保护倾斜,着重保护人格不受侵犯。

另外,新闻记者还要把握好隐性采访的道德空间。毕竟,新闻报道追求公开知情,而隐性采访却是秘密进行的,目的和手段之间是个悖论。有的电视新闻记者为了追求收视率,甚至采取"陷人于法"的手段进行暗访,这种隐性采访必将使新闻媒体付出高昂的道德成本、引发大众的道德批评,从而会削弱媒体的亲和力,最终降低媒体的公信度。

总之,隐性采访是一柄"双刃剑",尽管可能会给电视新闻带来轰动的社会效应,但是如果对其使用时的方法和尺度把握不当,就会对报道对象的权利和媒体的形象产生不利的影响。因此,新闻工作者一定要慎用隐性采访。

第二章
电视谈话节目

中外电视谈话节目的发展历程
电视谈话节目的定义阐述及特质分析
电视谈话节目的"内"、"外"分法及相关子类型
电视谈话节目的四个热点问题

第一节 中外电视谈话节目的发展历程

在电视诞生之初,人们仅仅是坐在电视机前获取其中的信息。时至今日,我们除了从电视中获取信息,倾听电视的"言说",还可以在电视中展现我们在"说",我们身边有故事、有想法的人在"说"。从"你说我听"到"你说我也说",甚至是"你听我在说",这对于电视传播而言,毋庸置疑,是个相当大的质的飞跃。

一年 365 日,每天 24 个小时、1440 分钟、86400 秒,电视在不停地"言说",告诉我们身外的世界,信息无远弗及,让世界变成了一个"地球村",让分布在不同角落的人们彼此参照,相互借鉴,交流着思想,体验分享着他人的经历。正如马歇尔·麦克卢汉所说,"媒介是人的延伸"。电视的"言说"不仅在告诉我们身外的世界,延伸和拓展我们生存和发展交流的空间,也在影响甚至改变着我们看待世界的方式。电视,作为人类社会中最重要的传播介质,这个神奇的"声画小盒子"传递着人类流动的声音影像,再现和还原着人类话语交流的空间,构建了一个可供大众话语交流的信息"场",一个潜在的可供自由交流的"公共话语空间"。电视,实现并成就了人际交流、私人话语空间向大众话语、公共话语空间渗透、转换、延伸的梦想。电视谈话节目作为这种梦想的现实支撑,为广大的电视观众提供了在电视上说话的机会,更重要的是,它还原了电视人际交流的意旨,一种本原的说话意识从中得以彰显。

"电视谈话节目"(talk show),英文原意为美国广播电视中一种以谈话为主的节目形式,由主持人、嘉宾和观众在谈话现场一起谈论各种社会、政治、情感、人生话题,一般不事先备稿,通常脱口而出,因而被港台的翻译家们形象地译作"脱口秀"。广播和电视中的电视谈话节目都可以溯源到这两大媒介的发轫初期,其源头甚至可以回溯到18世纪英国咖啡馆里的公共论坛。但是,作为一种电视节目类型,电视谈话节目是随着电子大众传播的发展而诞生的——一般认为,第一个广播电视谈话节目是马萨诸塞州斯普林菲尔德的WBZ广播电台在1921年播出的;而在电视领域,20世纪30年代末,美国广播公司(NBC)就推出了诸如《芝加哥圆桌大学》(University of Chicago Round Table)和《美国城镇空中会议》(American's Town Meeting of The Air)这样典型的电视谈话节目。

自电视谈话节目诞生以来,其在西方电视界已经有着30多年的历史了,是各大电视媒体不可缺少的电视节目类型,深刻影响着大众的生活方式、思维方式甚至精神世界。而一些知名的电视谈话节目主持人也成为了社会各层级、各族群的意见领袖和权威代言,他们关注的社会主题和言论所在,被大量的阅听受众奉为圭臬。丹·拉瑟、奥普拉·温弗瑞、绪形拳等就是其中的典型代表。

我国的电视谈话节目诞生于1992年。上海东方电视台于此间推出了我国第一个真正意义上的电视谈话节目——《东方直播室》。随后全国各大省市电视台纷纷效仿,相继推出一批电视谈话节目,如广州电视台的《羊城论坛》、山东电视台的《社会话题》等等。而作为中国电视业界巨擘的中央电视台,在1996年3月16日正式开播《实话实说》,成为在全国影响最大的电视谈话节目。在接下来的一两年时间里,仅中央电视台各个频道就开办了《文化视点》、《五环夜话》、《读书时间》、《对话》等一系列电视谈话节目,该种电视节目类型在国内日渐成熟。目前,全国约有180档电视谈话节目。

虽然中西具体语境有所不同,但从本质上来讲,电视谈话节目这种节目类型都是通过建立一种全国或地域性的谈话系统来实现它作为"公共领域"的功能。它为大众提供了一种类似于古时议事厅那样的公共话语空间。但与古时不同的是,当代电子媒介的平民化性质造成了这种公共空间的私人化,电视谈话节目就是此种公共领域私人化的典型代表。

第二节 电视谈话节目的定义阐述及特质分析

电视谈话节目,通常是由主持人、嘉宾或者观众(可以是现场的观众,也可以是场外潜在的受众群体)组成主体"谈话场",通过电视媒介的中介传播,围绕某一主题展开即兴或半即兴的讨论。"talk show"到"脱口秀"的谐音翻译,反映了这一类型电视节目的最大特征,即:通过口才表演来展现人类语言的魅力,形成虚拟的类似面对面人际交流的谈话"场"。

在诸如《广播电视年鉴》、《广播电视辞典》、《中国应用电视学》等国内权威性的电视刊物中,笔者收集到与电视谈话节目关联最紧密的一个概念就是对"电视讲话"的定义,摘引如下,以之相互借鉴参照:

"电视讲话——电视言论节目形式之一。通常请新闻人物、有关专家或观众代表,通过屏幕就某一问题发表看法、介绍情况、传递信息。电视讲话可分演播室讲话和演说实况录像剪辑两种:演播室讲话的题材多是选择当前社会政治、经济、文化生活中同广大观众利益密切相关的问题,讲话人多数是有关部门的负责人或专家学者;演说实况录像剪辑是选择新闻人物或某些知名人士在社会上所做的讲演剪辑而成。"

由上可知,"电视讲话"这一概念的界定是作为与电视讨论、电视专访、电视演讲等一组表示电视节目类型并列、平行的概念而提出的。虽然其定义中的部分内容与电视谈话节目的特质属性相匹配,但是其局限性还是十分明显的。因而,这一概念定义对于我们今天的电视谈话节目研究而言,显然是有缺陷的。

在叶子的《电视新闻学》中,关于新闻性电视谈话节目的定义,是"以电视为传播媒介,在主持人的主持下,邀请嘉宾和观众,就观众普遍关注的问题,以平等的对话交流方式,充分表达各自的意见、观点和见解"。这个定义的优点在于:

(1)清晰阐述了新闻性电视谈话节目所具有的本质特征,即人际交流,参与各方以对话交流的方式,阐述各自的观点和见解。

(2)该定义着重强调了电视的大众传播属性,以电视作为传播媒介,向分布广、多、杂、散、隐匿的电视观众展示人际交流的互动过程,并形成屏幕间和屏幕内外流动的新的传播互动的语言"场"。

(3)该定义明确指出了电视谈话节目采取以主持人为中心,由嘉宾和观众、嘉宾或观众共同参与的形式。

(4)该定义突出展示了电视谈话节目是以观众普遍关注的新闻性问题作为话题。

但是,该定义显然更适用于电视新闻领域,如果拓展到整个的电视谈话节目领域,这一概念界定则有个明显不足,面对新的媒介技术的冲击,比如 DV 记录,平民自拍对着镜头自我言说的节目,对于这些来自民间的带有明显草根文化意味的新生的单口秀、"单簧戏"节目该怎么界定、如何做好?过于强调以主持人为中心,就显然是有问题的。因此,该界定作为电视新闻、聊天、访谈节目的定义可能更为合适些。

而朱羽君、殷乐在《大众话语空间电视谈话节目——电视节目形态研究之二》的文章中提出的电视谈话节目的概念,相对而言是最具参考价值的。因为其抓住了"人际交流"这一谈话节目的内核,而又不受制于某种狭隘的形式局限:

"电视谈话节目是将人际间的谈话交流引入屏幕,并将这种交流本身直接作为节目的内容和形式的节目形态。"

总结、梳理前面那些分析研究的成果和观点,我们提炼出电视谈话节目类型的概念界定如下:

"电视谈话节目是以电视媒介为传播手段,通过话语形式,以语言符号和非语言符号双渠道来传递信息,整合大众传播与人际传播,营造屏幕内外面对面人际传播的信息'场'的一种电视节目类型。"

明确了电视谈话节目的概念界定,接着深入分析其构成要素:

1. 主持人要素

美国学者霍尔·汉麦斯顿认为,电视谈话节目是商业性的个人神话,主持人就是这个神话的制造者。在电视谈话节目中,主持人是品牌的象征,他们的成败直接决定了节目的成败。《实话实说》原制片人时间认为,没有"邻家青年"的崔永元,就没有后来大红大紫的《实话实说》。

为什么主持人要素如此关键?笔者认为,有以下原因:首先,主持人是电视谈话节目风格的塑造者,人际传播的独到魅力致使主持人往往成为节目本体特质的人性化载体。其次,电视谈话节目主持人在现场充当的是一个重要而特殊的媒介角色——控制器角色。质言之,控制器的作用就是根据内外部条件的变化,通过一个有组织系统的变换和信息传递后发出的指令,即时调整受控者的行为,使系统趋于稳定状态,以期达到预定的控制目标。第三,主持人在谈话节目现场起了组织、串联的"润滑"作用,主持人的责任在于能够激活嘉宾、现场观众的谈话欲望,在谈话中间穿针引线、因势利导、有条不紊地调度好发言的逻辑顺序,让人们充分发表意见,把现场琐碎而微妙的谈论组合、串联起来,显示出事物内在的联系或因果关系。

2. 嘉宾要素

在电视谈话节目中,嘉宾的地位举足轻重,他们是节目现场的主要谈话人。从受传双方的关系来说,在录制现场人际传播的情境里,嘉宾既是传者,又是受众;而针对场外观众,嘉宾与主持人一样是传者。如果说,主持人只是交代、引导话题,那么话题的展开、深入、升华则主要由嘉宾来完成,难以想象,离开了嘉宾的支持,电视谈话节目会变成什么样。

3. 观众要素

受众定位,通俗的说法就是节目是做给谁看的,它是电视谈话节目的基准,既是节目制作出发点,同时也是归宿点。特别是在节目现场出现的观众,他们更是电视节目目标受众的代表,是电视机前广大观众的代言,更是整体节目的重要组成环节。现场观众的意义不仅是电视谈话节目现场气氛的"润滑剂",他们的出现还改变了节目的传播模式,提高了节目的客观性、真实性,容易使电视机前的广大观众产生参与感和认同感,有助于提高传播效果。

4. 话题要素

话题也是电视谈话节目的基本元素之一。好的话题具有以下六大特征:新闻性、针对性、群众性、公开性、争辩性、思辨性。谈话节目话题的设置有一定的参考规律,即"社会问题文化化,文化问题生活化,生活问题理念化"。

5. "x+y+z"要素

电视谈话节目的出镜指数遵循以 x 为中心制核心的"x+y+z"要素模式,其中 x 指代主持人,y 指代嘉宾,z 指代观众(x 大于等于 1,y、z 大于等于 0)。目前多数情况下是以 x 为一元中心,y 是根据节目所需决定的人数,而 z 要么为 0,要么就是一个较大的团块数目。

以后的电视谈话节目中 x 可拓展,y 也可以变化更富于多样灵活。电视谈话节目是继电视新闻、电视综艺、电视娱乐之后的第四次电视发展浪潮,新闻杂志深度报道、综艺节目、特别节目的双主持人,也同样适用于电视谈话节目中。

分析完电视谈话节目的内部构成要素,再从其外部的整体构架来看,该种类型的电视节目中交织着两种不同的符号系统:

1. 语言符号

电视谈话节目是一套复杂的符号系统,除了人本身,语言符号是最重要的交流工具和手段。这是因为语言是信息的载体,是思维的外壳。主持人、嘉宾、现场观众围绕话题,分别以个性化的口语表达方式,融汇成一个川流不息的"语义场",达到交流看法、沟通情感、提高认知、升华思想的目的。

2. 非语言符号

电视谈话节目里还有一种不容忽视的辅助手段——非语言符号。非语言符号也叫附着符号,"附着符号是指语言符号以外,一切伴随着人,附着于人的符号,如声音气息、面部表情、身势符号、伴随的物理符号(物体),多方面的附着符号,形成了一个与话语同步的符号集合,于是成为符号束。"附着符号本身也具有视觉或视听感官,它有时甚至比"说话还能说话,比语言还能语言"。传播学研究也表明:在面对面的人际传播中,不但使用语言符号系统来交流思想情感,而且使用非语言符号系统来交流,后者的使用往往比前者的使用更重要。在电视谈话节目中妥善运用非语言符号,有助于形成酷似日常人际传播的情境,帮助人们达成理解,从而提高大众传播效果。非语言符号的最大优势在于形象展示,能生动地再现客观真实;它的缺憾是负载的意义深度有限,不能直达人的思想深处。

同样,电视谈话节目的脉络线索亦能梳理为两大体系。

1. 动之以"情",以"情"动人

侧重于人情味的故事讲述,做情感文章,以情动人。节目诉求点立足于"人",以人物的故事展开为节目卖点,分享个体的生命体验和经历过程。

2. 晓之以"理",以"理"服人

侧重于信息交流,由某些话题展开,通过观点的自我表达,产生思想和观念的交流碰撞,包括信息传播、观点阐述、聊侃讨论,或者是思想交锋的对抗性辩论等。

理清了电视谈话节目的线索脉络后,本书将从更宏观的角度观照电视谈话节目的社会价值。毕竟,全球化冲击下的电视谈话节目如今已然成为中外电视荧屏上一种非常重要的节目形式。对于它给社会带来的重大影响,必须充分认清其内在的双面性角色:

一方面,从某种程度上讲,是当代大众传媒社会作用的一个缩影,其价值并不在于是否能够彻底地解决那些不断困扰人们的问题,而在于将这些问题公开化。它把普通人的悲欢展现出来,让人们知道不仅仅是自己在饱受磨难,别人也同样在恼怒和痛苦,挣扎和奋斗,从而使人们平静下来以一种平常的心态来对待生活,对待现实。同时人们也看到,如今西方"脱口秀"节目正处于消极面不断扩大的庸俗化趋势中。

另一方面,它在社会中所发挥着独特的积极作用。哈贝马斯曾对现代社会中的大众传媒作用作过精辟的阐述,他认为:"不管怎样,大众传媒充当了个人疾苦和困难的倾诉、生活忠告的权威人士:它们提供了充分的认同机会——在公共鼓励和服务的基础上,私人领域获得了再生。原先内心领域于文学公共领域之间的关系颠倒了过来:于公共领域相关的内心现象逐渐让位于一种于内心领域相关的客观化现象。在某种程度上,私人生活的问题被吸收到公共领域当中,在新闻机构的监督下,这一问题即便没有得到彻底的解决,也至少被公开化了。另一方面,正是通过这样一种公开化过程,由大众传媒建立起来的领域获得了'次内心领域'的特征,而私人意识也得以提升。"①电视谈话节目,就是这一理论最好的例证,这也是我们有必要对日益发展成熟的电视谈话节目进行类型划分和研究的理论依据。

第三节 电视谈话节目的"内"、"外"分法及相关子类型

一、电视谈话节目类型界定的必要性

首先需要澄清的一个问题是:电视谈话节目和"脱口秀"是两个不同的概念,"脱口秀"只是电视谈话节目的一种重要的类型,两者之间不能划等号。

这是因为屏幕内部的谈话,和荧屏内外即主持人与电视观众的对话交流在交流本质上是有微妙差别的。所以,将电视谈话节目和"脱口秀"作概念上的界定区分,无论从学理认识、还是从业界实践的角度来看,都是相当必要而且重要的。否则,类型界定的模糊将不利于中西电视学术上的切磋交流和电视理论上的深入拓展,并将带来电视实践操作中的混乱迷途。笔者认为"talk show"应是广义上的电视谈话节目,而"脱口秀"只是电视谈话节目中一种相

---

① [德]哈贝马斯:《公共领域的结构转型》,学林出版社,1999年版,第196～198页。

当重要的类型。具体的阐述见下文关于电视谈话节目"外分法"章节中关于"脱口秀"部分。

试看电视的发展历程,"三阶段论"清晰展现了电视节目的变革与电视理念的创新:第一阶段的特质在于娱乐性,以电视剧和综艺节目为主;第二阶段的特质在于纪实性,以社会纪实报道为主,满足人们对社会动态、社会问题的知晓,比如《东方时空》;第三阶段的特质则是思考性,以谈话和讨论类的节目为主,谈论社会生活,展示多元观点,探求社会问题背后的深层动因。由以上从电视功能的发展,可以看出电视观众从单纯的休闲娱乐,发展到了解社会动态、接受社会信息,进而又进阶到思考社会问题、交流思想观点,最终导致电视谈话节目的"横空出世"。

从"三阶段论"的电视理念观转向电视业界践行,可以发现,在电视节目激烈竞争的今天,美国以及西方各国电视媒体(包括中国港台地区,甚至内地的一些电视媒体)的电视脱口秀节目基本上以收视率为指挥棒,更强调娱乐性:其中一类是纯喜剧性的,主要的目的是搞笑娱乐,这是占很大比例的一种;还有一类是争论式的,观点越对立越尖锐越好,在国外的很多节目都是以当前最敏感的焦点问题进行现场争论,甚至会出现真正的争吵和打斗。所以,脱口秀节目由于竞争的越来越激烈,呈现出越来越明显的庸俗化乃至垃圾化的倾向,其消极面不断扩大。为了吸引更多观众,国外很多电视谈话节目注重选题的猎奇、猎艳,哗众取宠、肆无忌惮地把社会混乱和个人痛楚公开曝光,从而使得这些现实问题更加严重。也正因为如此,美国前教育部长本奈特把美国日间电视谈话节目定义为"文化腐败",用他的话来说,这是"大众文化的红灯区"。

与美国相比,国内的电视谈话节目虽然也存在着粗制滥造、模仿、"克隆"的现象,总体上来说它们基本上还处于健康发展的状态。尤其像《对话》、《艺术人生》等"叫座又叫好"的品牌电视谈话节目,在受众中口碑好,欣赏指数高,被赋予了很高的期望值。同时,笔者也注意到国内电视谈话节目正在慢慢地发生着一些变化,几年前北京电视台的谈话节目《国际双行线》节目由于嘉宾之间观念的冲突而导致谭盾愤然离去,这一事件一方面反映了中国的"talk show"已经真正地能为人们思想的交流和碰撞提供了自由空间;另一方面,《超级访问》、《超级辩辩辩》这样类型的谈话节目的出现和流行,也引起了各界对于中国"脱口秀"未来走向的关注。如果这种趋势不加以正确的引导,甚至把低俗炒作成节目的某种卖点的话,那么它就会走上畸形发展的道路。美国的日间电视谈话节目"杰瑞·斯普林格秀"就是一个以"手谈"代替"清谈"的节目,它就是美国最低俗的垃圾脱口秀的代表。

电视谈话节目在中国广袤的土壤上从无到有,衍生不息,并逐渐发展成熟,分化、演进为具有不同特质表征的节目类型。实践的发展,召唤着理论上能有所建构。本土谈话节目的发展成熟,迫切需要相关学者对我国不断发展着的具有国情特色的电视谈话节目进行学理上的划分和节目类型的研究、界定。

电视谈话节目,在其本质上是一种"公共空间"或"公共论坛"。从世界范围来看,电视谈话节目是一种符合当代电视节目发展趋向的节目类型。正如我们前文所提到的,当代社会中公共领域私人化的趋势和电子媒介平民化的特质,使得这类节目的产生有了客观的必然性。与此同时,大众不满足于它们在现代社会中所拥有的越来越小的公共空间,而强烈渴望进行交流和沟通的愿望,又为它提供了主观上的某种必然性。中外电视谈话节目的兴起,究其根本都离不开这两点原因。但又因为中西具体社会语境的不同,中国电视谈话节目的发展轨迹必然会呈现出自身独特的风貌,所以,面对目前国内电视的特殊发展规律和趋势,有必要对中国电视谈话节目的类型进行更细致地区分界定。

诚然,任何一种新生事物在其发展过程中都会衍生出不同的形态。我国的电视谈话节目发展到今天,既结合了国外电视谈话节目的经典元素,也加入了本土的新鲜元素,并且在不同地域、不同频道中寻求自己独特的定位,产生了类型繁多的电视谈话节目。格拉汉姆·斯克特把美国的电视谈话节目分为"新闻—信息类节目"、"综艺—喜剧—采访类节目"、"人际关系—自立—心理分析和日常生活类节目"、"为特殊观众专门设置的谈话类节目"这四类。而我国的电视谈话节目尚在发展的过程中,种类日趋繁多,但是都有着各自的节目形式和特定的节目内容,因而在借鉴国外的划分方法的同时,也要注重自身独有的内在规律。

本章节为求全面、完整,将分别以"内分法"(从内容指向角度切入)和"外分法"(从形式模式角度切入)作为指导原则,进行界定划分,力图将国内各种电视谈话节目都清晰定位。我们的划分旨在为纷繁复杂、层出不穷的电视谈话节目中设立自身的框架体系,力求将历史上曾出现的、正在出现的、当红的、可能出现的各种形态的电视谈话节目都网罗其中。

二、内分法

(一)新闻时事类电视谈话节目

该类节目是以新近发生的典型新闻事件为内容,邀请有关人士介绍事件的前因后果,分析其中的来龙去脉,尊重观众的知情权,让大家了解"应该知道"的事情;或者就某些局势动态,邀请相关权威人士给观众介绍相关背景及战略方针,强调准确性、权威性和贴近性。

现代社会,人类和世界接触的深度和广度都发生了很大变化,人们越来越不满足于单纯的被告知,而更需要平等机会去讨论公共事务、社会管理。人们不仅想知道观点,还想知道观点是谁说的,为什么这么说,以及他是怎么说的。人们渴望能够在双向互动的过程中获得多方面的信息,渴望贴近信息源、作出自己的判断。新闻实事类电视谈话节目满足了这一需求:其直接展示了信息源所在,既提高了信息的准确性,又以谈话提供给人信息和观点,促使观众进行思考,与观众达成了一种新的、更为积极健康的对话方式。

新闻时事类电视谈话节目多在演播室或者某个特定的场所进行,其主要技术手段是 EFP 电子工作方式,基本构成为主持人、嘉宾、相关静态及动态新闻片;有的也有观众参与,在主持人用几个关键性的问题把事件引出来之后,演播室里或者是电子屏幕上的嘉宾就开始谈论,而且随着网络与电视的渗透,在线互动、手机短信等形式也介入了谈话现场。

例如中央电视台的《央视论坛》,该节目淡化了新闻事实本身的动态报道,突出了主持人和嘉宾的谈话,将新闻作为背景、由头,从"评事"走向"论理",通过嘉宾的声音表达媒体的观点,通过权威人士的深度分析,来让观众知道"应该知道的"事实。同类的节目还有凤凰卫视的《时事开讲》。在该节目中,嘉宾主持针对当时最热门的国内外新闻话题,以精辟见解及不凡口才,从不同角度对事件作出分析评论;更请来相关专家,深入讨论事件的真相和内幕。这类电视谈话节目都是对观众知情权的尊重和最大程度的落实。

(二)民生生活类电视谈话节目

现代社会的快节奏和商业化,导致人们的生活逐渐离散化。对于生活中最贴近的事件,人们缺少一个相互交换意见、表达看法、互相倾诉的公共场所。与此同时带来的是,人们普遍将目光放在了自身的生存环境和内心情感的宣泄上。他们渴望通过电视实现对一些问题的认同,渴望通过公共领域的交谈来确定自己对这个世界的认同;同时,他们也需要在公众化的个性表达中获得一种自我的认知，需要在一种人性化的环境中获得信息的沟通、情感的慰藉，需要对当下自身生活贴近的审视和近距离的探讨——在这个需求下，民生生活类电视谈话节目应运而生。

民生生活类电视谈话节目，即以日常生活中的平常事件为讨论由头，由大众参与的人际倾诉或讨论为主体的电视谈话节目。这类电视谈话节目具有较强的故事性和情节性，谈话的本身强调平等交流和人情味。其重视的不是权威性，而是大众参与性，以及正常人际沟通所产生的愉悦感、放松感，是现代社会对人们当下日常生活的观照。

民生生活类电视谈话节目主要的特点是：更强烈的故事性征、更直接的宣泄功能、更世俗的平民倾向。《实话实说》是我国最早出现的以人际沟通为主要目的的民生生活类电视谈话节目，它的魅力来源于强烈的说话意识和鲜明的平民意识，其独特意义在于：它不仅提供了一个人们说话的场所，更重要的是它体现了另一种新的思维方式，体现了一种人文关怀——即每个人都有平等的说话、表达意见的权利。它所选的话题都是普遍性的，加上主持人平民化的主持，嘉宾和观众朴实真切的谈话，这些都为节目本身营造出了一种亲切的氛围。再例如：北京电视台的《生活广角》节目，也是一档关于生活琐事的电视谈话节目，融知识性、社会性、服务性为一体，以老百姓生活中发生的各类纠纷为题材，由当事人各抒己见，辩论是非长短；其通过多角度分析，专家答疑，达到化解矛盾、解除疑惑的目的。

(三)综艺娱乐类电视谈话节目

该处所提出的综艺娱乐类电视谈话节目，比较容易和娱乐节目相混淆：两者的交叉点是都有话语的参与，都有娱乐的成分，并且都是以给观众带来愉悦感和轻松感为目的。

综艺娱乐类电视谈话节目和娱乐节目的区别在于：综艺娱乐类电视谈话节目更加注重谈话带来的娱乐效果，通过特殊的人物选择，或是特殊的情景设置，来娱人耳目；而电视娱乐节目，其主要目的是给观众带来娱乐，而并非仅仅通过谈话本身来实现。

当下，人们需要一种人人皆可参与其中、可以轻松获得的愉悦和乐趣的节目。而从言语中直接获得娱乐和放松，就是一个简单有效的应对途径，综艺娱乐类节目作为"脱口秀"类节目的边缘性衍生物出现了：以谈话为基本载体，或是借助设计的表演活动，或是通过随意即兴的问话，运用多种方式充分展现话语中的娱乐性，给收看节目的观众带来娱乐和放松。

例如凤凰卫视曾经风靡一时的《娱乐串串秀》，用后现代解构的方式对现代信息娱乐、文化现象进行剖析，充满辛辣及无奈，采取一种嬉笑怒骂、百无禁忌的方式，将种种娱乐事件搜罗其中。娱乐事件本来就带给观众愉悦和放松的体验，再加上主持人梁冬本身的那种貌似漫不经心、实则暗藏讥讽的联想，带出种种滑稽的、鲜明的、类比的表演，使节目更加具有了可看性。又如《非常男女》的娱乐功效更是发挥得淋漓尽致，不仅两位主持人胡瓜和高怡平的语言本身带有很强的娱乐成分，此外节目还将占星等一些新鲜元素加入其中，通过男女双方的对话和讨论将娱乐进行到底。

（四）专题对象类电视谈话节目

在内容上来划分电视谈话节目，除了上述三类，还有另外一大类是以电视谈话节目本身定位的不同为特征的。其每一期节目都选取在固定范围对象中的一个主体人物，作为谈话围绕的对象来展开谈话。主要类型又可分为人物型和评析型。

1. 人物型

向观众介绍一个或者多个有个性、有影响的人物，通过主持人与节目主角人物的对话，让观众充分了解人物的经历、思想等，以他们人生路上成功的经验或曲折的经历来感染和打动观众。

人物型电视谈话节目所选取的主体人物本身就具有一定的看点，他们要么是公众眼中耀眼的明星，要么是自身有着特殊故事，要么是历史中不可抹去的一笔。总之，他们本身就对观众有着较强的吸引力。如何使他们自身的魅力和经历更好地呈现在节目中，如何通过人物的谈话来激起观众真情的共鸣，这是人物型电视谈话节目所要解决的问题。

拿近年人物访谈比较成功的栏目《艺术人生》来说，栏目本身的卖点不是人们通常认为的耀眼明星，而是场上嘉宾与现场观众的真情互动，是电视机前观众产生的强烈共鸣感。他们欣赏嘉宾的才华，又关心嘉宾人生路上的故事。主持人和嘉宾的一席倾谈，让平时光彩照人的明星还原到最朴实、人性化的状态，触动了观众心底最柔软、最容易引起深刻感悟的地方，其中谈话间的话语是节目主要构成部分，使艺术和人生的"真、善、美"得以很好地呈现。

2. 评析型

评析型电视谈话节目，是以欣赏为主、依托于多门类的电视艺术作品，通过主创人员、观众、专家等的评析，达到帮助观众完成审美的过程。

目前，电视荧屏上节目类型多种多样，所传播的艺术门类也是多种多样。

对于各种艺术门类我们是否有很好地赏析它们的能力,对于这样的审美过程我们是否可以很好地驾驭,各人对某一类艺术的看法是怎样——这些都需要找到一个平台来交流。对于所传播的艺术门类本身也需要很好地鉴赏。于是,在这个基础上,诞生了由主创人员、观众、专家来评析电视艺术作品的电视谈话节目。

早年的《精品赏析》就是评析型的电视谈话节目,对于节目中展播的精品节目,谈话者对其作出了专业的评价——这对于观众来说,也起到了很好的引导作用。同类型的还有《佳片有约》,该节目主要对象是经典的电影。在电影播出之后,主持人请来电影方面的专家、学者从专业的眼光来分析影片、解构影片,让观众更好地完成审美。

三、外分法

(一)讨论类电视谈话节目

该类节目通常以大家普遍关注的话题作为中心或作为讨论的由头,由主持人、嘉宾或者现场观众来共同参与探讨的节目类型。其基本特色是:至少两个或两个以上的出镜者,其中节目主持人基本上是不变的,且是这档节目的招牌标识、形象代言人,以讨论聊侃的形式进行对话交流,并借助电视媒介向大众传播,展现屏幕内人际对话交流的过程。讨论类电视谈话节目侧重于发挥媒介传递信息、交流思想,引导舆论、监视环境的功能,是电视谈话节目整合大众传播和人际传播的典范。

讨论类电视谈话节目就像"群言堂",是每期关注一个中心话题的节目类型。比如说早期成功电视谈话节目的风向标《实话实说》,就是以一种平民化的方式、平民化的视角,去展示、表述和传达,在主持人、嘉宾和现场观众之间牵起三点一线的清晰脉络,构筑起话题多维的空间;再譬如目标受众诉求明确,定位高端、追求品位的《对话》,还有 CCTV-10 科教频道中探索当代教育的《交流》节目,北京电视台因《谭盾来了》》"出位"博得满堂彩的《国际双行线》,湖南卫视的《新青年》等等,这类电视谈话节目的固有模式都是邀请嘉宾和观众来发表意见,不求观点一致,允许意见相左,在对话和观点的自我表达中,思想交流碰撞,让大家听到各种不同的声音,使观众能结合个人感受来加以评判。

随着电视本体语言的进一步发展,电视节目除了资讯传递外,娱乐元素、电视日常性特质也日益凸现,表现在电视谈话节目中,就是日渐分离出了一种新的电视谈话节目类型,笔者将其称为聊天类电视谈话节目。讨论类与聊天类电视谈话节目在节目形态、固定模式的设置上基本是相通的,但将两种节目形态做更细致的区分,将聊天类从讨论类中区分开来,有鉴于一方面,这两种节目类型已然成为电视谈话节目中运作模式相对纯熟、节目形态生命指数高、后起之秀源源不断跟进、具有较强开发潜力的两大重要的节目类型;另一方面,也是因为这两大取向节目类型的风格不同,在栏目定位、受众诉求和节目的运作理念上也必然日益分道扬镳,需要学理上作出相应的区分。

相比而言,讨论类电视谈话节目更注重于让观众对于各种值得关注的严肃问题有一个更深入、更全面的了解,不管是宏大叙事,还是鸡毛蒜皮的话题;不管是精英化诉求,还是平民化视角。节目风格、形式上做得都相对中规中矩,都希望能够给那些处于困境中的普通人以有效的帮助,更侧重于发挥电视媒介交流思想、传递信息、引导舆论、监视环境的功能。在当下,这类节目日益成为电视谈话节目的主流类型,是主流话语、精英话语和大众话语合谋最为成功到位的电视谈话节目类型之一。

(二)聊天类电视谈话节目

聊天类电视谈话节目较着重于娱乐、放松,更像是平常生活中朋友间的聊天,更具日常性的生活原生态特性。资讯娱乐化、主题世俗化、话语碎片化,以调侃逗乐的话语方式,"节目怎么好看、好玩,就怎么来、怎么做。"消解严肃主题,以怡情为主,娱乐观众,获得身心的放松。从某种程度上说,讨论类电视谈话节目发展到还原日常生活常态的极致就成了聊天类,最典型的节目形态有窦文涛的《锵锵三人行》、英达的《夫妻剧场》、洪晃的《大人在说话》等。

世俗化、个人化的主持风格使和谐的传受关系得以建立。譬如说,窦文涛的《锵锵三人行》,有点像美国的夜间电视谈话节目。该节目有一套固定的模式:节目开始时,主持人发表一番似乎糊里糊涂不着边际的议论,但是其内容大多与当前的热门话题相关;节目中聊天的话题很松散,注重营造日常聊天谈笑风生、天马行空的氛围,以某一话题为由头起兴,主持人和嘉宾就开始坐在一块像聚会的朋友一样无中心、无主题地海聊神侃,纯粹聊天过程的展示,说到哪是哪,往往以开放式的结尾收场。这类节目很个性化,主持人视域的宽窄,决定着话题的深浅。受众青睐度,取决于主持人的个人魅力、对谈话"场"的控制和氛围的营造。

在《锵锵三人行》里,窦文涛把时下发生、五花八门的社会新闻拼贴组合,使之成为同《美国派》神韵相似的笑料。接着,再找来两位嘉宾"大话"各种流行事物和知名人物,各抒己见,不追求问题答案的"正论",而只是标榜"俗人闲话",整体节目集信息传播、制造乐趣、辨析事理于一身。有时,主持人和嘉宾聊着聊着就拿男女之事开玩笑、甚至拿自己或是对方开涮。因而,在《锵锵三人行》里,窦文涛与其说是主持人,倒不如说是个有点小聪明、杂糅着精英知性智慧与民间草根话语的大雅之俗人、大俗之雅士。

在节目形式上,该节目采用民间的平民话语策略,窦文涛和两位嘉宾的调侃基调轻松、诙谐,《锵锵三人行》里的笑话和段子好玩、幽默。设置的话题通常都很能调动嘉宾谈话的兴致,窦文涛带着一种城市文化痞子的面目出现,有控制场面的穿透能力,也具备驾驭软性话题的技巧,在活泼、轻俏和谐谑的气氛中营造出今天流行的浅薄的文化品味。《锵锵三人行》目标受众定位于都市白领,融知识性、时尚感于一体,信息量比较大。偶尔谈到世界局势,个个慷慨激昂,但大家更爱谈男女、职场的个中话题,而且谈起来总是眉飞色舞的。因而,整个谈话保持着生活的原生态,随意自然。有时,该节目也触及到一些严肃和敏感的话题,但经过窦氏的"锵锵"话语转化,故意变形、消解,将严肃主题"玩笑化",再严肃的事到了《锵锵三人行》也就成了插科打诨的调侃逗乐。聊天的话题松散、思路跳跃、碎片化,有时还有点无厘头,用一种嘻嘻哈哈的方式来消解主题的严肃性,这种极具现代意味的话语方式作为沉重现实生活的一种润滑剂,对于紧张而单调又总是要面对太多严肃问题的普通大众,确实能起到一种抚慰和放松的作用。这或许就是为什么看完《锵锵三人行》后,尽管人们除了对几个好玩有趣的段子留有印象外,根本得不到多少深刻的东西,但收视率还蛮高,有不少人,特别是"白骨精"(即"白领、骨干、精英"的代名词)、"三高"(即"高学历、高收入、高职务")、"四有"(即"有知识、有权力、有财力、有前景")群体在"时间就是金钱"、"海量信息爆炸"的"浅层资讯时代"还是愿意收看它,听他们海侃神聊的原因。

(三)访谈类电视谈话节目

访谈类电视谈话节目是指以电视为传播媒介,主持人调动各种电视表现元素,以现场访谈或者连线等方式,与被访者、嘉宾和观众进行平等的对话交流的电视谈话节目类型。在访谈式电视谈话节目中,从采访访谈,到上升为一种平等交流,对话的境界不仅是一种技巧,更是一门艺术。

访谈类电视谈话节目又可细区分为三大类型。

1. 人物专访型

这类节目以为观众介绍一个或多个有个性、有影响的人物为主旨,通过主持人对节目的主角、相关人物进行访谈的方式,展现人与人之间对话交流的过程,呈现鲜活的人或生活本身。让观众充分了解他人的思想和人生、对生活的理想和追求,观照他人的生活方式,分享个体内心的生命体验。这类节目的立足点是"人",以还原出生命本身的质感为节目诉求,来感染观看的人们。

人物专访,可以定位于高端名流,如《杨澜访谈录》、《名人面对面》、《风云对话》;可以定位于特别的或有影响的传奇人物,如《鲁豫有约》、《艺术人生》、《面对面》;也可以采用平民视角,关注来自于社会草根阶层的普通人,如《半边天》、《西部教育》;甚至是以 DV 介入的方式进行,如《安在北京的家》。

在访谈式节目中,尤其是人物访谈中,有时提问是抛砖引玉,言简意赅要问到点上;有时需要追问,问是有讲究的;有时不问,也是一种策略。在人物访谈中,不仅要会采访,深入被访对象的内心,让人物在你的引导下自我言说呈现,获得你想要的东西;甚至有时,倾听也是一种艺术,一门学问,而不只是一种技巧。这也涉及到主持人的素养和对问题的把握能力。主持人不能仅仅是机械提问的机器。成功的访谈式电视谈话节目应该是在平等话语权的两个对等的人之间展开的对话与交流。譬如,《半边天》有一期节目,张越采访刘小样,就在把握人物上做得很到位。在张越的访谈下,引发来自普通人群的受访者心灵的倾诉,表露出个人内心的隐秘、真实生活的感受、精神世界的忧闷,呈现出非常个体化的内心体验。

而在节目《安在北京的家》中,记者并不出镜,让来自草根阶层的普通人在机器前自由言说。从某种程度上说,这也是一种介于访谈与讲述之间的电视谈话节目类型。这种电视谈话节目类型,尤其在 DV 介入影像记录的年代,网络、数字技术的进步,DV 技术的平民化必然带来媒介话语权走向民间,这也可能对未来的电视谈话节目的内容和形式发生深远的影响和冲击,甚至从根本上改变电视谈话节目某些话语的表现形式。

人物访谈着重于个体生命的展示,围绕一个人,以人为立足点来做文章。每个人都是一本书,每一期节目就是以"人本"的视角,观照生命,尝试着去走进他/她、读懂他/她,包括他/她的思想、情感,还有生活的方式,他/她的过往,还有他/她的选择。

在《西部教育》2004 年播出的节目《远去的歌谣》中,主持人分别邀请上台对话的嘉宾,从村长到马骅生前的学生、朋友、中学老师(大屏幕采访资料),到最后他的哥哥上场,通过对节目的话题人物(怀念支援西部教育并意外丧身的青年教师马骅)的追述,来呈现已逝去的人物生前的点点滴滴:是他使云南省德钦县明永村的小孩第一次洗上澡。当马骅老师生前的学生冰河说"第一次洗澡走进浴室水从头上流到脚下像是闻到了太阳的味道"时,孩子眼里分明有流动的光亮;接着孩子用稚嫩的歌喉唱起老师生前写给明永村的歌时,感动了所有在场的人和场外观看的人。由此,我们发现一个有意思的现象——或许,电视谈话节目有可能成为一种发挥电视教育功能,在公众范围,或者说是在社会范围内,设立文化规范,树立学习榜样的一种有效的节目类型。

人物访谈节目,是电视谈话节目经营运作相对成熟的一种重要节目类型。譬如阳光卫视的《杨澜访谈录》中,杨澜对世界各地名人的访谈就很对知识精英的胃口。其采访对象极为广泛,政客、作家、传媒大亨、商界巨贾、文化名流都是她的座上常客。凭着她个人的经验与人脉,以更丰富的资源、更广阔的视野,走出中国、走访世界各国政要名流,以名人的故事抓住观众的心;其谈话内容涉及对时事政治经济的深入分析,文化、艺术领域的最新潮流,畅谈个人成长经历,分享成功人士的成功经验。其话题设置不围绕时事或专业,而以人的经历、感受和智慧为中心,剥丝抽茧地讲述人的故事,以成败得失、人生百味体现人的智慧和感悟,让观众通过屏幕去感受那些平常可望而不可及的世界名人,抹去距离、建立沟通。在杨澜所做的诸多人物访谈节目中,既有她对文化的追求,也有商业方面的考虑,是以文化为卖点,并靠文化赚取利润。她的采访很到位,可以说是在目前中国国内,与国际专业水平最为接轨的主持人;而且,杨澜的访谈抓"点"很准,有时话峰陡下,触及人物内心丰富的情感体验,让人触摸到人性的深处。

凤凰卫视的《鲁豫有约》也是一档比较成功的人物访谈节目。该节目寻访拥有特殊经历的人物,一起见证历史、思索人生、直指生命的体验与心灵秘密,关注人的存在与寻求与被采访者心灵的对话,创造出了一种新颖的谈话记录模式。在该节目中,主持人鲁豫对嘉宾的选择本身就是一个卖点:璩美凤、杨钰莹、金星、毛阿敏等等,都是一些有沧桑经历、有争议的人物。这些人物在风口浪尖上时,很多话不能讲,等到事情沉淀之后,"鲁豫有约说出你的故事"就有了一种真诚度——这是极为难能可贵的成功之处。但《鲁豫有约》改版后,改周播为日播,并加入现场观众参与"旁听"的因素,本来是力求在节目内容和形式上有所突破和创新。但从目前的情况看来,节目中主持人所呈现的肢体语言、所传递的"场"信息,以及镜头的安排处理上,主持人与嘉宾的对话似乎更像是在一个排他的封闭的空间里进行的有我无他的对话,节目在形式上有点僵硬。仿如情景喜剧的罐装笑声,现在被东施效颦生硬搬到一些节目中,有时候明明没有什么幽默可笑的地方,却硬是要生吞活剥地杂糅加入罐装笑声,显得滑稽可笑,令人匪夷所思,莫名其妙。

如果说《杨澜访谈录》和《鲁豫有约》,一个是定位高端,另一个是诉求特别的话,那么中央电视台的《艺术人生》则是追求用艺术点亮人生的品质,把"用文化引导娱乐"定位为栏目的终极目标。

《艺术人生》对节目的主角明星嘉宾的选择是极其审慎严谨的。节目中谈论的话题重点在一个字——"情",亲情、友情、爱情。该节目让观众和明星们一起感悟生活,体味情感,因而这不是肤浅的明星访谈,而是一切围绕"情"字相互交流。在这样的定位下,《艺术人生》以"综艺明星"为主打特色,进行感情化交流,打造出了自己的品牌特质。

亚洲电视本港台《黄霑香港情》也是一档相当有口碑的品牌访谈节目。该节目从资深文化人黄霑先生的角度出发,以其个人独特的见解,丰富的人生经验和渊博学识,邀请各界名人嘉宾以倾谈形式,环绕每集不同的主题作各自的分享及回顾,分享他们的体验,探究香港历史的转变。在节目中,还附以相关片段及图片来丰富整体内容,进而探索香港各类社会现象及生活模式演变,窥探香港本土地道文化的发展轨迹。

"沧海一声笑,滔滔两岸潮",黄霑,这个满口段子的坦荡飘逸之士,以"资深文化人"的派头"冠名"主持《黄霑香港情》。将文化作为谈资,主持人黄霑不仅有丰富的人生经验和渊博的知识储备,还有极好的人缘及亲和力。行家评介:黄霑的境界在崔永元、杨澜、鲁豫、窦文涛四人之上,因为他的阅历、学识和见地,他总是以一种游戏人生的态度去笑谈人生,大凡食、色、玩、乐,尽在其指掌挥洒之间。他入于色而不耽于色;求口福而不溢于表,充满了世情而又不陷于世俗。

2. 资讯型

这是以访谈的方式来结构片子,传递资讯信息、介绍事实经验的一种电视谈话节目类型。

在现代社会,人类和世界接触的深度和广度都发生了变化,人们越来越不满足于单纯的被告知,需要有平等的机会去讨论公共事务、社会管理;人们不仅想知道观点,还想知道观点是谁说的,为什么这么说,以及到底是怎么说的。人们渴望能够在双向互动的过程中获得多方面的信息,能够贴近信息源,然后再做出自己的判断,信息交流类电视谈话节目就满足了这一需求。在这类谈话节目中,直接展示了信息源所在,既提高了信息的准确性,又以谈话提供给人信息、观点,促使观众进行思考,与观众达成了一种新的、更为积极与健康的对话方式。

资讯型节目,多在演播室或某个特定场所进行,其基本构成为主持人、嘉宾、相关的静态及动态新闻片,有的也有观众参与。这是一种主要就新近发生的典型新闻事件或专业话题,对嘉宾进行采访与讨论交流,以传递资讯为主要目的的电视谈话节目类型,既包括多人访谈,又包括两人对谈。在其嘉宾选取上,新闻发布者、执行者、专家以及当事人成为主要对象,同时强调其准确性、权威性和贴近性。

在主持人用几个关键性的问题把事件引出来后,演播室或者是电子屏幕上的嘉宾就开始了谈论,而与此同时直播电话也就对各地的观众开放了。而且,随着网络与电视的渗透,在线互动,电子邮件等形式也介入了谈话现场。此外,资讯类访谈式节目还包括一些重大庆典节日、周年纪念日、突发事件的特别节目。比方说,伊拉克战争期间,凤凰卫视、CCTV-1 和 CCTV-4,都邀请专家学者、研究人员客座现场,介绍事态发展,分析战争局势;还有一些频道、栏目特别策划的以传递资讯为主的访谈节目,比方说 CCTV-2 经济频道《经济半小时》2004 年 11 月份热播的《2004 中国经验》系列访谈就是典型代表。

此类电视谈话节目是对新闻、专题节目的一个有效配合,比较著名的像美国《拉里·金直播》,该节目及时地就新闻事实在演播室对嘉宾进行采访;而凤凰卫视的《一点两岸三地谈》也充分利用了自己的特殊位置,通过视讯电话、卫星连线两种媒介手段,以大屏幕与演播室的结合,将北京、台北与演播室所在的香港连在一起,话题也围绕着两岸三地的第三话题,开放式地实现了两岸三地"面对面"的对话;此外,其他频道、栏目也开设了自己的访谈节目,访谈已经成为一种结构形式,成为栏目内的一种有机成分,像《走近科学》的言谈节目《科学论坛》、《中国报道》的访谈节目就是由新闻或专题栏目中配套的访谈节目和栏目中的其他节目形成一种系统结构。

3. 娱乐型

有鉴于民生类话题、娱乐元素的异军突起,将娱乐型的访谈节目,从访谈式节目类型中单列出来,可见这种节目类型未来发展的潜力和后劲。

该类节目的典型个案,比如 30 余家电视台合力打造的《超级访问》,围绕一个现场嘉宾,节目组能采访 20 个以上与嘉宾有各种各样关系的人。当嘉宾还在主持人面前"装模作样"时,大屏幕却向观众展示了他们鲜为人知的一面。嘉宾大都惊异"这些人是怎么找到的"、"这些资料是怎么搞到的"。如果不带褒贬色彩的说,《超级访问》就是"超级狗仔队的超级出击",它极大满足了观众的窥私欲。目前这类电视谈话节目在我国仍是起步阶段,电视媒介中娱乐元素的表现和开发,还有些不到位,未来这类节目形态的发展值得进一步的关注。

从总体上看,访谈类电视谈话节目存在的问题主要在于:一般来说,广播电视的访谈者只是提出问题,却并不认真听回答,他们的心思放在其他事情或是下一个新问题上。而实际上,真正获得成功的访谈式节目,主持人不能只是一架简单机械化的提问工具,往往不只是有一副伶牙利齿,更应能善于仔细地倾听客人们的谈话,并且利用谈话内容把主题步步引向深入。采访是一种技巧,倾听则更是一门艺术。在访谈式节目中,主持人应学会倾听、善于倾听,应该"以人为本",对被访者、参与对话的嘉宾和观众充满人本化的关切,学习在倾听中对话,才能和他们更好地互动交流,并在倾听的过程中,利用谈话内容把主题进一步引向深入,获得节目的成功。

(四)辩论类电视谈话节目

辩论类电视谈话节目借助特殊的谈话形式——辩论,这种思想交锋方式,针对当下人们普遍关心的社会现象、新闻事件、观念思潮等进行论辩,为交流思想、启发智慧提供新的谈话平台。从节目形态来说,辩论类电视谈话节目,主要是谈话人在演播现场就某一话题展开讨论、交流、评说和争辩,提出各自的观点和看法。话题的选择在此至关重要,它关系到谈话人参与电视谈话节目的热情和兴趣,同时又直接影响着节目现场外观众的情绪,进而影响电视谈话节目的效果。

而多种社会热点、焦点问题的设置都体现出节目内容的多样化、多元性和包容性诉求。另外,演播室如同一个不分胜负的辩论赛场,这个特点尤其体现在话题结论的开放性上。

具体而言,辩论类电视谈话节目又可细分为:

1. 富有理性思辨色彩的辩论类电视谈话节目

譬如,凤凰卫视的《时事辩论会》以辩论形式评论时事,从内容到形式,都是一档理性的争辩较量。其节目自身定位"扣紧时事,让事实越说越清;交锋观点,使真理越辩越明"。该节目每次设定一个时事热点话题,并特意从内地、香港或海外邀请"名嘴"参与,由多位背景各异、慧黠过人的嘉宾名嘴进行激辩,形成热烈的争辩气氛。通过多角度的辩论,使观众能洞悉事件的不同角度,对事件的真相本质会有更透彻的了解。

阳光卫视的《交锋》也是一档辩论类电视谈话节目，"不分胜负"代表着一种节目理念贯穿于整个节目始终，在沟通交流的过程中，陈述各自的意见，并进行交锋和论争，实现充分的了解和交流，并不一定要得出某个结论。这种结论的开放性，它不囿于对错是非的一己之见中，而是通过讨论，给观众以思考的空间和多向的思路。不论是观点产生共鸣，还是意见相左，观众都可以从中领悟到一些道理，作出自己的评价。借着网络技术不断提升的"东风"，目前不少节目中间还适时地插入场外网友的评论，更在空间上延伸和拓展了辩论的"会场"。

在理性思辨色彩的辩论类电视谈话节目中，嘉宾一般都是话题相关方面的权威、专家学者、社会人士，能言善辩；观察员也是各具专业背景的人，巧舌如簧。这样，场上的较量容易出彩，有看头，有听头。讨论起来是唇枪舌剑，现场激烈、各抒己见，谈话交锋碰撞，引发现场和场外的脑力冲击、震荡。但是，如果话题太过专业性或太过偏狭，讨论内容纯理性、纯学术，即使现场争论激烈，也可能因"曲高和寡"导致节目缺乏共鸣。这类辩论式电视谈话节目，问题主要在于节目内容的精英化、学术化可能和形式上的开放性、人们的收视心理形成的矛盾冲突。观众想通过这类观点交锋的抗辩性节目来获得一种参与感，并从辩论中形成自己的想法和意见，并不想通过电视告诉自己"我要做什么"或"我该怎么做"。如此一来，就导致了两者之间矛盾。所以，如果教化的功利目的过于突出、理性的色彩过分浓重、手法表达过于直白的话，往往就会影响观众的收视兴趣。因此如何博弈生存、平衡雅与俗之间的差异，精英话语与大众不同类型的满足是其不可回避的问题。所以，话题的选择很重要，但是嘉宾的确定也非常关键，有的人是学者，但就是"葫芦里倒不出饺子"，过于沉湎于学术化表达，就会打破节目的张力与内在节奏，使节目的可视可听性大打折扣。

2. 娱乐化、大众取向的辩论类电视谈话节目

如江苏卫视的谈话类节目《超级辩辩辩》，这也是我国电视界出现的第一档"真人秀"式的谈话类节目。《超级辩辩辩》重"家丑外扬"、纠纷目击，夫妻在电视上吵架、婆媳在荧屏上辩论、两个女人为了争夺爱人互不相让、夫妻假离婚变成了真离婚。对当事人的激烈争论，市民发表意见、专家也进行点评，荧屏气氛十分热闹。由于辩论双方舌枪唇剑，谁也无法知道辩论结局，因而这种生活中的真实故事、真实情感在激烈的碰撞中显示了应有的冲击力、震撼力以及很强的悬念，并调动了观众的积极参与。而把家庭争吵、马路争执直接搬上

荧屏,这在美国也有类似的电视节目如《离婚法案》、《斯普林格》等。

目前,《超级辩辩辩》节目已在全国范围内寻找有争议的人生故事,并把当事双方请到现场。据悉,对于这一栏目的请求,当事者大多有两种反应:一种是哭着、喊着、争着要上节目,因为他们心中有强烈的诉求,并希望得到社会舆论的支持;另一种往往要编导做一些"思想工作",因为要把吵架这种"家丑"直接在荧屏上展现,毕竟有观念上的阻碍。但这一栏目新颖的开放式尝试,已引起电视界的关注。

(五)资讯类电视谈话节目

资讯类电视谈话节目,即资讯类"脱口秀",一种以传递资讯信息为主要目的,以脱口秀的话语方式、主持人的口才和个性魅力展现来折服观众,构建人际交流的"信息场"的电视谈话节目类型。譬如,追踪新闻的来龙去脉、集中报导国际事件、近距离检视制定政策的进程、全方位追踪新闻的来龙去脉、专访决策高层的独到看法、务求建立华人媒体权威地位的《小莉看世界》;又比如凤凰卫视最具个人化特色的信息评论节目《有报天天读》,唐装清茶的别致形象、嬉笑怒骂的洒脱表现、一针见血的犀利点评,甚至不太标准的普通话几乎成为了其主持人杨锦麟的形象标识。"浓缩报导,探知社会当天的最新动向,重点解读全球重要报刊,开创读报节目先河"的《有报天天读》也成了资讯式"脱口秀"的经典。其他后起新锐还有凤凰卫视的《周刊点点评》、《台北直播室》、走民生新闻播报路线的湖南卫视《播报多看点》、江苏电视台城市频道孟非主持的《南京零距离》,还有凤凰卫视梁文道的《网罗天下》。

资讯式脱口秀构筑的"信息场"主要是在主持人与场外观众之间,是辐射型、开放式、动态的"场"。甚至有的节目中构造了主次两个信息对话交流的"场"空间,比方说像《周刊点点评》两个主持人,甚至可以是多主持人轮流坐庄言说,则在主"信息场"之外添加了一个新的空间,形成演播室内另一个话语流动的人际交流的"场"。

(六)"真人秀"类电视谈话节目

"真人秀"类电视谈话节目的特点是"不了解设计内容的真人"加上"预先设计好的步骤"。"真人秀"类电视谈话节目,指设定节目的游戏规则,并吸纳"真人秀"元素的电视谈话节目类型,包括竞赛、游戏、竞技、交友甚至家长里短的唏嘘争辩。比如《超级辩辩辩》、《挑战主持人》、《绝对挑战》、《劳动·就业》、《非常男女》等,都是其中代表节目。

比如 CCTV-2 经济频道的《绝对挑战》节目通过应聘者、主持人、招聘方考官之间的互动来展现"真人秀"类电视谈话节目的风采,通过应聘者的言谈表现来展现自我,来争取受众的喜爱认可,角逐争夺培训基金和招聘职位。对话的较量与展现立体而多元,有参赛选手与培训专家的话语交流和表现、参赛者在自然情景下完成"规定动作/任务"的自我展现,和主持人之间的话语交流,选手面对招聘方或主考官的压力面试时双方对话交流中的考察和较量,还有参赛选手在演播室内,根据节目设置的游戏规则的自我设计和表达,以及选手与场内场外观众"道是有声又似无声的'场'信息交流"。"真人秀"类电视谈话节目(true man show)构筑的是一种多元博弈的空间格局。

"真人秀"类电视谈话节目,在电视表现元素、形式或内容表现上玩花样,玩创新,这一领域的发展和开拓,带有"实验电视"的意味。总之,电视是个框,任何紧扣社会生活脉动,满足当下人们内心需要的表现元素都有获得电视准入的潜在可能。"做电视"的人也有一部分逐渐分离出来,探索电视的本体语言,电视本质特性的表现,开始从"做电视",走向"玩电视",怎么好看、好玩,就怎么来。娱乐化的定位取向,可能也是探索电视本性、电视本体语言和特性,展现生活常态另一个最有待开掘的领域,这绝对是电视最独一无二、不可替代的地盘。不但电影"玩不过它",以如此手法表现日常生活的常态,目前的网络,在和电视联姻整合前也不可能做到,因为电视屏幕展示的是生活中流动的"场",全方位的、立体的、多元的、复合的人际交流的"场"信息,包括屏幕内的"场"和延伸到媒介与观众之间建立的开放动态的"场"。

(七)演讲类电视谈话节目

演讲类电视谈话节目是主讲人借助电视媒介面对广大电视观众,就某一话题作专题演说的电视谈话节目类型。演讲的选题一般是当下人们所关注或感兴趣的事件,论点与论据也要有严密的逻辑性,语言要求精练生动、通俗易懂。演讲者不仅可以对着镜头演说,还可以调动手势等各种体态语言,包括其他表现元素,如辅助演讲的工具、道具以及多媒体设备投影仪等,加强演讲效果。譬如,凤凰卫视的《李敖有话说》,李敖一手包办、一言九鼎、一针见血,打破电视制作模式,以证据骂人、以口舌开心,闯出一片言论新天地;还有将严肃学术话题,融于活泼电视形式的互动对话型的演讲式电视谈话节目《世纪大讲堂》,特邀国内外众多名家客座"大讲堂"讲学论道,跨学科、跨领域互动式讨论与交锋,形成了一个经典的论坛,一个具有宏阔气度的现代文化场境。透过现代化电子传媒,经典的学术通俗地进入了民众的家庭,让普通观众感受到"学术一样能让你听懂",了解深透的理论世界,了解当代学术四处的最新动向资讯,领略到国际一流大师风采的演讲。不过《世纪大讲堂》有一个问题:由于邀请的大部分都是国内的学者教授,虽然专家学者们也不乏精彩的讲演,但他们大多受到的是国内教育,知识背景、思想体系同质性和相似性的局限,导致不能给受众带来更多不太一样的新鲜思想和真正的思想冲击。

(八)讲述类电视谈话节目

讲述类电视谈话节目,是指通过把访问人与被采访人谈话的形式引入,以被采访人讲述为主来展现人物背后的故事,或者除了被访者讲述故事外,还有专家、嘉宾以及演播厅的观众对讲述中有疑问的情节和有争议的观点进行讨论,发表观点和看法的电视谈话节目类型。譬如说中央电视台的《讲述》、湖南卫视的《真情》、凤凰卫视的《冷暖人生》讲述生存与生活的故事,都是在受众中颇有口碑的讲述式电视谈话节目。

讲述类电视谈话节目是以情动人,拨动人类内心深处最敏感神经的典型故事展现型电视谈话节目类型。譬如说,当你看到《讲述》的《四十六张借条的故事》时,你会情不自禁为这场没有终点的爱心接力感慨万千:不幸的女孩王新丽在弟弟患白血病后,在走投无路的情况下,破指写下血书向天下人借款。她收到46份捐赠,又开出46张借条,可是借条又被退还给她,因为大家是捐而不是借。然而,王新丽要还账,她把别人拒收的"借款"又向社会捐赠。《讲述》旨在用真实的故事、真实的情感打动人们美丽的心灵。

再譬如说,《DV背后的故事》系列节目,讲述《DV2004:我们的影像故事》参赛作品背后比作品本身更感动人,更传奇的故事。其中《希望与梦想》的作者金威详细解说一个盲人是如何对DV感兴趣,艰难学习DV拍摄,并由此获得自信,开辟一片生活新天地的;《走进金三角》的作者韩云峰讲述在14年前就开始在金三角地区拍摄当地人生活,并如何帮助当地人建立希望小学的过程。拨动人们心中敏感的情弦,讲述生活中的人情冷暖、彰显"真、善、美"、重塑"真情",也许就是讲述类电视谈话节目的魅力所在。

(九)评论类电视谈话节目

评论类电视谈话节目,是指主持人与专家评论员针对当前最热门的时事新闻、社会热点问题或者专业问题,作深入的分析及评论,从而使观众能够更全面、客观、公正地透视事件真相甚至内幕的电视谈话节目类型。

资讯时代,人们被海量信息所环绕包围,公众把持着信息使用与满足的主动权。凭什么让受众在资讯的汪洋中选择了你? 如何面对同行,甚至是跨行业媒体的同台竞技,在激烈的传媒市场中寻找自身的生存空间? ——如何更好地满足受众的"知情权",就是当下媒体在生存博弈中渗透的另一生存策略。

随着公众媒介素养的提升,人们不仅要知道"是什么",同时还要知道"为什么",并对媒介提供的内容做出判断。所以如何更好地满足受众的"知情权",就不仅仅是受众需要,也更是电视谈话节目类型开发的市场诉求。因此,满足受众的潜在需求,满足视听人"知情权"诉求,理清事件来龙去脉,分析评论事件的前因后果,意义影响,甚至是可能产生的"蝴蝶效应"等,诸如此类的评论类电视谈话节目的产生,也就是水到渠成,情理之中的事情。比方说,凤凰卫视的时事评论节目《时事开讲》紧扣时事新闻,由固定主持人和一位相关专家进行对谈,嘉宾主持曹景行、何亮亮,针对当时最热门的新闻话题,以精辟见解及不凡口才,从不同角度对事件作出分析评论。该节目更请来相关专家,深入讨论事件的真相及内幕。再比方说,话题性的事实评论节目《新闻今日谈》主持郑皓与著名时事评论员阮次山针对当天最热门的时事问题,作深入的分析及评论,让观众能直击事件背后鲜为人知的事实,更全面透视事件的真相。有些评论式节目还提供他人处理类似问题的经验,以此相互借鉴参照。此外,目前炙手可热的法制题材的节目,譬如中央电视台的《今日说法》,则以案说法,一案一议,节目重在普及法律、监督执法、推动立法,从法律视角评论家事国事天下事,也是一种重要的言论节目类型。

(十)口述历史式谈话节目

大众话语,外延拓展至 DV 平民时代的大众话语方式。采用口述历史,可以是过去的历史,也可以是现在时态历史状况的记录,以人本的叙事方式,从历史亲历者口中重寻观众最关心的历史往事。有选取重大历史事件中的亲历者、见证人,聚焦重要历史人物、国家政要所亲身经历的事件的《口述历史》;有《凤凰大视野》的《底层民生》这样的平民话语视角。这样一些新形态的口述历史、抢救性采访的电视谈话节目类型非常值得去关注和研究。

将口述历史类电视谈话节目作为一种节目类型,单列出来分析,是基于一种理论的前瞻和学术的敏感。在此,笔者甚至预言这一新兴的节目形态可能成为流传给未来世界的记录人类历史的"声音影像活化石"。

口述历史类电视谈话节目的一个很重要的意义在于,这些节目如果真的能把人的历史,历史中的人这部分资源做足做活了,那么这些节目虽是"后起之秀",但其新锐力量绝不可小觑。口述历史,这种新生态的电视谈话节目类型,可能成为谈话节目,甚至是整个电视节目,跨行业媒体间相互借鉴、参照的"人类活化石"、流动着声音影像的"人类学博物馆",电视媒介的"历史档案库"。尤其是对一些高龄的大师、泰斗级人物,一些濒危、濒临绝迹的民间民俗草根文化的抢救式采访,声音影像资料的完整记录和保存,对于整个人类社会和人类的历史来说,都是一笔弥足珍贵的资源。所以我们预见,它可能是流传给未来世界的记录人类历史的"声音影像活化石"。

(十一)(特殊的)推销性谈话节目

美国研究电视的学者伯纳德·蒂姆伯戈在其《电视谈话》一书中,将电视谈话分为四大类——新闻谈话、娱乐性谈话、重大社会事件谈话和推销性谈话。其实广告,就是一种(特殊的)推销性谈话。比方说,脑白金广告,采用平凡人策略和通过铺天盖地的广告,反复点击、不断重复来提升广告到达率、覆盖面的策略,在不同频道、时段,见缝插针地重复它单一的广告词"今年过节不收礼,收礼只收脑白金……"尽管其广告语低俗得有点近乎弱智,但通过反复效果原则来提高广告到达率、宣传推介产品,加深受众的认知、劝说和说服,从而在受众潜意识中树立企业的品牌,说服潜在消费者购买行为的宣传策略,不能不说"脑白金"它做到了,通过这种特殊的推销性谈话节目,它成功地做到了,让人想忘却都不能。

如果未来付费电视、交互式电视、高清晰度电视、数字技术使电视频道、栏目、节目走向个性化的选择,付费点播越来越普遍后,那么一些以某种宣传说服为目的的特殊的推销性谈话节目类型可能会更加丰富多元。

除了外分法的这11种项度的划分外,此外谈话节目还有演播室的、虚拟演播室、有类似田间调查自然法状态下的访谈"脱口秀",有利用卫星、网络技术手段时空连线的;有观众参与的,如改版为日播的《鲁豫有约》,改版前是没有观众参与,仅仅是主持人和被访者之间的互动交流,改版后增加了观看访谈过程的现场观众;有专家出席的,如《今日说法》、《佳片有约》(影评人评论部分);有走平民路线的《小崔说事》;有主持人唱单簧,加情景搬演、演绎再现的,如崔永元的《电影传奇》。不同类型的谈话节目都有自己内容的侧重、独特的风格以及相对稳定的观众群体,呈现出多元化的风格。

第四节　电视谈话节目的四个热点问题

电视谈话节目还能走多远,还原人最初的谈话形态与人际传播的原始依赖路径?我们不想对谈话节目作一个过于狭隘的定义,小新闻,大言说,写到最后,我们觉得其实所有的新闻都可以归宿到谈话中来,除了电影、电视剧。

实际上,我们将新闻和娱乐作为结构任何节目类型的两种元素之后,我们的研究视野和立足点都是相当的开阔,在某种程度上甚至可以说,对于方兴未艾的电视谈话节目类型的研究,可以套用一句广告词,"心有多大,舞台就有多大"。

可以说,"电视是个框",节目的类型样式由你装,不管过去、现在、未来能够开发、发展出多少种电视谈话节目的类型来,只要是对着屏幕说话的,都可以归入到广义而言的电视谈话节目中来。也就是说从电影告别默片时代开始,也就意味着有声语言世界的到来,预示着电视时代的到来,寓意着人类最原初的、原始的说话方式,将成为电视荧屏扶摇直上的"蓝筹股"。除了风光欣赏片、纯自然音效的音响音乐,占据主宰着电视王国的是人本身,所以人的自我表达的存在方式——说话言谈,也必将随着人自我意识的复苏,对人类自身更人本、更人性化的关注,而在信息社会,人类最密不可分的大众传媒电视的言说方式中占据半壁江山。

如果说对画面的关注和偏爱,表现的是在大众传媒早期,人们在科技理性思潮下,对技术层面的推崇,甚至带有某种技术膜拜心理的话,那么从谈话节目的兴起、迅速发展的势头来看,对电视媒介声音元素的重新发现,更确切地说,是从对人声,人的声觉空间的重新发现,到对声觉空间使用和拓展的自觉,则可以说是人对自身更人本的、人性化的关照和回归。从技术、形式层面的追求变幻,把玩镜头画面,到回归媒介本身,探索反映人本体特性的记录和展现人类存在的方式。电视媒介对声觉空间的拓展和开掘,使声音,人的声音,这一最具人性方式的信息传递方式,从电视媒介的幕后走到了台前,真正纳入人们关注的视野,迎来了声音世界的春天。从此,各种不同形态的电视谈话节目纷纷上演,不可抗拒、又一发而不可收拾地在电视上呈现。这不是简单的"三十年河东,三十年河西"的问题。画面和声音是电视媒介互相制肘,又比翼齐飞的"左右手"。生动、鲜活的现场画面,对电视而言是不可替代的;而在一个语言承载、传承着人类智慧的思想王国里,声音同样是人类不可缺失遗忘的另一半。

可以说,电视媒介对人的声觉空间的重新发现和开掘,是历史的偶然又是历史的必然。在某种程度上,其实正暗合了社会思潮由技术崇拜到回归人的存在本身,更人本、更人性地关注人的当下存在的社会思潮。

一、还原电视媒介声画同步的媒介本质特性，挑战学院派的画面本体论

谈话节目为何如此红火，除了经济因素方面的制作低成本外，还有更深层的观念意识变化的内在驱动。电视谈话节目，其实是人们在重新认识电视声画双渠道信息传播的媒介本质特性过程中，开发拓展出的电视媒介资讯传播新模式。电视的声画双渠道传播的媒介特质为未来电视节目形态开发和发展，提供了可能和潜在的发展空间。正如麦克卢汉所言，"媒介即讯息"。虽然"内容为王"，媒介本身也是内容，也在传递着讯息。

谈话节目的兴起和蓬勃发展的势头对于过度强调画面是电视本体，而忽视声音作用的传统主流观念是一种颠覆和挑战。其意义在于，谈话节目还原了人们对电视声画同步双信息渠道传递的媒介本质特性的认识和理解，从而使电视媒体对人类声觉空间的探索和延伸，从实践到理论逐步走向自觉。传统主流学院派强调画面是电视的本体，固然有一定的理论依据和现实理由，但是声画双赢的媒介属性决定了强调技术层面的画面本体，画面决定论的说法并不尽然，谈话节目的出现和兴起就是对这种说法的有力撼动和挑战。这种观念其根源在于学院派长期以来沿用的电影理论，强画面弱声音的观念意识和惯性做法的渗透。学院派对电视理论的研究和建构多脱胎于电影、电影史、电影理论，所以把对画面的强调移用到电视领域的研究与问题探讨，就可能使原本成熟的经典电影理论，在此变得偏执。因为电视对电影最大的突破在于它的声画同步；与现场、此刻氛围的营造，现在时态，它的时间点是现在。不管是纵横捭阖、谈天说地，还是道古论今的超越时空，仿佛是无限扩张的状态的谈话，它的时空结构点始终是在现在。但电视和电影相比较起来，电影和电视剧的时空结构点是发生在过去，即使是再入戏的情节，观影者也很清楚，不可能与当下观影的时空产生混淆。

二、值得关注的个案："凤凰现象"

其实电视是从电影，也从广播脱胎发展而来。媒介特性、电视的画面意识很重要，直观形象生动，声音元素的发掘、声音的空间是个有无比发展潜力的领域。媒介本质属性的不同，使电视媒体和平面印刷媒体迥然不同。

但是长期以来，电视另一重要的媒介本体属性，声音、声觉空间元素的开发，却因学院派媒介理论领袖强画面弱声音的意识与舆论造势，而造成理论的

苍白,滞后于实践。直至谈话节目的兴起,人们才又重新唤醒对电视媒介关于声音的想象和记忆。谈话节目的兴起对学院派电视理论画面本体的观念是种颠覆和调整。要是再往前推十年,有谁会想到像凤凰卫视杨锦麟的《有报天天读》、李敖的《李敖有话说》、台湾知性才女陈文茜"唱单簧"的《解码陈文茜》、梁文道的《网罗天下》、陈晓楠的《口述历史》会叱咤电视荧屏,成为争相克隆的模板。十几年前,很难想象电视可以做成让人在谈话的样式,所以《实话实说》在当时的成功,一炮打响,到谈话节目的风起云涌,都是人类对声音元素,电视媒介本体媒介特性由无意识走向有意识,再认识、思考过程的见证。声音元素是电视媒介的本质属性,声音从幕后走向前台,是偶然却又是必然的。

对声音,人的声觉空间的探索,将谈话节目的元素做到极致的是凤凰卫视,从《时事开讲》到《锵锵三人行》、《娱乐串串秀》、《时事辩论会》、《世纪大讲堂》、《鲁豫有约》,从杨锦麟的《有报天天读》到《李敖有话说》、《解码陈文茜》,到梁文道的《网罗天下》、陈晓楠的《口述历史》,将谈话节目的各种元素开发盘活,做足做尽,用最少的成本和资源,赚取最大化效益,从收视率到受众满意度,赢得高额市场经济回报和社会反响,企业品牌文化形象、企业文化美誉度做到双赢,"叫座又叫好",鱼与熊掌兼得也,"凤凰现象"值得进一步关注和研究。

将声音元素做到极致,最大限度地盘活,除了对谈话节目各元素的协调与场面调度外,不同媒介技术的整合也是一种模式。试看平面媒体与电视的"联姻",于是有了《有报天天读》派生出的一系列读书读报节目,比方说《马斌读报》、《媒体广场》等等诸如此类。还有像梁文道的《网罗天下》,创意则来源于电视与网络资源的整合。未来还可能出现手机视频点播的付费电视等电视媒介新形态、新技术、新媒介,这些都可能会衍生出新的谈话节目类型来,不过这是关涉整合营销传播、新媒体技术整合的另一个问题。

三、大众话语时代,可能代言电视谈话节目新潮流的新样式

谈话节目的几大潜台词:声觉空间、现实时空、现在时态结构、凸显人本、人性化因素、人际与大众话语的交融。在大众传媒时代,大众话语、主流话语和精英话语三种模式在现实语境中共谋共存。由于大众话语方兴未艾,使电视谈话节目的人本意识越来越突显,从 DV 讲述的平民化话语到《口述历史》人本化视角的叙述话语方式出现,这类新近涌现的节目形态预演登场,并可能成为代言电视谈话节目发展潮流的新样式。

比方说,《安在北京的家》中的记者不出镜,而让来自民间的普通人在机器前自由言说。这种方式也许可能成为一种介于访谈与讲述之间的边缘形态杂糅的谈话节目样式。笔者将其提炼出来,称之为"口述历史的平民人本话语方式",历史是由人民群众创造的,此说亦然。这种谈话节目样式,尤其在 DV 介入影像记录的年代,应因网络、数字技术的进步,必然带动媒介话语权走向民间,这也可能对未来的电视谈话节目的内容和形式产生深远的影响、冲击,甚至从根本上改变谈话节目的某些话语语态、表现形式。《口述历史》"因事找人,因人找事",选取重大历史事件中的亲历者、见证人,聚焦重要历史人物、国家政要所亲身经历的事件,采用口述历史、人本叙事方式,从历史亲历者口中重寻观众最关心的、撼动人心的历史往事,其实是对这种新形态谈话节目的探索。《口述历史》是用民间的话语,野史作传的方式来记录名人名流,而随着DV 数字、数码技术的兴起和普及,影像和话语越来越草根化,平民化,走向民间和老百姓底层的人生,其实是谈话节目新的拓展和尝试。

四、主持人明星制

注重对主持人的包装,突出主持人的作用,成为电视谈话节目的发展要义。是一个节目成就了一个人,还是一个人撑起了一档节目,其实应该是相互的过程。主持人是谈话节目的核心。主持人的个性决定了节目的个性,主持人的知名度决定了节目的知名度。在美国,一个精心策划出台的谈话节目总是千方百计地包装自己的主持人,同时也会利用各种时机让主持人在媒介焦点中大出风头,提高其社会知名度。奥帕拉·温芙瑞是在获得奥斯卡金像奖提名后才开始主持全国性的谈话节目的;另一位日间谈话明星莉基·蕾克在筹备她的谈话节目时,努力争取参加了 3 部影片的拍摄;而大卫·莱特曼参加主持 1995 年的奥斯卡颁奖晚会后,知名度也大大提高。现在,每一位谈话节目的主持人都在互联网上开设有若干个网页,在报刊上开辟了专栏,并且频频在各种大众媒体中露面。这实际上体现出电视谈话节目一种重要的经营策略。

此外,在美国,为了突出和张扬主持人的个性,节目的形式、话题以及对于话题的切入角度都是根据主持人的特点而确定的,而不是相反。每个成功的谈话节目正是由于有着在主持人个人魅力基础上的节目个性,才能抓住一大批观众,在激烈的行业竞争中保持一席之地。

声觉空间的重新发现,主持人明星制,推出以主持人名字命名的谈话节目,以其个性魅力、收视号召力来吸引目标客户群体。谈话节目重个性,越是好节目越有不可替代的个性标识,比方说杨锦麟《有报天天读》带红带火了一大批读报节目,虽然形式可以复制移植,但是杨锦麟个性化的读报点评却是独特而不可替代的,所以当杨锦麟去台湾关注一些时事动态,换了何亮亮主持时,同样也是资深评论员,但节目的感觉就完全变样了、走味了,收视率跟着就往下掉,观众与网友的评论由此怨声载道。记得有一次,何先生非常无奈,只好在开始读报之前就先声明,杨锦麟明天就回来,请观众和网友不要因为他替杨锦麟读报而意见那么大,第二天杨锦麟就会回来继续为观众读报。可见,主持人就是栏目,尤其是一档运作成熟的品牌栏目的标识性符号、形象代言人。

电视谈话节目是一个非常有意义、前景开阔的研究对象。人类对电视媒介声音属性的重新认识和重视已提上了议程,声觉空间的开掘正在起步;类型化、多样化的谈话节目的更替出现和发展成熟为我们的研究提供了丰盈的土壤;文化经纪人、策划人的时代,对谈话节目未来形态发展必将产生震荡和影响;国外谈话节目新形态元素引进后,电视谈话节目面临本土化以及如何寻求自身造血、突破的问题;此外,媒介技术的改进,也必将延伸电视媒介的传播,新的技术平台的出现、新老媒体的整合,新老媒体的演进、共存共荣,MSN、QQ、手机短信、互联网、数字电视、高清晰度电视、楼宇电视广告、DV影像新时代的震荡冲击等等,是否将重新改变今天中国电视谈话的格局,我们的思考和关注仍将继续。

第三章
电视文艺节目

电视文艺节目的发展历程
电视文艺节目的相关问题明确及定义阐述
电视文艺节目的五种类型
电视文艺节目的三个热点问题

第一节　电视文艺节目的发展历程

　　要确定电视文艺节目的范畴,对电视文艺节目作出一个比较准确的界定,首先,我们要对它的发展历程有所了解。电视文艺节目是伴随着电视的产生而出现的。1936 年 11 月 2 日,英国广播公司在伦敦郊外的亚历山大宫将电视节目通过电波传送到有电视接收机的观众面前,开始了电视的正式播出,这一天被认为是世界电视的诞生日。电视的正式播出就是以歌舞节目开始的,"歌舞"节目的播出标志着电视文艺节目从此诞生。此后,许多国家开始尝试创办"综艺"节目,也就是将各类形式的表演引入电视并加以串联、解说、组合而形成的文艺节目。电视屏幕上也开始出现了电视剧、电影、文学、艺术、音乐、舞蹈、戏剧、杂耍、竞赛、猜谜、动画等节目样式。电视文艺节目的队伍开始发展壮大。

　　我国的电视文艺节目也是在我国电视播出的第一天就出现在了屏幕上。从中国电视诞生到今天,电视文艺节目随着整个电视事业的发展经历了从无到有、由简到繁的过程。1958 年 5 月 1 日,我国的第一座电视台——北京电视台正式开播,文艺节目是当时的全部播出内容。第一天的节目是:诗朗诵《工厂里来了三个姑娘》、《大跃进的号角》,舞蹈《四个小天鹅》、《牧童和村姑》、《春江花月夜》,然后是电影。早期以实况转播舞台演出的节目为主,出现了电视诗朗诵、歌舞、戏曲、曲艺、音乐、电影以及直播电视剧等节目形式。

时 间	重要事件	意 义
1958 年 6 月 26 日	残疾军人的文艺演出	第一次文艺节目剧场实况转播
1959 年 10 月 1 日	建国十周年庆典的文艺晚会	第一次大规模的实况文艺晚会
1960 年春节		第一次举办综艺晚会
1961 年 4 月 20 日	《介绍小提琴协奏曲〈梁山伯与祝英台〉》	第一个直播的经加工制作的大型电视文艺节目
1964 年 12 月底	北京电视台的《朝阳沟》、《红灯记》片断	第一次使用录像技术录制节目,为电视文艺节目在质量上的提高提供了新的技术条件。

　　"文革"之后,电视文艺节目开始注重自身的价值和功能,栏目化的引入,综艺晚会的出现和发展,电视艺术片、电视文学等新形式的兴起都标志着电视文艺节目的繁荣。而此时的电视剧,已经进入成熟时期,不仅电视剧的类型更加多样,题材、样式、风格更加丰富,而且理论界已经开始对电视剧的创作规律进行探讨和总结,并设立奖项鼓励电视剧的创作。

　　20 世纪 80 年代之后,电视综艺栏目和电视文学、电视艺术片得到巨大发展。中央电视台的春节联欢晚会是电视文艺节目最有代表性的样式,也是电视文艺节目最高水平的显示。从 1983 年至今,春节联欢晚会和音乐歌舞晚会、戏曲晚会的发展,推动了大型综艺晚会、综艺节目和其他电视文艺节目的成熟。

　　进入 90 年代,电视晚会更是异彩纷呈。这一时期的电视剧也取得了巨大的成绩,不仅数量惊人,其通俗化、大众化、商业化的性质也得到充分重视和实践。音乐电视在这一时期得到巨大发展,并日臻成熟,成为电视文艺节目中电视化程度最高,最具魅力的节目样式。它使电视制作行业开始追求节目的声音和画面的高质量结合,使文艺节目的电视化向纵深发展。

　　90 年代末期到今天,电视文艺节目已经成为一种大众狂欢的方式,大量的竞技节目、游戏节目、益智节目和选秀节目充斥在屏幕上,成为一股不可小视的力量。电视文艺节目从来就不是一块封闭的园地,它的兼收并蓄和创新精神使其具有极其旺盛的生命力。然而,面对娱乐节目的迅速发展,电视文艺节目如何既保持传统文艺的文化品质,避免"庸俗化",又能吸引观众"眼球",提高收视率? 这已经成为电视文艺节目亟待解决的问题。

第二节 电视文艺节目的相关问题明确及定义阐述

依照黑格尔的观点,艺术的种类不是随便设立的,而是产生于一定的社会和历史状态的具体规定性之中,并表现出特定社会历史阶段的本质特征。电视进入千家万户,进而影响人类的生活方式和思维方式。电视文艺节目也随着电视的产生应运而生。

电视文艺节目的范畴是什么? 如何界定它? 这是电视文艺节目创作者面临的最大难题。在对这个问题的回答上,理论界至今仍是众说纷纭。

有人认为,屏幕上的一切文学艺术作品,都属于电视文艺节目的范畴。既包括电视音乐、舞蹈、美术、文学、戏曲、曲艺节目,多种文艺形式组成的综合性文艺晚会和各类艺术形式的竞赛性节目,也包括电视电影、电视剧、电视艺术片、文艺专题等节目形式。

也有人认为,电视文艺节目是不包括电视剧在内的,运用艺术的审美思维创造屏幕形象,主要诉诸人类感性思维,强调审美和娱乐功能的文艺性电视节目的统称。

还有人认为,电视文艺节目专指以前在舞台上演出的,现在搬到屏幕上来的一切文艺节目样式,例如:电视文艺晚会、电视音乐节目、电视戏曲节目、电视曲艺、电视竞技游戏节目等。出现这样多种不同节目范畴主要是由于电视文艺节目多年来得到了巨大发展,在内容和形式上不断扩充和更新。对这些为数众多、形态多样,并且正在发展变化、推陈出新的节目,很难用一个简单的定义将其进行全面地概括。于是,每个人从自己独特的角度和侧重点出发对电视文艺节目进行总结,就形成了现在众说纷纭的局面。

一、对两个问题的明确

对电视文艺节目的历史有了简要的了解之后,我们可以这样认为,电视文艺节目,就是电视屏幕上播出的一切文学和艺术节目的总称。然而这一说法毕竟过于笼统,我们必须对电视文艺节目的内涵做一个准确的界定。在此之前,我们需要先明确两个问题。

(一)电视文艺节目是否等同于电视综艺节目

由于目前对电视文艺节目和电视综艺节目的内涵和外延的界定没有一个统一明确的规定,因此,电视观众、节目制作者甚至专家对电视文艺节目和电视综艺节目的称呼都是比较混乱的。

有些人认为,电视文艺节目就是电视综艺节目。比如彭吉象教授在他的《关于电视综艺节目的几点思考》一文中就提到:"电视综艺节目,就是通过电视传播的文艺节目。"这种将两个概念等同、交替使用的现象并不少见,这种观点的存在是有其历史和现实原因的:首先,探究电视文艺节目的历史渊源,我们不难发现,"电视文艺节目"是中国特有的一种提法,在国外的电视上就只有"电视综艺节目"一种叫法,它包括了融合多种艺术形式于一身的综艺节目,也包括电视歌舞、电视文学、电视戏剧、杂耍、游戏、竞技等节目;其次,由于屏幕上的综艺栏目和综艺晚会数量众多,影响巨大,于是观众约定俗成地将电视上除了电视新闻、纪实节目和电视服务教育类节目之外的、以娱乐性和艺术性为根本特征的电视节目类型统统称为"电视综艺节目"。

另外一种观点认为,电视综艺节目包括电视文艺节目和综艺晚会。比如在高鑫教授的《电视艺术学》一书中对电视综艺节目的界定为:充分调动电子技术手段,对各种文艺样式进行二度创作。既保留原有文学形态的艺术价值,又充分发挥电子创作的特殊艺术功能,给观众提供文化娱乐和审美享受的电视节目形态。而电视文艺节目则强调要"围绕一个中心主题"和"整体感",如电视音乐节目、电视舞蹈节目、电视戏曲节目等。对于这种观点,笔者认为有以下几方面问题:首先,"电视文艺节目"的内涵与外延不能等同于某种独立的文艺节目形态的电视化,这将缩小了电视文艺节目的范畴。同时,"综艺",顾名思义,并非某种独立的文艺节目形态的演出,而是有诸多文艺样式的综合性演出。严格意义上说,电视与单一艺术形式联姻形成的电视音乐、电视戏曲、电视舞蹈等电视节目不能归于综艺节目的范畴。其次,以栏目形态存在于电视屏幕上的综艺节目(如《综艺大观》、《艺苑风景线》等)的归类问题不明确。因而,这种观点中"综艺"与"文艺"两个概念很容易混淆,没有真正将"电视文艺节目"与"电视综艺节目"区分开来。

笔者认为,电视综艺节目是融合了多种艺术形式的综合艺术节目,既包括综艺栏目,也包括各种形式的综艺晚会;电视文艺节目则包括电视综艺节目和某种独立的文艺形态电视化而形成的节目样式两部分,其范畴大于电视综艺节目。

(二)电视剧、电视电影、电视艺术片以及娱乐节目是否属于电视文艺节目类型

从广义上讲,电视文艺就是电视文学与电视艺术的统称。它包括电视屏幕上的一切电视文学艺术样式。电视文艺包括电视电影、电视剧和电视艺术片,也包括娱乐节目。由于电视电影和电视剧比其他各类电视文艺节目更早获得独立,其理论的确立和成熟也要早于其他文艺节目,所以在划分电视节目形态时约定俗成地会将它们独立成一章。电视艺术片则由于其创作规律和制作方式与其他电视文艺节目有很大不同,相反却与纪录片创作比较接近,倾向于单机拍摄、后期剪辑的电影体制,因此将它放在纪录片部分论述。至于电视娱乐节目,作为近年来电视屏幕上异常火爆的节目类型,它与传统的综艺节目已经有了很大不同。较之电视文艺节目艺术性、欣赏性强的特点,娱乐节目的审美价值较弱,而参与性、互动性和娱乐性较强,娱乐已经不仅仅是一项功能,而更成为制作娱乐节目的目的。同时,随着为数众多的娱乐节目不断发展和创新,各类竞技节目、游戏节目、益智节目、选秀节目、博彩节目以及真人秀等纷纷上马,出现了"娱乐热"这样一种文化现象,娱乐节目已经有了一套独特的制作方式与理论,已经具备独立门户的能力。因此,本书将娱乐节目单列一章详细论述。

二、定义阐述

通过上述分析,我们可以对电视文艺节目的定义作如下阐述:

电视文艺节目,是以文学、艺术和文艺演出作为创作原始素材和基本构成元素,在保留原有艺术形式的基础上,运用电视视听语言进行二度创作,具有较高欣赏艺术性和审美价值的电视节目类型。

狭义的电视文艺节目排除了电视剧、电视电影、电视艺术片以及娱乐节目等节目类型,这种狭义的电视文艺也正是本章内容所要论述的。当然,这种界定也不能完全排除一些有跨越趋向的作品存在,毕竟电视文艺节目正在不断变化和丰富中。

第三节　电视文艺节目的五种类型

一、界定方法论

由于电视文艺节目品种不断增多,节目样式不断发展,节目内容不断兼容,加上划分标准的多样化,电视文艺节目的分类上不可避免具有模糊性和差异性。从宏观上看,从不同的角度可以有几种不同的分类方法。

按照播出制作方式分类:第一类是直接录用来自社会或文艺舞台上演出的作品,如电视实况播出的歌舞、曲艺、戏剧、电影等;第二类是运用电视化手段创作、加工、编辑、播出的具有广播电视特点的文艺节目,如电影录音剪辑、电视小说等;第三类是电视化程度最高、电视特有的艺术品如电视剧、音乐电视等。

按照节目功能分类:第一类是欣赏性节目;第二类是知识教育性节目;第三类是服务性节目;第四类是评介型节目,主要是评介文艺作品及创作者、表演者等。

此外,还有人通过大量搜集具体的电视文艺节目,将之整理归类。如邹亚丁在其论文《关于中央电视台第三频道改版的若干想法》中将 CCTV-3 综艺频道的文艺节目分为九类:综艺类,剧场类,专题类,话题类,参与、娱乐类,知识服务类,文学类,访谈评论类,按电视手法进行创作的 MTV 类。

在分析、借鉴以上各种分类方法的同时,笔者又将根据在电视实践中各种文艺节目的生命力和影响力要素(比如,行将淘汰和没有影响的节目将不被计入),对电视文艺节目采用"艺术种类划分法",以应类型界定之需。一方面,这样分类,既符合艺术本身的归类要求,又符合听众观众的欣赏习惯,易于被节目制作部门和听众、观众接受;另一方面,这种分类方法比较适合电视节目定时、分段的编排方式,易于进行节目的实际编排。

因此,笔者将按照"艺术种类划分法"把电视文艺节目分为电视综艺节目,电视音乐节目和音乐电视,电视舞蹈节目,电视戏曲节目和电视文学节目,并在下一节中具体论述。

二、电视综艺节目

电视综艺节目是电视文艺诸门类中综合性最强的艺术样式,融声、光、画为一体,从而构成立体的艺术效果,给观众以多方面的审美感受。因此电视综艺节目也最具生命力、最富观赏性,是受众广泛、老少咸宜的节目形式。在我国电视艺术的"百花园"里,它已逐渐形成了自己特有的样式和风格,并且确立了自己的地位和价值,日益在人们的文化娱乐生活中发挥着重要的影响和作用。它已构成了电视屏幕上的重要节目样式,受到各地电视台的重视和提倡,获得了较大的发展和进步。

(一)发展历程

从宏观上考察,我国的电视综艺节目是一个逐步发展、健全、成熟的过程。从其发展的历史轨迹考察,大体经历了如下的阶段。

1. 舞台演出实况转播阶段

电视综艺节目,最初采取的是实况转播的艺术形式。其基本形态是"边演、边播、边看"三者同时进行。它是将舞台上演出的综艺节目,运用先进的电子技术,完整地、艺术地通过卫星和微波等现代化传播手段,使不同地域的观众,在同一时间里共同观赏到与表演场地内容和形式完全相同的综艺节目。这样,不仅具有强烈的现场气氛,而且增强了电视观众的参与意识。舞台演出的实况转播,对电视综艺节目的编导者在总体设计、艺术处理上都提出较高的技术要求。

2. 演播室现场直播阶段

随着电视事业的进一步发展,为了播出的方便和自由,各电视台开始建立自己的演播室。这样,在演播室里组织文艺演出,将现场的演出实况,直接传播给电视观众,当然要比剧场演出的实况转播,要方便、快捷得多。演播室现场直播,完全是为电视观众特意安排的电视文艺演出,因而在场景设计、造型处理、灯光布置、舞台搭设方面,更具电视化。

3. 电视综艺节目实况录像阶段

我国电视媒体第一次使用录像播出的文艺节目出现在 1965 年元旦的文艺晚会中,这使得电视文艺节目在时空上展现了新的发展前景。

随着电视科学技术的发展,电视综艺节目逐渐走上了实况录像阶段。这便是运用现代化的电子记录手段,将电视综艺节目声画合一,完整地录制在录像磁带上,然后经过电视编辑的重新加工和制作,特别是对电视画面艺术性的组接,对电视综艺节目中细节部位的放大表现,以及对电视综艺节目局部和整体的协调统一,使其具有强烈的纪实性和观赏性。这样,电视综艺节目走向了独立制作的阶段。

4. 电视综艺节目综合艺术制作阶段

随着电视科学的进一步发展,电视综艺节目的制作开始采用国际最先进的 MIDI 音乐电脑设备,以及大型电视投影屏幕作为舞台背景,使得画面与音乐有机结合,整台演出融声、光、画为一体,从而构成了立体舞台的艺术效果,形成了独特的电视综艺节目样式。或是充分运用电子技术、科学的时空转换技术,使舞台表演与外景实况交相辉映,在舞台中予以生活实景的穿插,甚至完全将艺术表演置于生活实景之中,使观众在欣赏文艺表演的同时,更增加生活的实感,获得多方面的审美感受。这是电视综艺节目走向成熟,转化为独立电视艺术样式的重要标志。

5. 电视综艺节目的栏目化阶段

电视综艺节目的栏目化是一种全新的思维方式,是电视文艺工作者们在长期的实践中摸索出的一套符合电视传播规律,适应受众接受方式的传播形式。早期的电视综艺节目之所以没有时间、内容、形式、方式等因素的限制,是源于传播者思考模式的局限、传播设备的落后和传播技术的不完善。1984年,中国第一批真正具有栏目意识的电视文艺节目开始出现。之后,一批优秀的脍炙人口的文艺节目陆续登上了中国电视舞台,如《周末文艺》、《曲苑杂谈》、《九州戏院》等。

电视综艺节目专栏化带来的是整个节目策划制作的系统化,节目制作播出以栏目为单元,以制片人为核心实行版块承包;节目主持人依据个人风格实行专栏专人专播;编导或策划者根据各自的专业类别和策划优势进行对口栏目的设计和包装。这些改革导致了一个更为完善的电视综艺节目策划体系的形成,对节目制作和发展起到了非常重要的影响。

(二)概念界定

了解了电视综艺节目的发展历程之后还要对它做出界定,要对电视综艺节目做出科学的界定,首先要解决的问题就是"综艺"是什么? 综艺的英文为 Variety,意为杂耍、综艺,即歌唱、舞蹈、短剧等组成的娱乐形式。《现代汉语词典》中没有这个词,《辞源》中也只有"综合艺术"一词,这显然不是"综艺"的内涵。

作为一种电视节目类型,电视综艺节目源于美国,爱德·苏里万是美国综艺节目之王。从20世纪40年代末到70年代初长达20多年的时间里,他在 CBS 主持的星期天晚上8点档节目一直保持收视率冠军,他的节目能够满足不同观众的娱乐趣味,其节目参与者包括:喜剧演员、歌剧明星、大象表演、会说话的狗、魔术师、漫画家，等等。应该说，苏里万的节目很好地阐述了综艺节目的内涵。

中国电视对综艺节目又作出了新阐释。《综艺大观》把"综艺"解释为"综合文艺"，即各种文艺形式的汇合。

到目前为止，电视综艺节目似乎没有一个确切的定义，但它作为一门充满生命的、新兴的电视节目形态已经诞生了，它的文化品位正影响着屏幕前大量观众的审美情趣。现在的电视综艺节目已不再是原有的舞台文艺演出的形态了，它是经过了电视技术介入后二度创作的节目形态。

综上所述，电视综艺节目主要是指：充分调动电子的技术手段，对各种传统艺术样式进行二度创作，既保留原有艺术形态的艺术架式，又充分发挥电子创作的特殊艺术功能，给观众提供文化娱乐和审美享受的电视节目形态。它并非某种独立的文艺节目形态的演出，而是音乐、舞蹈、歌曲、曲艺、杂技、戏曲等文艺样式的综合性演出。

电视综艺节目，相对于电视文艺专题、电视戏曲、电视音乐、音乐电视、电视文学、电视舞蹈等较为单一的电视文艺节目而言，它具有多种艺术样式，是综合性最强的一种文艺节目。主要是将歌舞、音乐、小品、相声、杂技、戏曲、故事、曲艺、新闻人物或事件等综合编排在一起，具有"集约化的信息传达方式"，多指各种样式、各种风格、各种主题的综艺晚会，以及既有文艺晚会特点又兼融知识性、趣味性和参与性的综合晚会。

（三）类型划分

电视综艺节目有着广泛的受众基础，在广阔的收视市场中，电视综艺节目不断随着市场的需要来增加或改进节目的品种和播出形式，以至于到今天，电视综艺节目已经发展成为一个多品种、多样式的节目系统。电视综艺节目在分类上的模糊性是源于节目品种不断增多、节目样式不断发展、节目内容不断兼容。

目前，电视屏幕上涌现的电视综艺节目样式很多，诸如电视节日文艺晚会，电视专题文艺晚会，电视综艺栏目等。这么多的电视综艺节目样式，产生了多功能的审美效果，满足了广大电视观众不同的审美要求。所以对电视综艺节目的分类是十分必要的。

按照不同的分类方法和界定标准，综艺节目可以有许多不同类型。从宏观的角度来看，电视综艺节目可分为两个大类，电视综艺晚会和电视综艺栏目。

1. 电视综艺晚会

所谓电视综艺晚会是指：运用现场直播的技术手段，文艺晚会的艺术样式，通过电视技术手段的制作，对各种文艺节目进行再创作，经过节目主持人的组织和串联，将文艺与娱乐融为一体，给观众审美享受的电视节目形态。它利用电视的直播系统，将现场正在进行中的晚会，直接传递到每一个家庭。这样，犹如将电视观众直接带入了晚会现场，使其身临其境地同步观赏到晚会的盛况，感受到"进行中"的现场氛围：独特的舞美设计、多彩的灯光变换、梦幻的环境气氛，以及表演的活泼情景，从而产生一种强烈的亲临其境、亲眼目睹、亲身体味的独特审美感受。

进一步按照播出方式的不同，电视综艺晚会有录播综艺晚会和直播综艺晚会之分。

录播综艺晚会——即先录后播的综艺晚会。把准备就绪的综艺晚会提前录像，然后经过后期的编辑、制作、合成，诸如外拍资料的插入（包括广告）、特技的运用、字幕的添加等加工处理，根据确定的晚会的长度要求，安排在既定的时间内播出。录播的综艺晚会可以弥补或删除录像过程中出现的差错，并充分利用特技手段精心进行后期加工和包装。

直播综艺晚会——把准备就绪的综艺晚会根据排定的播出时间，直接录制播出。即在录像的同时，节目便已被同步播出，在"第一时间"和观众见面。直播的综艺晚会不存在"后期"的问题，现场感较强，容易"造势"。它要求各环节必须充分准备，精心组织，精心实施，确保准点播出，万无一失。直播晚会中出现的纰漏和差错，也将"原生态"暴露无遗，不像录播那样，可以"后期"加以弥补。另外，超时间问题也是直播晚会的痼疾，有时直播中不得不删减压缩后面内容。

而按照是否进入固定栏目，电视综艺晚会可以区分为栏目化晚会和非栏目化晚会。

栏目化晚会——在专有的固定栏目内播出的综艺晚会，它的栏目长度是固定的，播出时间也是固定的。从中央电视台到省、市地方台，都有一批这类栏目化播出的综艺晚会。如中央电视台的《综艺大观》、《正大综艺》、《曲苑杂坛》等，地方台的《梨园春》（河南台）、《萝卜白菜》（河南台）、《星光50》（山东台）、《开心100》（福建东南台），这类栏目不论直播或录播，都有比较稳定的栏目形象，影响较大，受众广泛，大多为各台的名牌栏目。

非栏目化综艺晚会——即不进入正常综艺栏目，而是编导录制后另行安排播出的综艺晚会。它的播出时间和长度均不固定。这类综艺晚会多为指令性的时政晚会或行业晚会。

按照综艺晚会的特点，大体可以分为节庆晚会、主题晚会、行业晚会等等。这种分类虽不太严格、准确，但却是时下电视综艺晚会的主要类型。

节庆晚会——为节日或重大活动庆典以及重要纪念日而准备的晚会。如围绕每年的"五一"、"十一"、中秋节、老人节、元旦、春节、元宵节等所做的综艺晚会；为香港回归，澳门回归等所做的庆典晚会；"为抗日战争胜利五十周年"、"改革开放二十年"而做的纪念晚会等。节庆晚会使每个家庭充满欢乐的节日气氛，丰富广大电视观众精神娱乐生活，其整体艺术风格的把握，应力求生动活泼，幽默风趣，生活气息浓厚。电视界庆祝晚会，多采用现场直播方式进行。

主题晚会——又称专题综艺晚会。即有着较为单一的鲜明的专门主题表达，而非多主题并存的晚会，带有鲜明的目的性。所以它既有欣赏性，又有知识性，还具有某种宣传性。优秀的电视主题晚会，具有鲜明的地方特色，浓郁的民族风格，强烈的时代色彩，展现了我国电视文艺创作的繁荣景象，丰富了人民群众的文化生活。前述重大活动的庆典晚会、重要纪念日晚会以及行业宣传晚会如"3·15消费者维权晚会"、"环保日晚会"等，大多围绕某一既定主题展开，因此也称主题晚会。

行业晚会——宣传行业特点、展示行业形象、普及行业法规、宣传行业重大活动的晚会。这类晚会不论长短，从内容到形式，有着突出的行业化宣传色彩和商业炒作成分，正是所谓"三句话不离本行"是其基本追求和特点。这种晚会往往由行业承担全部或大部分制作费用。总体上看来，其艺术水准相对难把握一些。

2. 电视综艺栏目

电视综艺栏目主要是指：以栏目化的形式出现，通过电视栏目主持人的主持串联，将诸多电视文艺样式组合在一起，经过电视杂志化的艺术处理，给观众以文化娱乐和审美享受的电视文艺类型。

栏目的出现标志着电视综艺开始了具有在创造和独立创作性质的规模化生产，使电视综艺节目更多地关注于专题节目的编辑和制作，而专题节目的编辑和制作，使电视综艺节目各种类型之间的组合有了明确的主题，并在这个主题下有了深度挖掘题材的余地。这种题材上的深度挖掘和节目的规模化生产，使电视文艺作品能够除了在镜头的运用之外，更多地通过编辑手法开拓了艺术表现的空间，它是电视综艺节目跻身于艺术之林的又一个标志，是综艺电视化的又一个开端。

栏目化,不仅使电视综艺节目变得有序和类型化,同时也通过栏目的设置使节目之间的关系变得有机并有了特定的主题。最重要的是,栏目的出现使电视综艺节目开始有了自己的包装,使电视综艺节目逐渐朝着多元化和多样化的道路发展。电视综艺节目从此有了固定的屏幕形象和固定的播出时间。

早期开办的综艺栏目有中央电视台 1979 年 1 月开办的《外国文艺》和广东电视台于 1981 年元旦开办的杂志型专栏《万紫千红》、《百花园》等等。《外国文艺》栏目以介绍外国的优秀文艺节目为宗旨,打开了中国观众看世界的窗口,一直存在到今日。《万紫千红》由专题性文艺晚会、风光旅游和喜剧性节目构成,以典型的平民角度去反映平实的生活,因此受到广大观众的欢迎。

真正电视化的电视综艺栏目的出现是中央电视台的《东西南北中》的推出,其充分发挥"电视"的特点。电视节目栏目化,本身就是节目电视化的标志。因此,电视综艺节目栏目化,也是电视化的大趋势,作为一个电视栏目,首先要确立电视综艺栏目的性质和方向,一旦确定之后,则不要轻易变动。

创办于 1990 年,在中国大地上掀起了综艺节目浪潮的《综艺大观》,是电视综艺节目鼎盛时期的代表。《综艺大观》是中央电视台在第一套节目周六黄金时间现场播出的一个综合了各个艺术门类的娱乐性电视文艺栏目。从 1995 年 3 月 25 日第 100 期起,《综艺大观》改为现场直播。

这种类型的栏目很好地适应了当时的一种审美倾向——雅俗共赏,老幼皆宜。主要以板块的形式,将音乐、歌舞、小品、相声、魔术、杂技等各个门类的艺术拼盘式地组合在一起。由于其创作意识的平民性、内容的广泛性和形式的多样性,受到了各界观众的欢迎。创办初期,平均收视率高达 18%,一直高居全国各类综艺栏目之首,但是,1997 年之后,开始呈现颓势。1999 年,《综艺大观》进行全面改版,收效甚微。

《综艺大观》以板块结构为基本结构方式,其变迁并不是随机的,而是面对社会的发展而作出的反映。随着竞争的日益激烈,《综艺大观》也不能像栏目初期那样随心所欲,而是顺势推出了一些系列性的东西,希望通过固定节目来吸引固定的观众。当综艺晚会充斥荧屏的时候,观众已经不能再忍受主持人的煽情和激动,而是希望一种真性情的回归,观众对于歌舞升平的粉饰已经失去了兴趣,希望听到心声的真情吐露。当社会越来越向个性化发展,雅俗共赏,老少皆宜变得越来越不可能的时候,《综艺大观》这种以"博"和"杂"取胜,企图争取不同层次、不同年龄观众的综艺栏目开始走向衰落。

三、电视音乐节目、音乐电视

由于电视音乐是借助电视这一媒体演化而来的艺术样式,其类型也就直接受到这一媒体传播手段的影响。我们暂且从电视节目的外在形态上将其划分为电视音乐节目和音乐电视两大类,以便进行进一步的理论梳理。

电视音乐节目和音乐电视都是电视与音乐结合而成的新的文艺样式。它们自身就包括了两个独立的艺术存在样式:音乐与画面。从目前我国屏幕上出现的所有音乐节目看,音乐和画面结合的方式不同,节目所具有的特质也就不同。

(一)电视音乐节目

电视音乐节目是以电视的特殊手段对原有的各类音乐演出进行二度创作,通过电视屏幕传播给广大观众的电视音乐形态。

根据电视与音乐结合的紧密程度以及在结合中的电视化程度,我们可以将电视音乐节目形式大体分为两个层次:浅层次的是运用电视技术将音乐原型搬上屏幕,即电视直播或录播音乐演出;深层次的是采用电视表现手段,运用舞台演出、实景拍摄、静场录像、特技组接、灯光调配等手法,按该节目的时间要求制作的电视音乐节目。无论是浅层次还是深层次的电视音乐节目,其根本原则都是要忠于音乐作品本身。要求保持音乐作品本身的艺术魅力和现场演出独有的气氛,使观众更容易产生亲临现场的参与感。

借鉴高鑫教授在其《电视艺术学》一书中的观点,我们可以将电视音乐节目根据节目内容细分为:电视声乐节目、电视器乐节目、综合音乐节目和专题音乐节目。

电视声乐节目——指有歌唱演员演唱,经过电视技术的处理而构成的电视音乐节目。这类节目可以说是电视文艺节目中数量最多,影响最广的。电视声乐节目不仅存在于各种类型的电视晚会和文艺栏目中,也有自己独立的栏目,如比较常见的《每日一歌》、《每周一曲》以及屏幕上播出的演唱会,还有近年在中国电视屏幕上最走红、最有代表性的电视歌会《同一首歌》,电视声乐节目以其独特的魅力产生了巨大的传媒影响和社会影响。

电视器乐节目——指通过电视传播各种器乐演奏的电视音乐节目。这类节目多以实况转播和录播为主,包括单一器乐演奏(如二胡演奏、钢琴演奏、小提琴演奏等)和综合演奏会(如民族乐器演奏会、西洋乐器演奏会、电声乐器演奏会等)。中央电视台的《中国名曲欣赏》栏目就是一台民族乐器演奏会,此外,近两年出现的"女子十二乐坊"表演的节目也是影响比较大的新型电视器乐节目。

电视综合音乐节目——指屏幕上各种音乐表演形式,各种体裁的音乐作品组成的综合音乐会的节目样式。比如《纪念舒伯特诞辰 200 周年音乐会》,既有声乐节目又包括器乐节目,给观众多样化的音乐审美享受。

电视专题音乐节目——指通过某种或多种形式的音乐作品表现一个共同的主题,表达同一种意愿的电视音乐节目。

(二)音乐电视

音乐电视,是电视与音乐结合的一个"潘多拉魔盒",打开了它,便打开了个"美丽新世界":电视作品的剪接模式、节奏在改变、在跳跃;音乐作品的传播、诠释在普泛、在多元;年轻族群的生活 Style 由着音乐电视的衍生物 MV 单曲、KTV 飙歌在恣意、在扩展。

1. 明确两个概念——"MV"、"MTV"

"MTV 就是音乐电视"这一说法在国内已经得到普遍认同,然而,近两年来,一种新的叫法——MV 开始大兴其道,充斥电视屏幕和音乐电视市场。"MV"、"MTV"两者有何区别,国内大多数观众可能并不十分清楚。

其实,所谓"MV"就是 Music Video 之缩写,是指音乐录像带,即为了宣传某一歌曲或歌手而专门制作的影像与歌曲相结合的录像带,也就是我们平常在电视上看到的音乐电视;而"MTV"则是"The Channel of Music Television"(音乐电视频道)的简称,是指专门播出音乐录像带的电视频道。

由于音乐电视频道(MTV)在美国的出现,真正把音乐电视录像片(MV)这一电视音乐样式强有力地推向了全世界,包括中国。所以,今天中国人常常用"MTV"来称呼电视屏幕上的 Music Video。在本章以下的论述中,笔者将使中国的音乐电视回归其本来面貌,即把音乐电视作为一种节目样式的音乐录像片而非频道进行分析阐述。

2. 音乐电视的发展历程

音乐电视(MV)最早出现在 20 世纪 70 年代的英国,"女王"乐队的一首歌曲《波西米亚狂想曲》被制作成音乐电视录像带作为广告在电视上播放,这是历史上第一部真正的电视音乐录像片。80 年代美国"音乐电视频道"的出现将音乐电视推向全世界。音乐电视在很短时间内发展到相当惊人的规模,成为一种初具成熟风格的电视节目体裁。

音乐电视,作为一种新型的电视艺术样式传入中国,是一个从港台地区向内地扩张的过程。1988 年,中央电视台在《潮——来自台湾的歌》节目中播出了"小虎队"演唱的音乐电视;1993 年中央电视台创办了第一个播出音乐电视的栏目《东西南北中》,并推出了一系列音乐电视作品,为来自西方的音乐电视体裁和风格的中国化、合法化及电视栏目化开启了先河;同年,中央电视台首届音乐电视大赛《93'中国音乐电视大赛》播出,我们自己的音乐电视正式起步。当时拍摄了一系列以艺术效益为首要出发点的——内容健康、风格多样的音乐电视作品,比如《长城长》、《我的梦》、《轮椅上的梦》、《流浪的燕子》、《牵手》等获奖作品,为大陆风格的音乐电视作品的创作开出了一条新路。音乐电视这种新的节目样式红红火火地在中国发展起来,之后的音乐电视作品在数量和质量上都有了极大的提高。

中国音乐电视,从内容和形式上,基本完成了"民族化"和"中国化"改造,营造出一个与西方音乐电视迥然不同、极具文化特征的时空风格。在创作上,从早期的完全模仿阶段,到以电脑特技为主流阶段,再到现在以追求画质和电脑特技更加融合的阶段。中国音乐电视创作题材、体裁和手法都日益成熟。在文化功能方面,中国音乐电视基本实现了文化功能的多样化改造,既有为唱片专辑作商业广告宣传的作品,还有一大批具有主流文化性质的非商业化作品。

3. 什么是音乐电视

音乐电视的传播契机,使其界定成为一个难题。到目前为止,电视理论界和实践者都没有给音乐电视一个权威定论。如音乐乐评人金兆钧认为:音乐电视就是音乐电视广告片。而北京电影学院张会军教授认为:MTV 实质是一种视听文化,是建筑在音乐、歌曲结构上的流动视觉,视觉是音乐听觉的外在形式,音乐是视觉的潜在形态。国外则一般将音乐电视界定为制作精良的歌曲,辅以拍摄精湛、后期画面制作严整的音乐电视节目形式。

音乐电视是音乐与电视的结合,它作为一种电视节目样式,充分运用了电视特有的表现手段。而其目的是为了展示音乐作品,歌曲是音乐电视的主要表现内容,画面是围绕音乐,用来进一步表现音乐的。根据音乐电视的这些特性,我们将"音乐电视"界定为:音乐电视是充分利用电视的手段,根据对音乐歌曲的内涵和节奏的理解与处理来进行创作,设计和拍摄出包括演唱者在内的具有情绪化又有感情与内涵联系的多组画面的艺术形象的电视音乐节目。

4. 类型细分与代表作品

对音乐电视的类型划分多以其艺术风格为标准。如中国传媒大学的何晓兵教授在他的《音乐电视导论》一书中就将音乐电视分为叙事风格、抒情风格和纪实风格三类。

综观中国音乐电视的创作现状,根据电视音乐形象创造,我们大致可以将其分为三类:

意境型音乐电视——意境型的形象是超现实的。它旨在营造一种朦胧超然的艺术氛围,用形式美来吸引观众进入优雅深邃的意境。例如,音乐电视《水中花》,其音乐形象极其精美,极大地炫耀了摄影的魅力。在清淡的音乐中,画面出现梦幻般的跌宕起伏,在透明的水中,一条美丽的鱼在慢慢游动,蝴蝶飞来翻开鲜艳的花瓣,美轮美奂的画面调度让观众产生迷幻的感觉。整个作品几乎让人忘掉了音乐而只专心欣赏奇特的画面和艳丽的色彩。《水中花》可以说是意境型音乐电视的典型。

叙事型音乐电视——叙事型的音乐形象是指在叙述性歌曲中再现真实可感的生活画面。音乐电视《常回家看看》就是典型的叙事型作品,它讲了一对老夫妻在家中等待着孩子们的归来。演唱者用音乐给我们讲述一个回家的故事。这类音乐电视在画面上比较朴实,不要太多的特技手段,用真情实感吸引更多的观众。

抒情型音乐电视——主要是指画面的选择从抒发情感的需要出发的音乐电视。与叙事型相比,其叙事的清晰性与连贯程度都更加残缺和抽象,其连接也更加缺乏现实逻辑。这一类的典型作品有苏芮的《牵手》,用一对青年的婚礼、一对老人的相依漫步及日常劳作等情节表现人生历程,在这类音乐电视的画面中会将实物表现为意象,较多运用移情、拟人等手法,而抒发情感则是它恪守的准则。

四、电视舞蹈节目

(一)概念界定

电视舞蹈节目是一种视觉艺术,运用肢体的特殊语汇来表达思想情感,其主要是指以舞蹈的艺术形式为主体的电视艺术,它也是电视文艺节目的重要组成部分。

电视舞蹈节目以各类舞蹈表演为基本构成框架,运用电视的技术和艺术手段加以制作,通过电视屏幕播出,给观众以电视化的舞蹈审美鉴赏。

电视舞蹈节目不同于单纯的舞蹈表演,它通过电视屏幕传达出去,供公众观赏。电视舞蹈节目都有统一的主题、统一的思想,歌舞只是一种主要的表现形式而已。

(二)类型划分

电视舞蹈节目的内容涉及舞蹈欣赏、舞蹈教学、舞蹈名人访谈及介绍、舞蹈历史及知识简介、舞蹈专题晚会等。主要是指以各类舞蹈表演为基本构成框架,运用电视的技术和艺术手段加以制作,通过电视屏幕播出,给观众以舞蹈审美鉴赏的电视文艺节目形态。目前,电视屏幕上播出的电视舞蹈节目样式很多。

有的电视舞蹈节目以舞蹈表演为主,其中穿插进现实生活场景的描述,现实生活画面与舞蹈表演的画面有机地融汇、交织在一起,从而扩大了舞蹈形式的艺术视野。

有的由一个完整的故事贯穿,其中穿插进舞蹈的表演,通过时空转换,镜头摇移,构成一个完整的艺术整体。

有的以现实时空发生的现实故事为纬线,以过去时空的舞蹈为经线,精心编织而成,有的以自然时空和舞台时空交叉表现为形式。

总体来说大致有以下几种,即电视民族舞蹈、电视芭蕾舞蹈、电视社交舞蹈、电视现代舞蹈、电视新潮舞蹈等。分别是各种舞蹈类型经过特殊的电视化艺术处理之后的作品,《红梅赞》、《白毛女》、《红色娘子军》、《飘流》、《大河之舞》都是其中的优秀代表作。

(三)发展现状

当前,电视舞蹈节目的总体处境不容乐观。由于对演员外貌与神态的过多关注,有些舞蹈节目遭到肢解,所以常常游离主题。集体伴舞的歌舞节目或群舞,画面拥挤,主体不突出,甚至只是填补其他节目中的空隙而已。这种装饰,消解了舞蹈本来的真正内涵,损害了舞蹈艺术在人们心目中的印象,以至于舞蹈节目一出现,就引来了观众情绪的下降。舞蹈与电视如何协调,如何运用电视手段,使电视播出的舞蹈节目,能基本接近或超越舞台的表现力,使二者各得其所,是电视工作者和舞蹈工作者都应思考的问题。这就要求电视人从舞蹈的审美特性、舞蹈节目的电视语言,如景别、剪辑节奏等多个方面来把握。

舞蹈节目电视化问题,是个颇值得深入探讨的艺术与美学的问题,荧屏期待熟知舞蹈语言的电视人。像 CCTV-3 综艺频道的《舞蹈世界》以及星空卫视的《星空热舞俱乐部》、《舞状元》这样的栏目,令广大电视观众和电视人看到了电视舞蹈节目在新时期的发展希望和优质未来。

五、电视戏曲节目

近年来,电视戏曲的迅猛发展是电视观众有目共睹的现象。观众只要打开电视机就可以随时欣赏到丰富的电视戏曲节目。几乎各个电视台都在文艺节目中安排了相当份量的戏曲栏目,节庆假日里的戏曲节目更是丰富多彩,春节的三台晚会中有一台就是戏曲晚会,从1994年至今已经举办了10年,深受观众赞赏。中央电视台更是于2001年开辟专门的戏曲频道,各地方电视台也纷纷有了自己的戏曲频道。从零散在综艺节目中的戏曲唱段转变为专门的戏曲栏目,再发展到戏曲频道,可以看出电视戏曲这种全新的艺术形式已经成为电视文艺的生力军,在电视屏幕上开拓出了属于自己的领域。

(一)概念界定

"电视戏曲"如何界定?其范畴是什么?它的发展历程如何?有哪些节目类型?对于这些问题,电视理论界存在各种意见和说法。

首先是"电视戏曲"和"戏曲电视"哪种称谓更科学?认为"电视戏曲"较科学的人认为戏曲是主体,电视只是表现戏曲的手段;而赞成"戏曲电视"提法更贴切的人,则认为电视表现戏曲在吸收戏曲的某些优点的基础上突破舞台、突破程式,以电视为主。

笔者对此问题奉行的原则是允许多种称谓并行,"电视戏曲"就是"戏曲电视"。

电视戏曲节目,"是中国传统戏曲艺术与现代化电视技术相结合所产生的新兴艺术品种。即运用电视的技术和艺术手段,将我国传统戏曲艺术搬上电视屏幕,或保留戏曲舞台演出的基本形式,或突破戏剧舞台的时空局限,适当采用实景以及镜头组接的艺术表现戏曲艺术、反映戏曲文化现象的一种电视文艺形式。"[①]

电视戏曲的定义已经给了它明确的范畴,通俗的理解。电视戏曲的范畴可以解释为:一切用电视来表现的戏曲艺术、戏曲文化、戏曲信息都是电视戏曲。其中早期的电视戏曲节目如戏曲直播、录播节目,音配像戏曲艺术精粹等等,继承戏曲的特性较多,几乎没有改变戏曲的舞台虚拟表演性质,电视化程度比较低,属于原生态的电视戏曲。另一部分,电视手法运用较多,声画结合

---

① 杨燕:《电视戏曲论纲》,中国广播电视出版社,2000年版,第3页。

特征更为明显,戏曲经过运用景别、画外音、快动作、慢动作等电视手段处理过后,舞台表演特性减少,这类电视化程度较高的戏曲专题片、戏曲电视剧、戏曲小品、戏曲歌舞、戏曲 MTV 等电视戏曲节目样式属于新生态的电视戏曲。目前,中央电视台的《神州戏坛》、《九州大戏台》、《名段欣赏》、《点播时间》等栏目多属于原生态电视戏曲,同时,新生态电视戏曲也正在上升发展阶段,不断摸索新的节目形式。

(二)类型划分

目前存在于电视屏幕上的电视戏曲节目数量多,而且还在不断发展和创新,因此,对电视戏曲节目形态进行分类是非常困难的事,也因为如此,现在理论界对电视戏曲节目的分类也是众说纷纭,没有一个统一的答案。目前常见的电视戏曲节目的分类有如下几种:

高鑫教授在其《电视艺术学》中将电视戏曲节目划分为电视戏曲节目、电视戏曲晚会、电视戏曲集萃、电视专题戏曲。

刘习良教授根据电视与戏曲结合的紧密程度,以及在结合中电视化达到的程度,将电视戏曲节目分为三个层次:浅层次的是通过电视报道戏曲工作动态和介绍戏曲知识;中层次的是电视直播或录播戏曲舞台演出;深层次的是指戏曲电视艺术片和戏曲电视剧等形式。

《电视艺术词典》按照电视戏曲节目的外在形式提出了"戏曲舞台纪录片"、"戏曲电视艺术片"、"戏曲电视单本剧"、"戏曲电视多本剧"、"戏曲电视短剧"、"戏曲音乐剧"、"戏曲电视小品"、"戏曲电视专题片"、"戏曲录像艺术片"等艺术形式概念。

《中国电视艺术发展史》较为侧重戏曲电视剧部分,因而划分为"戏曲电视剧"和电视文艺中的戏曲节目两部分。

中国传媒大学的杨燕在其著作《电视戏曲论纲》一书中将电视戏曲现有的存在形态划分为:电视戏曲栏目节目、电视戏曲专题片、戏曲电视剧和电视戏曲综艺节目。

综合比较上述多种划分方法,笔者认为最后一种划分方法是能够比较系统条理而且全面地概括当前屏幕上的大多数电视戏曲节目的,因此,我们借鉴其分类方法,将电视戏曲节目划分为以下四大类:电视戏曲栏目、电视戏曲专题片和电视戏曲专题节目、戏曲电视剧和其他电视戏曲节目。同时,附而简述一下电视曲艺节目。

(三)分类型详述

1. 电视戏曲栏目

现在我们在电视屏幕上看到的电视节目大多数都是以栏目的形式存在的。电视专栏节目早在 20 世纪 40 年代就已经在国外的电视屏幕上出现了，我国电视到 80 年代中后期也开始引进专栏节目形式，而电视戏曲节目则是最早被归入栏目的电视文艺之一。

电视戏曲栏目，指定时在电视台播出的，归纳在各种栏目中的戏曲节目。它既具有专栏节目的共性：每个栏目有特定的名称、标志和内容范围，在表现形式上有自己的特色和格调，固定的播出时间和时段；又有着戏曲节目独特的个性：围绕戏曲艺术和戏曲文化构架节目，介绍分析评论戏曲名家名段。[1] 可以说，电视戏曲栏目是我国电视屏幕上数量最多、影响最广的电视戏曲节目样式。

综合电视屏幕上已有的戏曲栏目，我们可以将之划分为三类：第一类是录制播出各种戏曲名家的代表剧目和现场转播戏曲舞台演出的优秀节目，来满足希望欣赏原汁原味戏曲的观众的需求。如中央电视台《名段欣赏》，栏目定位在戏曲界著名艺术家及新秀演唱的经典传统剧目，在每天 30 分钟的节目里，精选几个演唱片断，集中向观众介绍一个剧种的一、两位演员，让观众在赏心悦目的视听享受中，领略戏曲艺术的独特神韵。第二类是经过电视栏目化改造，以"板块"的方式介绍与戏曲有关的内容，如名段欣赏、戏曲界的著名人物访谈、剧种剧目的专题片等融知识性、欣赏性、趣味性于一体的杂志型戏曲栏目。如《九州大戏台》栏目，除了有供戏迷朋友欣赏的"京剧版"和"地方戏版"外，还有播出京剧电影人物访谈和人物专题片的"影视剧版"。CCTV-11 戏曲频道《空中剧院》栏目也是以剧场舞台表演大戏或折子戏为主体，通过现场专家访谈、剧目历史背景介绍等多种形式，增加节目的厚度和文化含量，使观众在欣赏现场表演的同时获取更多的京剧艺术知识。第三类是戏迷票友参与性强，以专栏形式教唱戏曲唱段、介绍戏曲知识的栏目，例如 CCTV-11 戏曲频道的《跟我学》、《梨园擂台》、《点播时间》以及《过把瘾》栏目。这类栏目紧跟娱乐兴奋点和电视戏曲栏目潮流，将戏曲改制、包装成时尚的形式，为观众提供了良好的展示和交流的平台。

---

[1] 杨燕：《中国电视戏曲研究》，北京广播学院出版社，2002 年版，第 45 页。

2. 电视戏曲专题片和电视戏曲专题节目

电视戏曲专题片指的是按照专题片创作规律制作的来表现戏曲艺术家艺术生涯、戏曲艺术和戏曲文化等内容的电视专题艺术片。

综合分析目前我国电视荧屏上出现的电视戏曲专题片,按照专题片的题材内容对其进行分类如下:一是介绍戏曲名家新秀、创编人员及团体的人物专题片。这些戏曲明星们的艺术生涯、奋斗经历、人品戏品和个人魅力为人物题材的戏曲专题片提供了丰富的创作资源和广大的观众。如《梅兰芳》、《周信芳》等都是介绍戏曲界大家的艺术生涯的。二是介绍戏曲知识或某一戏种的专题片,例如唐山电视台《醉人的老呔影》(介绍唐山地区的皮影戏)、抚顺电视台的《京剧锣鼓艺术》、大同电视台《乡音——"耍孩儿"》(介绍陕西燕北的一个古老剧种)等。三是以探讨戏曲文化发展情况为题材的,如山西电视台的《秦声遍三秦》(介绍秦腔的遍地开花)、广东电视台《情迷曲韵》(介绍粤曲艺术的现状和群众基础)。

除了电视戏曲专题片外,屏幕上还存在数量众多,形式各异的电视戏曲专题节目。

电视戏曲专题节目则主要指经过电视二度创作而成的围绕某一中心主题,或某一特定形式组织的戏曲节目,包括电视戏曲栏目中有主题的特辑和专题戏曲晚会、人物专访、专题报道之类的专题性节目。例如 CCTV-11 戏曲频道的《戏曲采风》栏目就推出了"运河戏话"专题,通过人物专题、主持人访谈,并结合纪实手法将这一运河为主题的节目展现给电视观众。此外,最具代表性的电视戏曲专题节目莫过于各种戏曲晚会,如每年的春节戏曲晚会,2001年的《家家月圆——中秋戏曲演唱会》、《齐鲁梨园春——纪念德艺双馨方荣翔戏曲晚会》等等。

戏曲专题片和各类戏曲专题节目并非完全对立的,电视戏曲专题片完成之后,可以放入某个戏曲栏目中播出,如《九州大戏台》播出的人物戏曲专题片《梅兰芳》。一些为栏目制作的专题节目,由于其精致的拍摄和较高的艺术追求,完全具有了专题片的面貌和水平,例如南京电视台创作的《戏曲人物专题系列》,荣获 1998 年中国电视戏曲展播电视戏曲专题片银奖。

3. 戏曲电视剧

戏曲电视剧是一种具有独特艺术品性的电视戏曲节目新样式。"戏曲电视剧"这一定义也是经历了理论界专家多年的研究和争论才逐步确定下来的。早期的这类节目不能称为"戏曲电视剧",而只是电视戏曲艺术片,尽管它摆脱了舞台的框子而在摄影棚和实景中拍摄,也不再采用戏曲的脸谱化妆,但是基本保留了戏曲的表演艺术,相当于电影的戏曲片。它是作为一种独立的电视戏曲样式存在于电视屏幕上的。随着这类节目电视化手法更广泛的应用,有人开始具体称之为某某戏曲剧种的电视剧,如昆曲电视剧《牡丹亭》、黄梅戏电视剧《双莲记》等等。由于丰富多彩的创作实践给我们提供了更复杂的现象,出现了大量相互成分逐渐过渡的作品,于是约定俗成采用了"戏曲电视剧"这一较为模糊和宽泛的概念。

4. 其他电视戏曲节目

戏曲歌舞——戏曲与歌舞的结合,其形式常被用于综艺晚会中。由于其场面大,演员多,常常用于渲染烘托气氛。所以戏曲歌舞中有一种就是"开场歌舞",渲染喜庆气氛。如每年春节戏曲晚会开头与结尾的节目。

晚会中的戏曲歌舞所选取的唱段相对独立,在经过场面调度和电视场景、画面等技巧的重新加工包装,更适合节庆晚会的欣赏要求和电视传媒特性,给观众全新的欣赏体验。

戏曲小品——作为一种新兴的节目样式,以其短小精悍、人物性格鲜明、矛盾冲突集中等特点,一出现就得到观众的喜爱。戏曲小品同戏曲歌舞一样,较多地出现在晚会上。它在形式上既具有戏曲原有的技巧,又巧妙地将小品的创作技巧融入其中,情节上有串联、有包袱,与时代接轨,具有现代意识,因而戏曲小品节目很快发展起来。例如 1993 年春节晚会上的《群丑争春》,将川剧、豫剧、京剧、高甲戏、昆曲各戏名家名丑汇聚一堂,表演自己的看家绝活。

戏曲 MV——以戏曲唱段为依托制作的 MV,是随着音乐电视的发展进行的新的尝试。它是将优秀的戏曲唱段与不断变化的电视画面结合成视听一体的形式。由于戏曲唱段既凝结故事情节,又要表现人物的内心情感,使叙事和抒情水乳交融。再运用电视特殊的拍摄技巧和屏幕造型手段,就能充分发挥视听两方面的特长,诠释唱段深蕴的内涵。

屏幕上的戏曲 MV 数量并不多,但却不乏精品。不仅仅唱腔美得令人陶醉,在画面的创作上,既有偏于抒情性的《心曲》的时空交错,充满浪漫色彩,也有强于叙事的《白蛇传·断桥》的情节设置,再加上现代化的音乐配器演奏甚至动画技巧的运用,戏曲 MV 正以其独特的艺术魅力带给观众一种美的享受。

戏歌——吸收了戏曲中"声"的元素,是戏曲与通俗歌曲相结合而诞生的"新生儿",它在歌曲中揉进了戏曲的独特韵味,又使戏曲的传统风格接纳了现代流行歌曲的活泼时尚,与传统戏曲相比,戏歌的发展路数更为宽广,吸引了许多的青年观众。知名的戏歌如京剧戏歌《大中国》《军港之夜》《年轻的朋友来相会》,越剧戏歌《涛声依旧》,扬剧戏歌《敢问路在何方》《纤夫的爱》等,既保留了原歌曲的主要旋律,又增添了戏曲的声韵,更富有地方色彩和民族韵味。

除上述节目类型外,"名家名段欣赏"也是各大晚会戏曲节目的主打形式,名家名段经历千锤百炼,可以说是精品中的精品,深受戏迷朋友的喜爱。

5.(附)电视曲艺节目

电视曲艺节目是在电视上播出的各类说唱艺术总称,以带有表演动作的说唱形式,叙述故事,塑造人物,表达思想感情,反映社会生活。曲艺一般以叙述语言为主,代他人立言为辅,故具有一人多角的特点,多数节目与民间音乐、各地方言关系密切。演出时,演员人数较少,通常仅一到三人,道具也很简单,形式灵活。最常见的样式包括大鼓、评弹、琴书、牌子曲、快板、评书、相声、数来宝以及二人转等。该类节目的最典型集粹,就是央视的《曲苑杂坛》栏目,在创办至今的 14 个年头里,该栏目推出了一大批深受观众认可的精品曲艺节目。

六、电视文学

加拿大传播学者马歇尔·麦克卢汉在他的《理解媒介》中提出"传播媒介混合能量"的概念,他认为"媒介的交叉和混合,如同分裂或熔合一样,能释放出巨大的能量","两种媒介的混合或会合是一个真理与启示的时刻,新形式也就此产生"。电视技术把文学的文字表述形态转换成视觉表现形态,电视文学这一新的节目样式由此应运而生。

(一)历史渊源

电视文学在屏幕上的出现,是时代发展的必然结果。随着电视事业的崛起,电视文化逐步确立,电视深深渗入文学这一古老的文艺形式,而文学也借助电视这新兴技术手段实现自己新的发展。电视文学由此而产生,成为屏幕上的又一道亮丽风景。

电视文学产生之初,在国际国内都产生巨大反响,其独有的艺术魅力深深吸引着观众。如早在 20 世纪 50 年代,苏联就拍摄了电视小说《契诃夫人物系列》;日本国家电视台(NHK)从建台开始就设立了"电视小说"栏目。

电视文学在中国的起步是 1964 年中央电视台制作的电视小说《小英雄雨

来》。之后,中央电视台从 1978 年开始设立《文学宝库》栏目,制作播出了大量文学名著。这一时期,江苏电视台的《文学与欣赏》栏目第一个在屏幕上亮出"电视文学"的旗帜,在电视屏幕上创建了一种全新的艺术形态,构筑了电视文学的系统过程。而 1993 年上海东方电视台举办的"全国电视散文大赛"无疑是电视文学进一步发展和成熟的标志,电视散文以其独特的审美形式获得广大观众的好评。

(二)概念界定

什么是"电视文学"? 目前尚有多种不同的说法。

首先,电视屏幕上的任何一个电视节目都具有一定的文学性,文学是一切电视节目创作的基础。"电视文学"广义上应该包括电视屏幕上的一切文学形式。狭义的电视文学是专指经过电视化创作的具有较浓厚的文学色彩的作品,如电视小说、电视散文、电视诗、电视报告文学等。它"主要是依据文学的创作规律、文学的审美特征所创作的电视作品。"

所谓"电视文学",理论界也曾从多方面进行探讨,其中高鑫教授在其《电视艺术学》一书中的提法应用最为普遍:"主要是指通过特殊的屏幕造型手段,运用文学创作的一般规律,形象地反映生活,塑造人物,抒发感情,充满文学的氛围,给观众以文学审美情趣的电视艺术作品。"

经过对电视文学的考察,再参照理论界专家的论述,笔者对电视文学这一概念的本质,可以作出如下的理论概括:

电视文学是通过电视特殊的屏幕造型手段对以文字符号为传播手段的文学作品进行艺术化的二度创作,使之转化为具有声画特质的屏幕作品,既保留文字创作的一般规律,又通过画面、音乐、音响、解说和表演等多种处理手段来介绍文学作品,丰富、拓展并延伸了文学的艺术表现空间的电视艺术作品。

(三)类型细分

文学插上了电视的翅膀,电视文学这一新的节目类型日渐形成了自己的一片天地。"电视小说"、"电视散文"、"电视诗"、"电视报告文学"等电视文学类型是纷至沓来,逐步形成了新兴的电视文学家族。

1. 电视小说

当前,"电视小说"这一概念普遍应用于我国的文学界和电视界,然而,其具体指代的范畴却是大相径庭的(著名作家海岩就出版了他的《电视小说书系》,其中包括《拿什么拯救你我的爱人》、《永不瞑目》、《玉观音》等多部电视小说)。

何谓"电视小说"？电视理论界专家对此也是说法不一，笔者给电视小说下的定义是：电视小说，就是把以文字为传播手段的小说，通过对其进行图像与音乐的加工，将文学小说转化为具有声画艺术特质的"屏幕作品"的电视文学节目样式。它必须忠于原作，忠于原作的结构、语言、艺术风格，又要比原作丰富，把原作的精神通过画面和音乐这两大电视语言表达出来，给观众以小说的审美情趣。

从创作角度来看，电视小说具有强烈的文学性，因此，它努力保持原有的文学风貌，带有鲜明的文学审美特征。首先，这种文学性要求体现出原作的内部构成因素，忠实于原作所提供的社会环境、自然氛围、结构布局、情节处理、人物性格，以及语言表达方式；其次，电视小说使用的语言是将文学语言直接搬上屏幕。正是这种文学语言的屏幕化，才保持了电视小说的基本文学属性以及作家的基本创作风貌。

2. 电视散文

自中央电视台 1998 年推出首届"全国电视诗歌散文展播"在全国形成广泛的影响后，7 年来，中央电视台拍摄的近百部作品将电视诗歌散文的创作推到了一个新的高度，为电视诗歌散文的持久发展打下了坚实的基础。

一般言之，电视散文就是具有散文特点的电视作品，即以电视屏幕表现散文抒情写意意境的电视文学样式。电视散文的含义包括两个方面：一指文学散文的电视化表现，它把文学形式的格调、品性和意境用电视特有的艺术手段加以反映，造成动人的艺术魅力；二是指电视表现内容用散文的方式，形式比较灵活，追求意境营造，画面优美动人。

电视散文是文学和电视手段的结合，因而其艺术表现特征是独特的。电视散文的独特性在于其表现上的"散"和内质上的"聚"。

在形式上，电视散文不受叙事完整性的束缚，在结构上比较灵活，因而可以采取较为自由的形式，形式的自由多变就为内容的跃动感创造了条件；在内容上，一方面因为散文是靠"意"来统一全部材料的，常人谓之"形散而神不散"；另一方面，它以近乎生活原生态的画面呈现在屏幕上，又采用电视技巧来加强艺术化的韵味，实现抒情、叙事、写景的意图，画面或朴质或优美，但都追求意味。

电视散文是洋洋大观的电视荧屏上并不起眼的艺术角色，但小而有味，过目却难以忘怀，使电视散文拥有了自己独特的吸引力。

3. 电视诗

诗是语言的精髓,情感的升华。诗歌在各种文学体裁中诞生是最早的。古老的诗歌与最现代化的电子传媒电视的亲和形成"电视诗",所以尽管"电视诗"还很年轻,但它已经是电视文学样式中的重要成员了。

电视诗,顾名思义就是电视与诗的结合,是以电视的手段来展示文学的诗。它着重通过视听艺术在屏幕上创造诗的意境,抒发创作者的主观情绪。电视诗在镜头的运用上比较诗化,较多地运用抽象、表现性的艺术手法,画面清新,诗句凝练,富于想象,强调节奏,是具有诗的空灵意境的电视文学样式。

电视诗的样式很多,特别是 1998 年"全国电视诗歌散文展播"节目开办以来,屏幕上的电视诗歌样式更是丰富繁荣:有的将叙事古诗搬上屏幕,如《古诗三首》;有的将古诗的意境编配上舞蹈在屏幕上表现,如《李清照》;有的将现代诗歌在屏幕上直接体现,像《海的向往》;有的将散文诗称作"音乐散文诗风情艺术片"搬上屏幕,如《雪梦》;有的将歌、舞、诗融为一体(《西部畅想曲》);有的将抒情长诗搬上屏幕(《狂雪》)。

回顾中国电视诗歌创作,从不起眼的偶尔创作到渐成规模,证明艺术美具有不可阻挡的价值,但作为电视中难得的审美存在,我们有理由要求更加精致的艺术创造和更富有感染力的作品出现。

4. 电视报告文学

电视报告文学是报告文学与电视结合的一种节目形式,是电视创作者运用电视化思维与手段,运用文学的艺术表现形式,用纪实性或报道性处理新闻题材的一种文学样式。它是电视文学领域里的边缘文体,兼有文学和新闻的双重特性:它既需要新闻所要求的真人真事,又需要运用文学形象化的手段进行创作,在"新闻"和"文学"相互渗透的边缘上,自成一体,显现出独特的文学魅力。

如电视报告文学《半个世纪的爱》,记述了 14 对金婚夫妇的生活,上至著名的将军,下至普通农民,真实记录了老夫老妻们生活的过程和具体生活情景,形象地展现了他们的伦理道德和价值观念。大量运用镜头描写老人苍苍白发、满额皱纹,形象表现了人生的沧桑,使作品的新闻性和文学性得到强化。同时,作品也是对当时西方婚姻观强有力的反驳与评判,强化了作品的论辩性。

不过,正如报告文学在文学领域的"没落"一般,今天屏幕上可以见到的电视报告文学作品也越来越少,远不如它的同胞兄弟电视诗歌散文一样发展繁荣。同样题材的作品,电视工作者似乎更多地以纪录片的形式去表现。但作为电视文学的一种重要艺术样式,我们还是期待电视报告文学能早日找到真正适合自己的发展道路,在电视屏幕上大放光彩。

第四节　电视文艺节目的三个热点问题

一、春节联欢晚会剖析

(一)"春晚"情结和"新民俗"

除夕来临,新年喜庆的气氛在空气中弥漫开来,一种对春节联欢晚会的期待也同时涌上中国老百姓的心头。春节是中华民族的传统节日,因此春节晚会与其他晚会绝不相同,有着十分突出的特点特色,就是民族化、娱乐性、盛大形和开放性。春节晚会,当然首先是一档充分满足广大观众的视听觉享受的娱乐盛宴,它必须追求热闹、欢快、祥和;同时,春节联欢晚会还是一档文化的盛宴、精神的盛宴,因为春节联欢晚会是中国传统文化借助于电视媒体形成的一种新民俗。

以前的除夕晚上,包饺子、放鞭炮、合家团聚是过年全部的节目,而今天,看"春节联欢晚会"也成为除夕之夜不可缺少的新内容。春节晚会在春节的民俗中体现的是一种聚合作用,是为全球华人营造一种团圆庆佳节的氛围。现在传媒如此发达,娱乐的方式这么多样,人们不是指望在春节晚会上才会乐一乐,从这个意义上来说,春节晚会更多的是承担着一种文化仪式的功能。在观看春节联欢晚会过程中,不论是中国老百姓还是海外华人华侨都能够进行一种文化心理的认同,借助春节晚会这一纽带,每一个炎黄子孙都被纳入到一种有根可寻的文化感觉中来,以此体味本民族的文化渊源。可以说春节联欢晚会是对我们中国几千年来反复进行的文化仪式的现代再现,它的文化功能是强大的、不可替代的,而且也是惟一的,毕竟它是一种中国独有的综艺晚会的形式,所谓"综艺",就是综合了多种文艺形式:相声、小品、歌舞、魔术、戏曲……应有尽有,所以它是对中国的艺术欣赏与享受的综合性大餐。

春节联欢晚会作为这种仪式化了的新年俗,已经被老百姓所认可和确定下来。因此,无论人们赞也好,骂也罢,如果没有其他年俗所取代是断然不能随意取消的,任意取消必然会引起人们的恐慌心理和失落感。所以春节联欢晚会是"年年难办年年办",就像除夕夜的饺子一样不可或缺。有人说,"春晚就是一个不能满足各个阶层、各种文化、各个年龄段的人,但又必须努力去满足的一顿年夜饭",它既是视听感官享受上的年夜饭,更是一种精神上的聚餐。春节是一种文化,春节联欢晚会更是一种我们大家一起努力建设之中的新文化。

(二)案例:2005 春节联欢晚会

春节联欢晚会举办了 22 届,可以说春节联欢晚会的发展史,其内容与风格的流变是与中国社会精神的发展和审美意识的变迁同步进行的。春节联欢晚会的意义绝不仅仅是一种节目样式,它更在深层次上成为一种文化现象——春节晚会现象,形成一种春节晚会情结,成为中国老百姓心中的新年俗。然而从 20 世纪 80 年代春节晚会红极一时,在人民心中激起强烈观赏风暴,到 90 年代的形式花哨、内容苍白,再到近年来的难合人意,怨声四起,久不平息,我们不禁要问:春节联欢晚会怎么了? 难道真的已是日薄西山了?

一切艺术作品都追求形式与内容的有机统一,而近年来春节联欢晚会出现的最明显问题就是"形式大于内容"。对形式美的刻意追求,使得春节联欢晚会演出场地越来越大,舞美、灯光、服装、道具、化妆所有这些都极力追求视觉效果的美感。同时对声音的刻意追求又在听觉上给人以极大的冲击。但是这种强烈的视觉听觉冲击如果走向极端就会变得舍本逐末,如果只追求形式而疏于对内在美的追求势必不能满足观众的要求。

以 2005 春节联欢晚会为例,该台晚会在舞美上下了很大的工夫,舞美和灯光把变幻奇妙的场景衬托得美轮美奂。舞美、灯光、服装、道具、化妆和音效等都给人以强烈的审美冲击。但是 2005 年晚会的部分节目内容还是稍显单薄,晚会的文案撰稿上缺乏个性、智慧和特点。比如对联的运用,在节目中出现对联不过只是一种串联方式,看晚会的观众恐怕不会关心对联做得精致或者精彩与否;另外,对联的内容缺乏悬念,因为它不应该仅是节目的一个贯穿桥段,它除了能够突出各地的特点,还应该有悬念在里面,这样对联才会起到更重要的作用,否则不过是一种平乏的形式。

2005 年的春节联欢晚会中存在一些不尽如人意之处,弱化了前几年春节联欢晚会已有的优势,所以有"反淘汰"之嫌,例如晚会跟现实生活的直接联系减弱了,而艺术化程度有所加深——这与当下电视媒体纪实性不断加强的重要趋势背道而驰。往年的春节联欢晚会现场,经常邀请现实生活当中动人事件中的真实人物,由他们叙述真实感人的事件,这样的新闻事件的再次叙述效果非常之好。而 2005 年在这方面的追求比较弱,外景中出现的西藏的铁路建设工人的那个节目有一些弥补,但并不充分。如果能在《归家的人》节目前后能加入有关于这几年很热门的民工回家、民工讨薪这些内容,那么,这些事件的当下性、新闻性效果会很自然地勾起我们对 2004 年的回忆。

艺术性和传媒性是电视的两翼。春节联欢晚会作为电视文艺节目的重中之重,强调艺术性是理所当然的,但适当挖掘它的传媒性、新闻性,可能会使得晚会的效果更好,因为春节晚会的文化功能之一也就是总结往事、展望未来。所以,开掘 2004 年的记忆,理应成为 2005 年春晚的有机内容之一。

二、电视文艺"秀"——看上去很美

超市是个大卖场,电视是个大"秀"场。一个针对物质消费,一个针对精神消费,普罗大众是它们共同的上帝。超市标榜廉,电视标榜美,浮表层面的麻痹又有相通——孪生的吧?因而,可以互文换称为"声画超市"的电视,无疑只是"看上去很美"——当然,并无法兰克福学派的批判之义含于以上的叙述之中,毕竟"看上去很美"也是一种美,既然存在就值得肯定。这种特殊的电视之美,就是通过"秀"彰显而出的,而电视文艺节目则是最为可餐的"秀色"。

华语电视圈中"秀"一词使用极其频繁,一则因为西文中意为电视节目的"show"一词与"秀"之读音相似;二则源于"秀"之字源本义即为"谷物抽穗扬花",生动地隐喻着电视的审美品质,"荣而实者谓之秀。"(《尔雅》)、"秀,出也。"(《广雅》)——一切的一切都要跃然可见。

电视的及时性和即逝性传播特征,决定了其天生的浮躁气息,或美言之"与时俱进"。在这分秒秒中,岂有"试玉要烧三日满,辨材须待七年期"的耐性?因而,及时地把握即逝的荧屏时空,各显神通地"秀"上一把成为诸多电视策划、编导、记者平日用功所在。

具体来说,电视文艺节目,"秀"在"好大喜功"、"秀"在"投机取巧"、秀在"熟悉的陌生人":

"好大喜功"。对此不能仅仅"头痛医头"地了解,暂时转向文学视域中的古文支流,骈文与八股该是常人所知。是的,电视文艺节目的"骈文化"和"八股化"现状就是好大喜功之"秀"的生动体现。节目规模动辄"重大盛典"、主持言辞动辄代表"全国人民",大王旗之招摇不怕再深的酒巷。

"投机取巧"。电视编导由于其"狐假虎威"的职业品行使然,同时在工作中要面临多层、多方面的监管与审核,要处理各种艺术类型的杂揉、重组、编辑,更要试图迎合广大观众的收视口味,久而久之,投机之心油生,取巧之意隐现为一种"行业潜规则"——做秀,成为一条捷径。

"熟悉的陌生人"。对此还是就事论事吧,其实这里有三层意味:化熟悉为陌生、化日常为非常、化平庸为高尚——总之,从狗熊到英雄的过程中总有化腐朽为神奇的力量,那就是"秀"。

以上的三种"秀",绝对没有语词分析得那样糟糕,为什么? ——"因为一切看疗效。"我们的观众在当前社会风向的引导下,就吃这一套,"生活在别处"的人们依旧觉得我们的电视文艺节目"看上去很美、好美、非常美"。

三、保持"品质"、避免"媚俗"

电视文艺节目作为传统文艺节目经过电视艺术二度创作后的作品,既保持传统艺术的美学特征,又有电视艺术独特的审美形态,因而具有鲜明的审美功能。高雅的文艺节目诉诸人类的理智,观众在观看电视文艺节目时不知不觉地获得某一领域的知识,这种知识性构成了电视文艺节目实质的思想内容,使得电视文艺节目不仅具有审美价值,而且又有了文化价值。同时,作为大众文化载体的电视,强调娱乐是人们精神文化生活不可缺少的组成部分,电视文艺节目还不容回避地承担着娱乐的功能。

如果电视文艺节目一味追求高雅,则容易曲高和寡,失去观众市场;而过分追求通俗则有可能陷入"庸俗"的漩涡。久而久之,当观众由尝鲜引起的"审美惊喜"变为"审美疲劳",内容上缺乏新意的电视文艺节目终会惨遭"滑铁卢"。因此,对当今电视文艺节目纷纷上马而后劲不足的现象进行冷静分析、研究对策显得很有必要。

由于部分电视文艺节目导演对于"大众文化"这一概念理解过于狭隘和片面,过分强调了电视的娱乐功能而忽视了其他功能,从而造成电视文艺节目的"媚俗"趋势。尽管其目标也许相当单纯——让观众忘却工作的疲劳和世间的烦恼,在轻松和快乐中度过休闲时光。殊不知,久而久之,他们同时也忘了我们中华民族优秀的文化传统、价值观念和道德观念中的精华。加之某些电视工作者在理论基础和艺术水平方面比较欠缺,为了一时的高收视率而不择手段地讨好观众,甚至不惜放弃"品质",从而丧失艺术创作的主体性,电视艺术作品因而可能变为完全"媚俗"的文化商品。

拓展电视文艺节目的发展空间,避免庸俗化,首先,应当细分收视市场、找准定位,不要一味地克隆和模仿已有节目。要严格控制节目数量,力争把有限的人力和经费集中起来搞几个精品。不要因为电视综艺节目有强大的兼容能力,就忽视电视特征,随意将不同的艺术门类节目往"综艺"这个大口袋里塞,结果许多节目胡乱拼凑在一起,成为既无艺术性更无思想内涵的东西。杂乱无章势必影响节目质量,因此增加综艺节目的思想内涵、提高文化品位成为当务之急。

此外,艺术的生命在于创新,艺术需要不断推陈出新,才能获得观众的青睐。文艺类电视导演应努力提高自身素质,培养独特的艺术风格。"艺术家不能随波逐流地追逐时尚,而要求永远保持自我的主体个性",这应该成为所有艺术创作者的共识。

总之,只有认真分析观众的欣赏心理,深入挖掘节目的文化内涵,在节目的思想性、艺术性和观赏性上下功夫,不断创新,才是电视文艺节目保持自身文化品质、避免"媚俗"的正确选择。

第四章
电视娱乐节目

中外电视娱乐节目的发展历程
电视娱乐节目的定义阐释及相关理论分析
电视娱乐节目的五种类型
电视娱乐节目的两个热点问题

第一节 中外电视娱乐节目的发展历程

"To educate, to inform, to entertain."（教育、告知、娱乐）是中外电视传媒的三大使命。电视娱乐节目，作为三大支撑性的电视节目类型之一，它的重要意义和成长性（特别是在当下的中国内地）吸引着从电视业界、学界人士到广大电视观众的眼球。

回溯电视娱乐节目的发展历程，"山姆大叔"创造了电视娱乐节目的最初样式。在美国的电视理论中，电视娱乐节目是一个庞大的体系，包括了多种节目样式，比如电视剧、艺术晚会、体育、谈话、音乐电视、游戏等多种类别。在电视荧屏上，综艺游戏节目、黄金时间电视剧、情景喜剧、日间肥皂剧、谈话节目、猜奖节目、体育节目、音乐节目则构成了娱乐节目的主体。

从 20 世纪 50 年代以来，美国 ABC、NBC、CBS 三大电视网先后推出了《斯莫塞尔兄弟喜剧一小时》、《诺万和马丁的笑话》、《星期六晚上实况节目》等名牌节目，长达数十年，经久不衰。美国人崇尚娱乐，再加上商业化的大众传播环境,于是,艺术与娱乐相比,后者往往更加具有市场的诱惑力,"因此,电视娱乐节目除了获取居高不下的收视率外,还为电视台带来了巨额的广告效益"①,而将目光转向欧洲。英国的电视娱乐节目往往创意无限,加之世界一流水准的舞台设计,常常成为其他国家模仿的对象。一度席卷全球的猜谜娱乐节目《谁想做百万富翁》(《Who wants to be a millionaire》)就原创于英国;2003年,德国RTL电视台推出的娱乐节目《寻找超级歌星》,不但在当年成为一向严谨的德国民众最为关注的十大事件,更是在全球范围引领了一场打造平民歌星的娱乐热潮。其收视观众每次高达1000多万,收视率频频超过80%的成绩,甚至令视RTL为"眼中钉"的竞争对手也不得不报道《寻找超级歌星》的进展,并推出相关节目。

回顾新中国的电视节目近50年发展历程,我们对电视以及其他媒介的态度较为严肃,过于强调电视作为传媒的宣传教化功能——"是为耳目喉舌,至多寓教于乐"。同时,在之前电视理论学界的电视节目类型界定研究中,也没有将娱乐节目这一概念单独列出,而是以电视文艺节目一言概之,即便是"娱乐"也非得打着"寓教于乐"的招牌。最初,电视的娱乐功能主要是由电视剧和电影来担纲,没有出现专门的电视娱乐节目。20世纪80年代,风靡一时的电视剧《加里森敢死队》、《血疑》、《上海滩》、《霍元甲》等,造就了电视最初的辉煌。那个年代人们会早早地守候在电视机旁,等待节目的播出。那时候观众最喜爱的娱乐大餐便是以中央电视台一年一度的春节联欢晚会为代表的文艺晚会。然而,只有在重大节日或庆典才能推出的有明星艺术家参加的文艺晚会,对于广大电视观众而言是一件相当奢侈的事情。随着改革开放的进一步深化,中国社会发生了一系列变革,电视行业也在这股潮流中开始了新的发展。由于中国老百姓日益增长的文化生活需要,电视在承担传统意义上文化宣传功能的同时,所担负的娱乐功能便无可非议地越显突出。

进入90年代,电视文艺晚会作为当时中国电视娱乐节目的主要载体,逐步走向日常化、普遍化,并且出现了《综艺大观》这种包括相声、舞蹈、歌曲、杂技等艺术门类的具有栏目化样式的文艺晚会,以及《正大综艺》这类带有鲜明娱乐特征的专门化电视娱乐节目,那句"不看不知道,世界真奇妙"的节目口号众口"传颂",造就了倪萍、杨澜等一批具有明星气质的节目主持人——这些成为中国电视节目走向娱乐化的显著标志。

---

① 王君:《对电视娱乐节目的思考》,《中国广播电视学刊(增刊)》,1999年11月。

到了 90 年代后期,我国电视节目受到港台电视节目的影响,出现了以《快乐大本营》、《欢乐总动员》为代表的游戏类娱乐节目,并且造就各家电视台竞相模仿、克隆的局面。于是乎,每到周末黄金时间,电视机里各个频道都处在"欢乐"、"动员"的一派喧闹之中。如果说以文艺晚会为形式的电视娱乐节目主要突出演员的表演,那么以游戏为形式的游戏类娱乐节目则把兴奋点落在嘉宾出丑或名人卖乖。

接着,益智游戏类电视节目开始出现,并日益受到观众的欢迎。益智类节目与综艺游戏娱乐类节目相比,在节目形态上有着很大的不同:综艺游戏娱乐类节目大多以演员或现场观众的才艺表演为依托,通过主持人现场的即兴式串联,达到愉悦观众、拉动收视的目的;而益智类节目的最大特征在于节目从开始到结束,参与选手、主持人及游戏内容等节目要素围绕一套精心设计、相同固定的游戏规则形成互动,制造一种让观众感同身受的现场游戏氛围,通过调动其参与欲望,引发其收视行为。类似《开心辞典》、《幸运 52》这样的益智类节目就是通过创造一种新的电视节目形态,进而赢得观众。这种完全不同于综艺娱乐类节目的形态,既便于观众的参与,同时内容又具有很强的可控性,所以真正能将知识与娱乐融为一体,具有较高的可视性和观赏性。

2003 年出现的真人秀节目,使平民走到了观众的面前,而且成为明星。以 CCTV-2 经济频道《非常 6＋1》栏目为例,节目用六天时间把平民英雄的成长过程,非常细化地呈现出来。另外,还有引爆 2005 年夏天的湖南卫视《超级女声》,也成为当年最重要的媒介事件与文化景观。专家认为,真人秀节目把屏幕内外的界限完全颠覆了,真人秀节目强调的是大众的参与,也就是说电视屏幕之外的人就是真人秀参与者的亲戚、朋友,甚至拥护者、认同者、反对者,他们通过投票参与整个的进程。真人秀成为了平民娱乐的最新节目类型。至此,我国的电视娱乐节目完成了从明星娱乐到大众娱乐的转变。

第二节　电视娱乐节目的定义阐释及相关理论分析

虽然,现代科技以各种各样、层出不穷的新奇娱乐"花招儿",撞击和引导着人们不断地追求刺激抑或麻痹神经。但是,幅员辽阔的中华大地上,绝大多数普通百姓的日常生活中主要的娱乐工具还是电视。而且随着信息渠道的日益丰富,守株待兔般等待《新闻联播》的时代一去不复返,电视娱乐节目开始从边缘逐渐向核心位置靠拢,与电视新闻资讯节目、电视剧三分天下的趋势逐渐明朗。

一、电视娱乐节目之定义

在开始讨论电视娱乐节目的时候，我们不得不从"娱乐"开始。因为不用刻意梳理，就可以从近年来的各种理论文章和报纸评论中获得一种很直观的印象，就是在中国，电视娱乐节目娱乐性越发突出，娱乐功能越发明显的时候，它所得到的评价越是江河日下：低级趣味，庸俗不堪，给人的感觉大多数时间娱乐节目就好像是跳梁小丑，以一种没有质感的无理取闹的表演，一边取悦观众，一边承受着所谓"精英观众"的轻视与爆批。

为什么会出现这样的情景，娱乐真的那么可恶、低俗吗？一言以蔽之，这其中争论的根本在于对"娱乐"本质的理解，对于电视娱乐节目概念的理解。

权威的《辞源》对"娱乐"下的定义是："娱，欢乐，戏乐。"对于这样的定义，不同的理论倾向便生发出不同的理解：

（1）认为"娱乐"是"游戏"与"审美"的交融体，是"游戏的审美化"，是"审美的游戏化"——因为有了审美层面的意义上升，娱乐便成为一种使我们的灵魂乐于忘却它与肉体的关系，而且幻想自己能够自由自在地遨游全世界的艺术审美游戏。

（2）认为"娱乐"是一种非强制性、非理性干预的自然愉悦状态——强调审美和艺术层面的意义都对"娱乐"本体施加了一种无形枷锁。纯粹的"娱乐"，其主要的目的就在那一时刻使人愉快，是肉身层面的欢愉、享乐。假使"娱乐"内容本身可能带给人深思、疑惑或是领悟等诸多外在影响，那么，就等于迷失了原始的"娱乐"要义。

同时，以上两种观点也有共通之处，就是都强调了"娱乐"是使原来紧张的身心得以缓释与松弛，是在人的生存之中对强制性劳动的一种调剂和补充，是保持人的身心平衡，成全人之所以为人的必要途径。于是，"娱乐"的确应该是没有外在功利目的的，它所满足的应该是人的内在需要，是身心放松、精神愉悦的需要。

电视的出现，恰恰以其普泛化的传播特性与人的娱乐天性达到了最大程度的契合，并使得娱乐在最大程度上实现了社会化。电视的人性化传播理念，实现了对人体感官的全方位调动；它与观众之间有着最直接的交流管道，让人们以一种整体状态进入娱情闲态之中；它在交流互动中还原了最初的人性化娱乐状态，并以这种人际亲密的放松状态舒展了人的天性，与人的生命状态相和谐。

从宏观大类的角度来看,电视作为现代人类生存的"减压阀",其娱乐游戏的功能本身就比较突出。而细化到专门的电视娱乐节目,这种减压阀的功能就更加得到了进一步地集中和强化。

由以上理析,在此便可以推导出电视娱乐节目的定义为:

"电视娱乐节目,是以电视为传播媒介,利用综合性的表达手段,将多种娱乐性元素组合在某一种形式中,在某一时段强化电视的娱乐功能,单纯地使观众身心放松、精神愉悦的电视节目类型。"

二、中国电视娱乐节目与电视综艺节目相关性之论析

中国电视娱乐节目形成独立的形态,只不过是近十年才出现的事情。之前的一些娱乐元素的表现,就相对显得零散、单薄。而电视晚会(特别是春节晚会)的集纳特质,使得其一度成为电视娱乐节目的承载主体:1960 年,新中国举办第一次春节电视晚会,汇集了梅兰芳、周信芳等大艺术家;到"文革"前,又陆续办过好几个春节晚会;"文革"后的 1978 年,春节晚会又开始出现,但那时全国的电视机拥有量有限,电视娱乐基本与大众无关;直到 80 年代初期,春节晚会上让人捧腹大笑的相声、小品才成为大众的娱乐。其中的一些经典作品,至今仍在各地电视台的视频点播频道反复播出,成为一个时代的记忆印记。当然,那些在晚会上初次出现并常常使演唱者迅速走红的流行歌曲,也是大众娱乐的一种。而说相声、演小品更是借助电视这一平台而得到发扬光大的老的艺术娱乐品种。

继春节晚会之后,一种全新电视娱乐节目类型在 80 年代中后期的出现,则标志着大众娱乐得到进一步的发展。这种新的类型就是电视综艺节目,其代表就是至今仍在播出的《正大综艺》这档汇集了知识问答、搞笑风光旅游短片和连续剧的节目。

《正大综艺》诞生于中国电视节目种类极其贫乏、质量普遍不高的年代里,它在当时可谓是"横空出世、一炮而红"。尽管今天《正大综艺》已经被众多五花八门的电视综艺节目所掩盖,以至于已没有多数人在茶余饭后还提起它(现在主要提起的都是《非常6+1》、《超级女声》、《康熙来了》这样的新锐节目)。但是,在那个年代,它的出现却具有非同一般的意义:《正大综艺》不仅开创了电视娱乐的新形态,并且带动了当时各级地方电视台一批同类节目引进、模仿之路,这也是《正大综艺》在十几年前就已经走过的。

时值 1998 年,《快乐大本营》、《欢乐总动员》的出现,终于为中国的电视屏

幕上提供了一种纯粹的电视娱乐节目类型。与《正大综艺》相比,这两档新兴节目在主持方式、节目设置上有了很大的不同:游戏色彩大大增强,娱乐性得到了强化。

具体来说,《快乐大本营》使一个经济不发达省份——湖南的地方电视媒体异军突起,成为了时至今日所有人都关注的强势电视台;《欢乐总动员》则开创了一种新的播出盈利模式,即由电视节目制作方将电视节目以贴片广告或直接出售的方式,由数十家地方不上卫星的电视台播出,这两者都获得了丰厚的经济回报,同时也招来了众多的模仿者,形成了中国第二波综艺热潮。

几乎与此同时,以上海电视台《相约星期六》和湖南电视台《玫瑰之约》为代表的婚姻速配节目也纷纷上马,同样也吸引了当时还并不是很挑剔的中国电视观众。同样的,这些从台湾模仿来的节目在内地又被大量地二次复制,直到彻底败坏观众的胃口。在这次热潮中,南京成了一个不为外人所知的实验基地——当地的电视台不仅在非上星频道直接播放台湾的一些电视综艺节目,如《非常男女》(当前,这种现象在地方台已然普遍化),而且还制作了《超级震撼》、《非常周末》等收视表现不俗的节目。

接着,央视经济频道在一轮改版之后,重磅推出《幸运52》、《开心辞典》这样的娱乐节目,以中央级媒体的气势,加入这场"电视娱乐大战",掀起了一股益智节目风潮,这些节目在2000年和2001年成为公众和媒体关注的中心。

同样吸引观众和广告主的还有安徽电视台的综艺节目《超级大赢家》,这档节目将搞笑上升到节目最基本制作理念的地位,在目前国内综艺节目中独树一帜。此外,明星访谈,真人秀等新的节目形态也开始出现了。

从上述内容的论述中,我们可以看出电视娱乐节目的成长和成熟,毋庸置疑是离不开电视综艺节目的滋养和培植。但在当下的新时代中,随着电视节目类型的不断发展,可以很容易看到两者之间的区别。

首先,来看"电视综艺节目"的权威定义:高鑫教授在《电视艺术学》中给"电视综艺节目"下的定义是"充分调动电子的技术手段,对各种文艺样式进行二度创作,既保留原有文艺形态的艺术价值,又充分发挥电子创作的特殊艺术功能,给观众提供文化娱乐和审美享受的电视节目形态"。

由此,以及结合本章给出的"电视娱乐节目"的定义,两者之间主要区别便有如下几点。

1. 形态的区别

电视综艺节目的内容还是传统的文艺形态,基本不对其本质的内容作太多的处理,"电视"二字更多地意味着传播方式的转变。所以,其节目基本形态有稳定性。比如,相声这种传统曲艺样式变成电视综艺节目后,它的基本艺术特点没有由于电视这种传播媒介而改变。

电视娱乐节目则以游戏原则不断对传统的艺术形态创新甚至解构,更像一种大杂烩。当一种受欢迎的娱乐元素诞生并受到欢迎时,它马上会被吸引到电视娱乐节目的制作环节中来,其节目的内容主要决定于观众的需要。当一种娱乐方式不能再带给观众的新奇和愉悦,它就会马上遭到淘汰。所以,电视娱乐节目的形态需要不断地更新。比如当《非常男女》在内地以各种"换汤不换药"的形式复制、克隆后,这种娱乐形态渐渐失去了原来的市场,从而逐渐退出了观众的视野。

2. 目的的区别

电视综艺节目因为更多地保留了原有的艺术样式的特征,所以,相应也更多地可以达到提升观众审美情趣的目的。它在更多时候引导观众以欣赏的态度观看节目,在取得愉悦和放松的同时,受到艺术的熏陶。

电视娱乐节目的目的就单纯得多了,它只是希望观众取得即时的轻松和愉悦,那种不需要强制理性提升的身心轻松。在更多的时候,它只是一种休闲时刻的"时间填充剂",既是"膨化雪糕",又是"爆米花"。

三、中国电视娱乐节目发展"四阶段论"

北京师范大学艺术与传媒学院影视传媒系主任于丹曾总结归纳中国电视娱乐节目的发展过程为四个阶段:

第一阶段:是 20 世纪 90 年代初期兴起的《正大综艺》、《综艺大观》等综艺节目。由于那时候人们可选择的电视节目很少,所以观众只能仰望主持人和节目本身。

第二阶段:以《快乐大本营》、《欢乐总动员》为代表,观众已从仰望者变成了评价者,并开始参与节目。

第三阶段:是《幸运 52》、《开心辞典》等益智类节目。这个时候观众和主持人平起平坐,用平视的眼光和积极参与的态度去对待节目。

第四阶段:是 2003 年出现的真人秀节目,平民走到了观众的面前,成为明星。这种阶段性的变化可以证明如今中国的电视娱乐节目基本形成了成熟的体式和形态。

这种成熟也标志着电视娱乐时代的到来,也意味着有两方面的条件已经具备:首先是观众有娱乐需求,娱乐是一种天生的需求,不可或缺;而从另一个方面看,电视节目制作者业已认识到娱乐是电视作为媒体的两大基本功能之一,因而已经能够主动地、有意识地为满足观众的娱乐需求去策划和制作节目。当生产者和消费者双方达成一致,你情我愿地共同完成一项交易,一个新的市场就形成了。当这样的交易达到一定的广度,并且对社会产生了一定影响,那就意味着电视娱乐时代的概念可以被接受。

第三节 电视娱乐节目的五种类型

娱乐是人类生活的基本要素,电视娱乐节目是中国电视界的潜力支撑。娱乐铺天盖地,娱乐节目充斥电视荧屏。人们在紧张的工作之余,希望通过报刊、收音机、电视机、DVD 来娱乐身心、消除疲劳,传媒也就成为大众生活中不可缺少的伴侣。通过以上的分析,我们看到了娱乐节目在我国电视荧屏上的发展轨迹,可以说,如今中国电视荧屏最热闹的现象之一就是娱乐节目的"你方唱罢我登场",各电视台频频出现新的娱乐节目类型,在境外电视频道、中央台、省级卫视、地方台的收视大战中,竞争更加激烈,娱乐节目类型变化出现有更频繁的趋势。因为在以受众为主导的传播关系中,媒介只有自身不断变化才跟得上观众愈加挑剔的眼光。

面对电视荧屏上品种如此丰富的娱乐节目,在我们呼唤雀跃电视之繁荣的同时,更需要冷静下来理清头绪。我们尝试着按照节目样式的不同,将当前我国的电视娱乐节目分为五大类:娱乐谈话节目、综艺游戏类节目、真人秀节目、娱乐资讯类节目、益智博彩类节目。再根据各类节目具体内容、形式的不同,进一步细分。

一、电视娱乐谈话节目

电视娱乐谈话节目是电视谈话节目的一种,很难确切地量化一个访谈节目中有多少娱乐成分就算为娱乐谈话节目。但是,我们可以认定的是,娱乐谈话节目的内容往往不涉及严肃的新闻时政类选题,娱乐性是它的至高要求和内在品性。这也就是说,虽然表面上看来访谈的形式是相对正式的。但是,电视娱乐谈话节目的最终目的都是为了迎合观众娱乐、闲情、猎奇的收视诉求。

电视谈话节目,最早在美国出现,是为传承广播谈话而起。而美国广播谈话节目最开始就是以扩大听众面这一宗旨去组织节目内容和形式的,所以他们的节目里即使谈论严肃新闻话题,也是要用一种调侃的语气、不屑一顾的态度,这最终形成了一种主持人在主持节目时不先准备底稿,即兴发挥,脱口而出的独特的节目形式"脱口秀"。广播史学家认为,1921 年,马萨诸塞州普林菲尔德 WBZ 电台播放的脱口秀节目是广播脱口秀的诞生元点;到 20 世纪 30 年代和 40 年代,则是参与性脱口秀的"黄金时代"。

随着电视时代的到来,这种一直备受欢迎的形式被移植到电视节目中,并有了"龙生九子"的演变。电视史学家一般把 1954 年 NBC 推出的《今夜》看作是开电视谈话节目先河的节目。而后,美国的电视谈话节目中既有新闻谈论性的《拉里·金现场》、《夜线》和《热拉尔多·里韦拉》等地道的谈话节目;也有了专门反映个人隐私、揭发不正当关系的纯娱乐性的《奥普拉·温弗丽》、《大卫·莱特曼》等有一定娱乐性质的谈话节目。电视娱乐谈话节目也由此开始正式演变为一种独立的节目形态。虽然,这种电视娱乐谈话节目从播出开始就承受了各种抨击和批评的压力,但却一直因为其强大的收势群体支撑而经久不衰。并也开始流行于欧洲、日本、中国的港台等地。但在不同的地域,娱乐谈话节目在实现本土化的过程中,也开始生发一些新的有利于当地观众接受的形式。比如,在台湾地区红极一时的《非常男女》与当下红遍海峡两岸的《康熙来了》。

娱乐谈话与新闻谈话一样,可以分为以人物为中心和以话题为中心两大类型,两者的区别是前者"围绕人物组织话题",而后者则"根据话题选择谈话人"。但是,由于以娱乐为前提,我们可以看到它的中心人物和中心话题是受限制的,或者可以说称为娱乐谈话节目的主角一定和跟娱乐圈有关联或是为了娱乐目的而制造谈话内容。

就目前看来,电视娱乐谈话节目中趋于主流的类型可以分为电视个人脱口秀、电视娱乐人物访谈节目、电视婚姻情感访谈节目、电视音乐访谈节目、电视命理访谈节目这几大部分。

(一)电视个人脱口秀

电视个人脱口秀,是以人物为中心的娱乐节目,往往是主持人自己以一种接近单口相声的表演形式,把一些有意思的笑话穿插在一起,有时配以乐队现场伴奏、动漫、现场漫画等形式相辅佐,主要是博得观众的开心一笑。比如,CCTV-3 综艺频道毕福剑主持的《快乐驿站》和曾在凤凰卫视等多家电视机构热播的、由那威主持的《说吧》。

(二)电视娱乐人物访谈节目

电视娱乐人物访谈节目,是属于人物为中心型的娱乐电视谈话节目,主要以影视娱乐圈的一个嘉宾或一个团队为中心人物,通过嘉宾与主持人的对话过程反应嘉宾的性格特征、心灵轨迹、成长历程,使观众对嘉宾有一个整体认知。或是针对嘉宾的某个阶段、某个作品、某件突发事件等有禁忌性的话题进行公开讨论,满足人们的好奇心。在该类节目的嘉宾中,最受观众关注的当然是"大腕"级别的人物。

《超级访问》是当前内地由民营制作公司制作的最为成功的电视明星访谈节目之一。它在节目中往往确定一位主嘉宾,主持人往往根据设计好的话题引导嘉宾讲述个人经历,并提前设置好一些次嘉宾,以好友或熟人的身份辅助讲述。

而在更多出现在电视荧屏上的日播类的电视娱乐人物访谈节目中,主持人与嘉宾之间的交流,更像是在闲聊,没有十分确定的主题。比如,东方卫视刘仪伟的《东方夜谭》、星空卫视孙国庆的《星空不夜城》,以及 CCTV-2 经济频道在 2005 年 3 月底推出的《今晚》。观众在该类节目中,一方面可以享受主持人插科打诨的搞笑本领,另一方面则可以享受嘉宾与主持人调侃中暴露出的隐私性信息,以满足猎奇心理。

同时,从发展趋向上看,在目前此类型栏目中,可以发现"明星"的概念被逐渐扩大,已经延伸到娱乐中心人物,即在公众眼中有神秘色彩的娱乐话题人物。他可能是明星背后的幕后高手,也可能由于某件娱乐事件而一夜成名的小人物,比如,在台湾知名电视娱乐访谈节目《康熙来了》中,我们看到的嘉宾甚至有黑社会的"大哥"、"大姐";再比如,在凤凰卫视窦文涛的《锵锵三人行》节目中,也曾将在日的华人"皮条客"请到过录制现场。

(三)电视婚姻情感访谈节目

电视婚姻情感访谈节目,是属于话题为中心的娱乐电视谈话节目。主要以婚姻、情感的某一方面为主题,通过嘉宾与主持人、嘉宾与嘉宾的对话过程,各自发表观点、完成某种游戏性质的活动,以制造轻松氛围和娱乐效果。

其中的主要类型包括:

1. 配对访谈

比如,曾经红极一时《非常男女》,它是由台湾中视推出,由胡瓜、高怡平主持的一档常青节目。其主要环节分为三个关键的"按钮阶段",第一次是"一见钟情",纯粹依据外表判断。接着进行"非常话题",来宾交叉讨论两性之间的话题,作为观念的交换;之后第二次按钮"二见钟情",只能选一个。接下来,互相钟情的男女开始"老实说"——参加者对心仪的异性提出一些敏感问题,单刀直入,制造节目效果,也了解对方的观念,例如"婚后你会和前任女友联络吗?"有的暗示对方会选他(她),也有的旁敲侧击,问心仪者旁边的那位;最后就是"非常速配",必须双向按钮才算配对成功。此时有星座专家分析速配成功的男女今后交往中的注意事项。

后来该节目中也引入了一些两性话题,请情侣或夫妻展开探讨。既有谈话,也有博彩游戏、心理测试、星座命理等元素,但主体是由谈话构成的,是典型的话题为中心的娱乐谈话。它的出现带动了内地大量配对节目的制作和推广,如湖南卫视的《玫瑰之约》、辽宁卫视的《一见倾心》等等。

2. 情感访谈

比如《情感方程式》,它定位在"关注两性话题,倡导心理健康"。由现场当事人袒露自己的情感经历,资深心理学家及两性专家会在现场进行辅导,演艺明星现身说法,面对当事人直言不讳地给出建议。

《情感方程式》话题大胆、时尚、辛辣。比如"家庭暴力","什么女人最讨厌"、"我是苦男人"、"拒绝性骚扰"等都是勇敢的当事人亲临现场引出的讨论,也因此引来众多是非评判。把这类节目归于娱乐访谈性节目的根据在于:该节目的核心吸引力不在于在解决两性之间的真实问题,主人公现身说法的形式主要用于营造真实感而满足观众猎奇心理,达到另一种娱乐大众的目的。

(四)电视音乐访谈节目

电视音乐访谈节目,是一种人物与话题相结合的电视娱乐访谈节目。它主要是针对某个音乐人、歌手或某一音乐作品为中心进行访谈,而且不局限于音乐方面,可能会涉及嘉宾的人生经历和生活细节,或从嘉宾延伸到其他与话题相关的方面,从中挖掘出更丰富的,音乐之外的内涵。

在具体环节设置上,该类节目往往是音乐歌曲和访谈交流相结合,注重谈话的幽默感,甚至会穿插一些轻松搞笑的游戏,以达到活跃现场气氛、娱乐观众的目的。我国内地的音乐访谈节目的代表是 CCTV-3 综艺频道的《星期二唱片街》,节目中曾为歌手设计由普通观众组成的评审团,为歌手的每次演唱打分,从而在歌手和观众之间建立轻松愉悦的对话空间;我国台湾地区电视音乐访谈节目的代表是《综艺大哥大》、《费玉清时间》、《清侃俱乐部》等等。在《清侃俱乐部》中,有时还故意设计一些虚拟的场景,主持人和嘉宾以角色扮演形式展开访谈,这样更加重了节目的综艺趣味。

由上可以看出,这类节目十分注重用音乐或歌唱作依托,通过对音乐的重新组织、变更或者在音乐之外寻求看点,趣味性通常是这类节目所关注的首要元素。

(五)电视命理访谈节目

电视命理访谈节目,是以人物性格命运与星座、血型等命理因素的关系为主题的访谈性节目。由于各种原因的限制,其主要出现在港台地区,代表节目是《命运大不同》和《开运鉴定团》。

该类节目往往邀请影视明星为嘉宾,在节目中安排一些心理测试游戏,由专门的命理星座专家分析嘉宾的个人经历与星座命理的关系。这种节目形态的出现,是由阶段性的高失业率、经济不景气时代社会背景所致。民众需要有心灵上的安慰,或者是需要有关工作、升官、赚钱的偏方。星座、占卜、风水、算命因此蔚成风潮。

电视命理访谈节目谈论的内容以广泛实用为主,包括爱情、工作、家庭、人际四大主题。再加上命理包含的范围很广,中国的紫薇、西洋的星座运势、开运偏方等等,所以在题材上有许多发展空间,主题模式更贴近观众,并在节目中运用综艺手段,发挥出了足够的娱乐效果。

二、电视综艺游戏类节目

电视综艺游戏节目是电视娱乐中最常见的一种,也是娱乐节目具有独立形态的标志之作。它的出现,通常可以创造较高的收视率,因此经常被放在周末的黄金时段,甚至工作日的黄金时段播出,可谓是电视娱乐节目功能的集大成者。

作为一个大概念,电视综艺游戏节目,实际上包含了除谈话之外的所有综艺形态,因为出现在电视上供观众娱乐的综艺节目,从本质上说,都不过是一场事先安排好的游戏。在本章中,我们将综艺游戏节目限定在一个较小的范围内——即才艺表演、杂耍、滑稽表演(包括戏拟)等为主要表现节目来讨论其形态。

相对于电视娱乐谈话节目,电视综艺游戏节目更注重搞笑元素的充分发挥,而煽情、猎奇等元素则退居相对次要的位置。

具体说来,电视综艺游戏节目,是指以才艺表演和以娱乐目的游戏为核心内容的电视娱乐节目。它往往由几个相对独立的节目形态,在纵向不断地演化自身的演戏规则,在横向不断地改变组合方式而保持节目的吸引力。同时,主持人在节目中的地位举足轻重,一个好的电视综艺游戏节目主持人会给节目带来很多亮点,并大大丰富节目的娱乐手段,而其个人对观众的召唤作用,也能大大增强观众对于节目的认知度和认同感。

在某种程度上讲,电视综艺游戏节目不是一种独立的节目形式,而是一种电视娱乐节目的普遍框架格式,就像是一个"盛装果实的篮子"。它并没有特别明确的总体范例,而是作为游戏类节目和表演类节目的承载物出现;它是游戏竞赛节目明星化、综艺表演类节目戏拟化的结果。

在20世纪40年代至50年代的美国,电视直接从广播节目中移植了游戏节目并取代广播,成为最重要的家庭娱乐资源,而且对游戏小组竞赛和智力竞赛节目需求大增,其中的代表作有"想得更快"(Think Fast)、"玩游戏"(Play the Game)等,这其中最有影响力的要属"哪是我的本行"(What's my line)。而到20世纪的60年代,游戏节目被进一步重新设计,更加眩目的场景、更可爱的观众、更活跃的节目参与者成了不可缺少的元素。"口令"作为第一个成功地将知名人物与普通大众组织到一起进行竞赛的节目,就取得很大的成功。

在那时,绝技表演类节目也逐渐成为20世纪50年代在美国很流行的节目类型,如"敲钟"实际上就是一个绝技表演和滑稽表演相结合的节目。此后游戏和才艺表演相结合并不断地发生着演变,最终形成综艺游戏节目的雏形。

将目光转回当前的中国。《快乐大本营》、《欢乐总动员》的出现,不仅是中国内地娱乐节目的发端,同时也是电视综艺游戏节目的样本之作;2000年将搞笑上升到节目最基本制作理念地位的《超级大赢家》的成熟,标志着电视综艺游戏节目在内地电视娱乐节目的全盛地位已然站稳。试看目前上星的所有国内卫视频道,几乎每一个台都在周末的黄金时间播出自己的电视综艺游戏节目——不论制作的质量如何,其影响可见一斑。

三、"真人秀"节目

"真人秀"节目,广义的理解就是真人在镜头前非职业性表现。

它包括被西方称为 Reality TV 的"真实电视",即通过当事人的真实镜头和纪录资料,再现扣人心弦的惊险场面或是一些让人忍俊不禁的滑稽场面和生活细节。从摄录手段上来看,它和纪录片很相似;从传播功能上看,它属于娱乐节目。因此大量诸如警捕、惊险救援、人为灾难、儿童趣事、动物的滑稽表现等内容成为这类节目的主体。

它也包括20世纪90年代后期兴起的一种新的游戏节目形式"真人秀游

戏"。它将游戏规则设计的人为性和参与者表现的真实性以及场外观众参与的互动性结合起来,将游戏节目的智力竞赛和体育节目的体能竞赛结合起来创造出一种符合美国观众口味的崭新节目形态。

它还包括"真人选秀"节目。随着电视娱乐节目的发展,平民化造星趋势日渐风行,真人秀的概念扩充到真人选秀阶段,选秀的过程是由各个最大化的个人展示组成的,即个人在没有固定表演剧本限制下在镜头前的真实表现,比如《超级女声》、《冒险你最红》以及全国海选、圆普通人明星梦的《非常6+1》和《星光大道》。

"真人秀"这种节目形态并非横空出世,它有着自己的历史起源和发展轨迹。20世纪50年代出现的多是"真实电视"阶段的电视节目,如《美国家庭滑稽录像》、《这是你的生活》;1973年公共广播公司电视台制作的《一个美国家庭》追踪拍摄了一个家庭一年内的真实生活;1992年美国有线音乐台推出《真实世界》,7名20多岁的青年男女住在一起,摄像机24小时跟拍他们的起居生活。不过,这些节目大多数在当时并没有形成太大的影响,直到当前出现大型节目《老大哥》(BIG BROTHER)和《生存者》(SURVIVOR),收视率和广告的飙升才使得"真人秀游戏"节目在西方迅速窜红。

在美国,CBS制作的《幸存者》(SURVIVOR)首播时观众达到1500万人,随后同类节目《老大哥》(BIG BROTHER)首播时观众更高达2400万人;在法国,《阁楼故事》也吸引了日均500万名观众,每30秒广告价格最高达到62000欧元。惊人的收视率为这些栏目带来了巨额广告收益以及其他相关利益。

"真人秀游戏"的浪潮在全球范围内兴起和蔓延,是源于来自荷兰,后被澳大利亚、德国、丹麦、美国等18个国家广泛克隆的《老大哥》(BIG BROTH-ER)。此后一系列类似节目相继出现,美国CBS的《生存者》(SURVIVOR)、福克斯电视公司的《诱惑岛》(TEMPTATION ISLAND),法国的《阁楼的故事》(LOFT STORY),德国的《硬汉》(TOUGH GUY)等等。它们都几乎成为西方电视界最火爆的节目。而我国现今也出现了以《欢乐英雄》等节目为代表的各种"真人秀游戏"的"模仿秀"。

具体说来,"真人秀"节目在我国的出现和发展,是中国电视改革的直接产物。20世纪90年代中国的改革推动了电视市场化发展,而电视的商业性和市场性又促使电视娱乐化倾向,令原来受到压制和排斥的娱乐性元素可以进入电视节目当中。我们发现越来越多的娱乐元素在收视率的刺激下被挖掘出来。渐渐地，电视剧中虚拟的情节、跌宕的故事可以拿来娱乐，纪录片中的纪实可以拿来娱乐；明星可以拿来娱乐，普通人也可以拿来娱乐；成人可以拿来娱乐，小孩子也可以拿来娱乐。

在这种灵活的娱乐观念支持下，"真人秀"节目应运而生。当 2000 年 8 月《生存者》在 CCTV-2 经济频道的《地球故事》栏目与中国观众见面的时候，中国本土的电视"真人秀游戏"《走入香格里拉》也在声势浩大地进行；浙江卫视也随后推出号称集主题探险、极限竞技、荒岛生存、夺宝谋略等元素于一身的《夺宝奇兵》，该节目在东海某荒岛设计了大型宫殿闯关游戏及海上真人生存等场景，每周一期，以 4 周为单位，采取淘汰赛形式，6 名挑战者中的最终胜出者夺得万元大奖；北京欢乐文化传媒有限公司制作的《彩虹冲冲冲》，挑选出符合条件的 20 名(12 男，8 女)彩虹"梦之队"预备队员，在海南三亚通过各种培训，去完成"蜈支洲登陆"任务。最优秀的 5 人，成为"梦之队"的正式队员，去完成未来的险滩冲浪等主题任务；贵州卫视 2004 年推出的《峡谷生存营》中，12 名现代"鲁宾逊"在与世隔绝的贵州南江大峡谷里，真实体验 24 天野外求生的"另类生存"。经历斗智斗勇的游戏，一直坚持到最后一天的最后一名选手，获得 10 万元的奖励；北京维汉与湖南经济电视台联合制作的《完美假期》中，12 名男女志愿者共同在一个豪华别墅里生活 70 天，每天 24 小时被 60 台监视器全程拍摄；剩下 3 名选手时，他们共同生活一周，最后由观众投票淘汰两名，决出优胜者，由赞助商提供 50 万元商品房一套。

同时，美国的《美国偶像》的出现是标志着真人选秀时代的到来，这个节目的基本形态都来自于英国人富勒构思的《流行偶像》(Pop Idol)。《美国偶像》实际上就是美国的"业余青年歌手大奖赛"，从全美各地的上万名参赛者中经过连串初试、复试选拔，最后由评委及观众投票，选出心目中的偶像。

在一本正经的青年歌手大奖赛日渐式微的情况下，这个制造草根偶像的另类节目却已经席卷全世界，欧洲、美洲、大洋洲甚至以色列都有自己的"流行偶像"。2004 年，通过《美国偶像》一夜成名的华裔青年孔庆翔，更是成为流行音乐史上的神话。

CCTV-2 经济频道的真人秀节目《非常 6＋1》，CCTV-3 综艺频道全新打造的《星光大道》、湖南卫视的《超级女声》、《冒险你最红》，星空卫视的《星空舞状元》等选秀节目的出现使中国的娱乐节目进入了平民化的新阶段。

综上所述，本文把"真人秀"节目广义的定义为"真实表现节目"，即镜头前的人物在一定的客观条件约束下，通过真实展现自我，获得观众认可的节目。

但"真实"不是该类节目的本质特征,"真实"只不过该类节目用来发挥其娱乐效果的一个强有力的催化剂。该类节目出现和风行是电视节目日渐把"真实"、"虚拟"的互动作为最重要、最时髦的吸引力元素调和进电视节目生产之中的必然结果。其主要目的是最大化地抗击观众的喜新厌旧情绪,用综合性的娱乐因素不断争取观众收看电视的时间。

它的主流节目包括"真实电视","真人秀游戏","真人选秀"三大类型,以下具体论述之:

(一)"真实电视"

"真实电视",真实记录原生态的生活细节,用真实来打动人。它往往在当事人不知情或对镜头无所顾忌的情况下,真实地记录下生活的原来面目;它大量使用跟踪拍摄和隐藏摄像机拍摄能够捕捉到生活中意想不到的镜头。紧张刺激,忍俊不禁的视觉效果让人流连忘返,反复回味。

可以说,"真实电视"是以"娱乐"的追求和心态来记录社会和生活的。"真实电视"和"纪录片"最大的区别在于功能定位和制作理念的不同。"真实电视"可以有人为的设计和干预。它常常会事先设计好一个陷阱,然后用隐藏的摄像机记录人们面对意想不到的情况时的真实反应。而纪录片则不能这么干,它必须保持生活的原生态。

早在 1948 年 8 月 10 日,一个叫"CANDID CAMERA"(坦率的摄像机)的节目就在 ABC 电视网播出了。这是一个相当成功的节目,但"真实电视"真正全面的兴起却是在 20 世纪 70—80 年代。1979 年出现的"真实的人们"(REAL PEOPLE)节目从某种意义上说是一个标志。随后,"THAT IS IN-CREDIBLE!"(难以置信)节目也于 1980 年 3 月 3 日与观众见面了;"电视真实乐趣"(TV'S BLOOPERS AND PRACTICAL JOKES)则和早期的"坦率的摄像机"(CANDID CAMERA)一脉相承;"20/20"是一个介于"60 分钟"和"名人杂志"之间的节目形式;最红的"考斯比秀"(COSBY SHOW)真实地反映了抚养孩子方面的问题;"希尔大街布鲁斯"(HILL STREET BLUES)和"圣埃尔斯韦思"(ST ELSEWHERE)则真实地表现了警察一生的生活。

追逐这个潮流的节目还有很多,一时间,"真实电视"成为主要电视网竞争的焦点。从某种意义上讲,这实际上是对真实的回归。这些节目力图反映生活的真实面貌,尤其是其中比较轻松、娱乐的方面。他们不企图改变生活,而是立足于真实地反映。"难以置信"(THAT IS INCREDIBLE)和"信不信由你"(BELIEVE IT OR NOT)就是这类节目的典型代表。

中国最早的"真实电视"不是以娱乐节目的形态出现的,而是用于少儿教育节目中展现独立办事能力,比如跟踪记录幼儿院孩子独自上街购物。不过最近我们还是看到了娱乐节目中"真实电视"类型的尝试,尽管这种尝试也许是无意识的。2004年国庆期间中央电视台"国庆七天乐"系列中就有这样一期非常相似的节目:歌手李琼在毫不知情的情况下被隐藏的摄像机拍摄下了遭遇尴尬时的真实反应。但是总体说来"真实电视"在中国还仅仅处于直接引进的初级阶段。

(二)"真人秀游戏"

"真人秀游戏"泛指由制作者制订规则,由普通人参与并录制播出的电视竞赛游戏节目。一开始,"真人秀游戏"是一种经济的制作节目的方式,由于参赛者都是无名百姓,电视公司得以省下付给明星阵容的高额酬劳。而它创出惊人的收视率,使得高额广告收入来得非常容易。

"真人秀游戏"发展到今天,它已经不完全是低成本小制作,很多已经成为高投入、产业化、大制作的运作方式,跨地区跨国规模化的营销。它采用纪录片的纪实手法,通过真实记录的拍摄和戏剧化的剪辑,融合电视剧的故事性、游戏竞争的残酷性、诱惑性,在假定情景下,对原始的人性和个人隐私予以公开展示,从而极大地满足观众的窥视欲望。

比如,以澳大利亚版的《老大哥》为个案阐释"老大哥"系列的基本游戏规则:12名背景不同、性格各异的原来素不相识的选手被挑选出来,其中6名青年男性、6名青年女性,他们共同生活在一个特制的有着花园、游泳池、豪华家具的大房子里,大家共享一间卧室、一套起居室和卫生间等。"老大哥"设置了25台摄像机、32个麦克风和40公里长的电缆,一天24小时地记录他们的一举一动,制作成每天半个小时或一个小时的节目,向电视观众展示屋内发生的大事小事。在共同生活的85天里,选手们每周六要选出两个最不受欢迎的人。而每天守候在电视机前的狂热者们则用声讯电话,在这两人中选出一个他们最不喜欢的、最没人缘的选手出局,最后剩下的人可以得到25000美元的奖金。

"真人秀游戏"在全球范围的风行得益于此种节目类型综合性的娱乐模式的成功运用,比如"电视剧式的人物环境选择和矛盾冲突设置、纪录片式的跟踪拍摄和细节展现、竞赛节目的欲望客体设置和淘汰方式"等。中国"真人秀游戏"类节目的引进和本土化生存探索都是全新的课题,需要在理论和实践两方面齐头并进。

（三）"真人选秀"

"真人选秀"是一种帮助普通人实现走向舞台的梦想的真人艺术化节目形态。它或以普通人海选为开端，借鉴"真人秀游戏"中的层层淘汰制度，最终的胜利者成为名副其实的明星。或是给普通人短暂的专业性化包装和培训，最终实现在舞台上展示非生活常态的"明星"光彩的梦想。

"真人选秀"的出现和渐入佳境标志着中国电视娱乐节目平民化的发展和提升。比如，《非常6＋1》全力成就普通人的明星梦想，主持人李咏在选手本人不知晓的情况下"突然"出现在他面前，邀请他参加节目，选手将在6天的时间里接受严格的有针对性的专业培训和包装，在第七天上台展示才艺，70分钟节目里，现场观众根据选手的表演投票选出最佳表演者，优胜者获奖。

再如湖南卫视播出《超级女声》预选赛，看上去几乎不像一档电视节目：没有靓妆映衬的美女，也没有流光溢彩的舞台，参赛者都素面朝天地站在一块简单的背板前清唱，唱不上去者有之，台风滑稽者有之，五音不全者也有之。虽然只有30秒时间，但足够最真实地反应众生百态。

"真人选秀"虽然带着梦想成真和平民化的光环，但其本质特性还是电视娱乐节目的日常化、游戏化，普通人参与并最终实现梦想的模式更多地为了拉近镜头前的主人公和观众的心理距离，竞争者的广泛代表性，便于让更多的观众在竞争中找到自己的认同感。

"真人选秀"节目还把淘汰的决定权给予观众，使节目有参与和互动性，也是为了激发观众娱乐兴趣。

四、电视娱乐资讯类节目

娱乐资讯，在我国最早出现于报纸这一平面媒体上。20世纪90年代的报业竞争，各个报纸为了赢得读者，纷纷推出文娱副刊，甚至开出了娱乐专版，向读者提供各种娱乐动态和八卦新闻。在那个追星狂潮刚开始席卷的年代，满足了人们追星的需要。

在国外和我国的港台地区，娱乐资讯是各综合电视台、新闻频道和娱乐频道不可缺少的关注领域。美国三大电视网（ABC、CBS、NBC）及 CNN、FOX 等，每天都有半个小时左右的娱乐新闻，娱乐频道中新闻的比重更大；欧洲多数国家的电视台都有专门的娱乐新闻；香港的无线、亚视在购买国际娱乐新闻节目每日播出的同时，也自己制作本地的娱乐新闻；台湾的各家主要电视台每天都有 90～120 分钟的娱乐节目。

随着社会的发展,各类观众对电视、电影、戏剧、歌舞等泛娱乐界的关注越来越多,娱乐产业作为一种文化产业和文化活动,在现代社会生活中已经成为不可或缺的一部分。娱乐界的逸闻趣事对观众具有强大吸引力,无论是作为获取文化信息的需要,还是茶余饭后的谈资,观众希望能获取最新最快的娱乐资讯。当娱乐成为人们生活的一部分,对娱乐信息的关注也就成为娱乐资讯节目的社会心理基础。于是,在缤纷的电视荧屏上我们就惊喜地发现用新闻手法操作的一批电视娱乐资讯节目的应运而生。

从定义层面来看,电视娱乐资讯节目,是指用新闻的手法,对电影、电视、音乐、舞蹈、戏剧、时尚、文学等文化娱乐界的最新人事动态进行报道,以满足观众娱乐兴趣为目的的一种节目样式。

电视娱乐资讯节目在我国的电视荧屏上出现的时间虽然不长,但已经出现了如同《娱乐现场》这样具有代表性的节目,北京、上海、湖南、福建等地电视台都先后有了自己的娱乐节目。李霞、索妮、何炅、汪涵等娱乐主播也因此成为家喻户晓的明星。

综观目前的电视娱乐资讯节目,其主要节目样式是由娱乐主持人(或称主播)在演播室将各种娱乐资讯以播报新闻的方式进行串联、播报。因此,这类节目在形式上都大同小异,但由于电视"分众化"的发展趋势,为了吸引不同口味的电视观众,娱乐资讯节目在报道领域和内容上,各家却自有不同。按照报道领域和报道内容之别,我们把中国目前的电视娱乐资讯类节目分为:电视娱乐新闻节目、电视音乐资讯类节目、电视时尚资讯类节目、影视资讯类节目。

(一)电视娱乐新闻节目

所谓电视娱乐新闻节目,是指主持人以口头播报的方式,对影、视、歌娱乐圈中发生的新近事件和娱乐人物的报道。目前,比较著名的有北京光线传媒的《娱乐现场》、湖南卫视的《娱乐无极限》、福建东南台的《娱乐乐翻天》、东方卫视的《娱乐新天地》等。

电视娱乐新闻节目是电视娱乐资讯节目中报道领域最广、涉及面最宽的节目类型。该类节目大都采用日播,有的还运用现场直播的方式,时长多为30分钟左右,将最新的国内外娱乐动态以新闻的方式播出。同时,也借鉴娱乐杂志的编辑策略,围绕某个主题制作系列节目。比如,《娱乐现场》在2005年2月的特别节目中推出了"中国电视剧榜单",将2004年的电视剧作了一个盘点,通过对电视剧的梳理,对一整年的娱乐事件也作了全面的回顾和总结。

开创国内娱乐资讯节目先河的是号称国内首家民营影视节目制作公司的

北京光线电视传播有限公司打造的《娱乐现场》。该节目被誉为"中国娱乐界的《新闻联播》",涉及娱乐界的种种人物、事件,每天深入全国各地娱乐发生地现场报道新鲜热辣的一手娱乐新闻,最快呈现独家视角。风格真实、快速、有个性,凭借其丰富的娱乐资讯,独特的娱乐评论,奠定了自己在整个娱乐界王牌节目的地位,也是娱乐节目走向新闻报道的形式。

娱乐新闻,其实质是根据现代大众的娱乐消遣需要而生产出来供其消费的信息产品。随着新闻传媒商业化运作的力度加大,人民群众日益迅猛增长的文化娱乐需要,娱乐新闻成为新闻报道的重要内容之一。无论八卦也好,绯闻也好,从大众文化的层面来审视,无疑,娱乐新闻最大程度地满足了受众日益增长的娱乐需求。有学者认为:"娱乐新闻强调的是故事性、情节性,适度加入了人情味因素,强化了事件的戏剧悬念或煽情、刺激的方面。从新闻品质来看,娱乐新闻表现出的是消遣、通俗的品质。娱乐新闻的繁荣是人们在物质文化生活日益发达的今天,对休闲文化需要不断提升的必然结果,它已经成为当前众媒体在激烈竞争中争夺观众不可或缺的一个重要领域。"[1]

(二)电视音乐资讯节目

电视音乐资讯类节目,主要是以音乐界的最新动态作为报道内容,介绍最新的热门歌曲、唱片专集以及歌手的最新情况。通过主持人的评点、播报,介绍乐界动态,播放最新流行歌曲的MV,以及歌手宣传活动和新唱片推荐等。节目风格轻松、活泼。比较具有影响力的是光线传媒制作的《百事音乐风云榜》以及湖南卫视的《音乐不断》。

由光线传媒制作的《音乐风云榜》号称是目前国内收视率最高、覆盖面最广的综合性音乐节目,每天30分钟,在全国近80家电视台同步播出,被誉为电视音乐排行榜的盟主。特别是一年一度的"百事音乐风云榜颁奖盛典",评选规则和制度向国际大奖看齐,受到音乐业界及社会大众的广泛认可,被媒体誉为"中国的格莱美"。音乐资讯节目由于其受众目标锁定为年轻一代,因此节目风格轻松、活泼、动感、时尚,符合当下年轻人追逐音乐、追逐潮流的风潮。

(三)电视时尚资讯节目

"时尚"一词在《现代汉语词典》的解释是"当时的风尚"。在当下这一个数字化飞速发展的时代,时尚的风向标总是跑得太快,人们往往还没来得及赶上这季的流行,新的时尚狂潮又席卷而来。即便时尚的脚步有多快,更新频率有

---

① 周艺:《娱乐新闻报道的社会责任初探》,《湖南大众传媒职业技术学院学报》,2004年4月刊。

多新,追求时尚的都市人还是乐此不疲,孜孜不倦地追赶着时尚的快车。作为大众传媒的电视发挥其传播优势,整合各类时尚信息,一方面将这些信息传递给受众,使追求流行的人们能与"时代同步";另一方面,又凭借其导向功能,引领了带有传媒立场的时尚风向。

所谓电视时尚资讯节目,就是以最新的时尚信息为报道内容,涉及流行服饰、饮食、家居、汽车等等与时尚相关的内容,传递最新的时尚观念、最炫的生活方式、最靓的流行服饰、最酷的影音作品、最火爆的动感现场、最轰动的时尚人物,前沿展示现代都市的流行,倡导时尚新生活。时尚资讯节目在我国出现的时间虽然不长,但也出现了不少具有代表性的节目。

比如,《摩登时代》是光线传媒制作的一档30分钟日播时尚资讯类节目。该节目以北京、上海、广州、香港、台北、成都六大城市联动呼应,规划大华语地区的流行时尚。传递时尚最前沿的新鲜资讯,另类的时尚观点,至酷的时尚明星。同时还有最丰富的时尚讯息,特别的时尚形式,满足都市时尚一族的所有愿望。《摩登时代》所宣扬的时尚精神,时尚的生活态度,深受时尚人士的肯定。

该节目常推出具有某一主题的特别节目。例如"寻找系列",节目主旨在于用独特眼光寻找中国最时尚的人群、学校、公司、聚会,最时尚的商店、餐厅、酒吧、歌厅,最时尚的城市;"时尚排行榜"是用全新角度透视时尚,评选出"中国美人"榜,时尚人群榜,时尚权力榜,时尚品牌排行榜等,构筑新鲜时尚排行榜;"时尚产品推介",介绍汽车、手机、服装、化妆品、首饰等领域,引导新鲜资讯新风潮。

该类节目中,凤凰卫视的《完全时尚手册》也是存在时间较长、影响较广的一档节目。

(四)影视资讯节目

影视资讯节目,是以影视界最新动态为报道内容,介绍热门、新近的电视剧、电影作品,追踪影坛新闻,讲述明星故事。

比如,《中国电影报道》是中央电视台电影频道(CCTV-6)权威的电影娱乐资讯栏目,迄今已播出200多期。《中国电影报道》在日常电影新闻中及时推出明星专访、片场趣闻、背景新闻、新片看点、每周影事等精彩节目。在专题新闻"影事特写"中,深度探讨各种电影事件,扫描影市动态,分析影界现象。其周末版则更为精彩,其中的"影闻主页"回顾一周重大电影事件,评点一周热点新闻;"影场大搜索"介绍一周拍摄动态和各地片场趣闻;"影人在线"追踪明星、名导,面对面进行访谈;"影事链接"则链接各类娱乐媒体,扫描影人的各种社会活动;"影迷点击"更是在观众与电影明星之间架起一座沟通的桥梁,让观众可以通过该栏目点击自己喜爱的明星,了解明星的生活、工作情况,并进行交流。

五、电视益智博彩类节目

所谓电视益智博彩类节目,是一种在本质上极具博彩色彩、在内容上体现益智特征的集竞技性与娱乐性为一体的独特的电视娱乐节目类型。

当王小丫一边眨着眼睛,一边说着"你确定吗";当满头卷发的李咏冲着电视镜头夸张地比划;当演播现场充斥着"高了!低了!"的狂热呐喊。种种迹象表明一个新的电视节目时代即将来临,这便是益智博彩节目。

"益智博彩类节目最早兴起于美国,它是从 20 世纪三四十年代美国电台的智力竞赛节目转化而来。"①益智博彩类节目是一种以知识为内容的问答竞赛形式,以巨额奖金或奖品为物质奖励的电视游戏节目。其最大特征在于节目从开始到结束,参与选手、主持人及游戏内容等节目要素围绕一套精心设计、相同固定的游戏规则形成互动,制造一种让观众感同身受的现场游戏氛围,通过调动其参与欲望,引发其收视行为。这种完全不同于综艺娱乐类节目的形态,既便于观众的参与,同时内容又具有很强的可控性,所以真正能将知识与娱乐融为一体,具有较高的可视性和观赏性。

1998 年,塞拉多制片公司为英国独立电视台(ITV)制作了《谁能成为百万富翁》,这种把人的金钱欲与求知欲、表现欲嫁接在一起的新型节目样式,在开播后意想不到地风靡全球。短短几年间,不同版本的"百万富翁"在 60 多个国家和地区播放,成为一档高收视率的电视节目;2000 年,英国广播公司(BBC)推出一个与《百万富翁》抗衡的游戏节目《最薄弱的环节》,仅仅一年时间,就遍布 65 个国家和地区,成为又一档高收视率的益智游戏节目。

因此可以说,这类节目的走红表明了一种潮流,这种以游戏的方式考察人的知识和智力的节目,无疑是被广大观众所接受和喜爱的。在这样的大背景下,益智节目无疑会有广阔的发展前景,在中国,情况亦是如此。

实际上,我国早在十几年前就已经有了类似益智博彩类节目的雏形,那就是中央电视台和正大集团合作的《正大综艺》。该节目以嘉宾回答问题得分的

---

① 宗匠:《电视娱乐节目理念、设计与制作》,中国广播电视出版社,2003 年版,第 134 页。

方式体现出益智节目的特点。其后,随着益智博彩类节目在世界其他国家的热播,国内的电视工作者受其启发,推出了具有中国本土的益智博彩类电视节目。首推一指的是央视经济频道制作的《幸运52》。最开始它被放在周末的上午时段,一度曾不被看好。但在开播不久,节目渐渐取得了观众的认可,其收视率也长居首位。央视从中尝到了甜头,随后推出了一档模仿自英美《谁想成为百万富翁》的节目《开心辞典》,同样也取得了成功。一时间,这种融知识、娱乐、博彩为一体的新型节目形式,迅速走红大江南北。它们不仅捧红了诸如王小丫、李咏这样的主持人,吸引了大批观众,刺激了收视率,还催生了各地方电视台益智博彩类节目的兴起,诸如《财富大考场》、广东卫视《步步为赢》、江苏卫视《夺标800》等,使中国电视娱乐节目进入了一个"竞猜益智时代"。

综观这些节目,按照规则的不同可以分为两种模式:一种是由多人同时参加比赛,经过预先设定好的若干环节,最后决定出一位或一组胜者。比如《幸运52》,由三位选手经过数轮激战,最后得分最高的获得拿大奖的机会。这种规则的设置使每期节目在最后迎来高潮,步步逼近,充分吊足了观众的胃口,使每期节目的观众都有所期待,符合受众的接受心理。

另一种是以《开心辞典》为代表,在每期节目的正式比赛环节开始之前,现场出题,通过一个多人的抢答环节,选出胜者接受主持人的正式问答。这类节目通常分为若干问题或环节,选手每过一关就获得相应的奖励,并逐级增加。这类节目通过主持人快节奏的不断提问,以及选手的判断、回答交替进行。随着选手因为答对题在短时间迅速累积起大奖,或者因为答错题而快速遭到淘汰、更替,从而给予观众持续不断并激增的刺激感受。

益智博彩节目一般要具备主持人、选手、规则、题目等四个要素。这四个要素构成了一个完整的游戏链,保证游戏的顺利进行。其中,节目中出现的题目通常都有专门人员负责出具。为了公平,有的节目也用网上征集等方式出题,并拥有专门的题库进行汇总,根据题目的难易程度作出合理的排列。

按照题目类型的不同又可以将当前的益智博彩节目分为两类:以考察知识储备和记忆力为主的百科知识题类型的节目,如《开心辞典》。由于这类题目类型比较丰富,出题的要求较为严格,因此节目对问题的形式和内容多有非常细致严格的规定;以考察联想力或表达力、理解力为主的趣味题类型的节目,如《幸运52》中的默契环节,这类节目的问题设计相对宽松,更注重趣味性。

目前的益智博彩类节目,万变不离其宗,都以益智博彩作为节目的卖点,即通过一定方式的益智答题决出胜负，然后给予高额奖金。其节目由于奖金、奖品的设置充满着竞争性、刺激性，同时由于普通百姓作为选手出现在荧屏前，又增添了参与性、真实性。

一两次的模仿造就英雄，三五次的参考也算俊才，但是，一阵"狂轰滥炸"的抄袭之后，且不说版权之虑，就是观众也会嚼之无味，只有弃之。当前，中国的电视益智博彩节目就多少遇到了以上的尴尬之境，于是乎，更多的噱头、更高的奖金、更靓的美女，成为了这类节目的竞争砝码——但是，节目的品质如何保证？益智在向低智、博彩在向赌博慢慢滑动，这些都是极其危险的信号，需要中国电视人和制作单位进一步正视。

第四节　电视娱乐节目的两个热点问题

一、娱乐本无罪

虽然，真正意义上的中国电视娱乐节目，其发展历程只有几年。但是，一方面受到电视产业化和市场化的影响，其需要不留余力地更新内容、变换形式，以保持对观众的收视吸引；而一方面，又因为其娱乐特性，不断地承受着来自各种学者专家，甚至普通观众的不屑、抨击和谴责。于是，一时间，似乎娱乐节目成为了中国老百姓的"不能承受之轻"，其清新与轻快之风，总是被堵在这样、那样的犄角旮旯而难以畅通。

电视娱乐节目，真的那么恶俗而可恶吗？

笔者却认为，"娱乐本无罪，庸人自错会"。任何事情的存在，其合理成分的力量总是大于各种猜忌的声音。电视娱乐节目，在当下中国的"三量"，就不能不令人只是一味皱眉挥之驱之：娱乐并非仅仅是娱乐信息的传递，它有着影响社会主流舆论的"分量"；娱乐并非立足于绯闻噱头的消费，它有着建构都市族群乐观意识的"能量"；娱乐并非停留在嬉笑怒骂的表面，它有着改变生活方式的"重量"。

其实，在不知不觉间，我们的生活已经发生了翻天覆地的变化。随着迪斯尼、哈利·波特的到来，随着以游戏形式出现的敛财秘诀到来，以童话寓言形式出现的处事方法到来，娱乐铺天盖地地席卷着我们生活的每一个角落——电视，成为了个中娱乐人物、事件最好、最广的载体（甚至"上电视"成了各类娱情是否重要的衡量标准）；娱乐，成为体制内外电视人突围的重要战场（比如，各类民营公司几乎都是从娱乐节目的运作开始的）。

除了"娱乐改变生活"的共识越来越高,在这种共识之外,我们也应该敏锐地看到:有些不屑娱乐、抨击电视娱乐的人,其实在以这种"不屑"和"抨击"为自己的娱乐方式。比如归纳电视的所谓九大问题是"节目弱智"、"唯收视率"、"搞笑主义"、"出书成瘾"、"挑战道德"、"广告污染"、"非常主持"、"垃圾时段"、"去意蹒跚"——笔者认为,这种归纳除了文字游戏之快以外,并无其他任何实际的意义。同时,作为一种发表于刊物上的媒介行为,这种归纳的本质,其实就是一种选题的操作,核心要义也是带有娱乐色彩的。

诚然,电视娱乐节目主要依靠搞笑、猎奇、煽情三种手段来吸引观众,在种类、形态各异,内容繁复杂乱的众多娱乐节目中,这三种元素始终是节目的支撑点所在。它们或独立存在不同的节目中,或者交叉、混合地藏身于同一档节目。通过观看娱乐节目,观众在享受其制造的搞笑猎奇、煽情情境的同时,心理也进入一个虚幻的空间,获得暂时的轻松感,减轻和缓解现实生活所带来的心理压力,进而在虚拟空间和现实空间的比较中获得某种相对的优越感、替代性的感觉和虚幻的英雄感或成就感,最后达到内心颠覆的欲望的实现——这就是观众不断地收看娱乐节目时的心理轨迹。而正是由于这种来自观众方面的需求,才令到中国当下的电视娱乐节目有不断发展,这是合情合理、无可厚非的。

许多指责的声音,来自一种对娱乐节目的"度"的苛求,其实,任何事物若掌握不好"度",都会好事变不好、不好变坏。因而,给电视娱乐节目一条发展的通途,不要试图让其"死得很难看",该是应有之义。毕竟,娱乐真的本无罪。

二、舶来新锐理念

打开电视,各类娱乐节目充斥荧屏,但是"千篇一律"（节目风格、制作大致雷同）与"千人一面"（主持人风格、装束大同小异）的观感,却让广大观众手上的遥控器总是停不下来。因此,形态创新就成为了电视娱乐节目现今必须积极面对的重大课题,而借鉴海外长盛不衰节目的制作理念,成了一方良帖。

(一)不设置固定主持人

美国NBC在每周六晚间有一档杂志型的娱乐节目《娱乐现场》（与国内最热的娱乐节目同名）,这个节目的最大特色就是不在节目当中设置固定主持人,每期都有一个特邀嘉宾主持。观众在节目之前并不知道这一期节目该由谁来主持,这个关子卖了之后,出现的大牌明星,往往会让观众既惊又喜,大呼过瘾——这在节目的一开始,便有足够的吸引力。同时,"变"与"不变"是需要和谐的,在每天变动的主持之外,该节目的其他参与者都是固定的演员。节目中的各个环节采用情景戏剧的拍摄方式,特邀主持人扮演不同的角色,在不同的节目片段中,其风格和装束也是一直在变化。虽然在每一个环节中,演绎的内容不同。但是整个节目的故事以最新的新闻事件为蓝本,具有强烈的时效性和生活气息,它的节目素材不仅仅是政治新闻,还包括娱乐新闻、生活新闻、商业资讯,剧本中夸张的成分很多,非常有趣。也因此,这个节目曾经荣获了17项艾美奖,甚至还强烈地影响了美国的喜剧文化和电视文化。其实,它的影响,如今也飘洋过海传到了中国,在不少国内的娱乐节目中,都能看到明星客串主持的环节,只是在戏剧化的程度上还稍欠火候。

(二)用内心独白控制节目进程

"真人秀"节目中的节奏问题非常重要,如何体现出"真人秀"之"真",节奏的流畅自然与否很关键。美国 CBS 有一档名为《超级减肥王》的"真人秀"节目,它的特色就是没有让主持人或旁观者来告诉观众节目的进展和选手的想法,而是将节目中所有的台词和评论由选手的内心独白来构成——这是一个非常有效而"润物细无声"的控制方式,就像跟一个人在讲故事,看着非常真实。但是实际上,所有的情节都经过了电视化的剪辑处理,给观众一种真实的、身临其境的感受。

(三)娱乐也需要思索的力量

虽然人类一思考,上帝就发笑,而且人们往往认为电视娱乐节目是不需要动脑筋的。但是,真正是娱乐总是有智慧的如影随形,思索的力量其实很大。

美国 NBC 播出的《英雄出少年》就是这样一档融入思索的娱乐性"真人秀"节目,受到各年龄段观众群的好评,收视率也非常好。这个节目成功的关键就是在于其独到的、具有思索性的设计哲学。它绝不是一个简单的游戏,而是运用了"达摩克利斯之剑"的思想来设计内容,小说中复仇的情节被设计在节目的环节当中,参赛的少年们在朋友与敌人、代价与回报之间不停地思索着、选择着,每一个人都在树敌、都要学会说"NO",只有笑到最后才是胜者。整个节目试图告诉青少年不要为了人生中取得的一点成就而骄傲,这种带着思索的游戏,让节目的可看性和品位同步上升。

(四)互动元素有机使用

互动,是当下娱乐节目进阶发展关键词中的关键。电视娱乐节目互动的灵魂是什么？日本的《黄金传说》节目给我们以新的思考提示：一档互动娱乐节目的来源和创立的灵魂应该来自于广泛的电视观众，这是真正的、"有机"的深层次的互动；而在现今中国电视屏幕上出现的"把与节目无关的某项内容播放一段，然后哪位观众知道答案了，就发个短信"的模式，其实只是表层化的互动。

在《黄金传说》中，每期节目根据"生活当中人人看得到、但又人人想不到的"这样一个原则来进行设计，由于这些"传说"广泛存在于民间生活中，这样能充分刺激老百姓的想象力，很多观众也经常提供自己的绝活、表演上这个节目，所以《黄金传说》就真正是靠观众的想法和参与来支撑，这种互动与信任、关注，无疑是节目成功的关键。

第五章
电 视 纪 录 片

从电影纪录片到电视纪录片的发展历程
电视纪录片的定义评述及界定
"专题型"、"纪录类"电视纪录片及相关子分类
电视纪录片的三个热点问题

第一节　从电影纪录片到电视纪录片的发展历程

　　由于电视与电影的胶着发展与渊源,电视纪录片的历史最早可以追溯到电影诞生初期。电影的发明者之一,卢米埃尔兄弟最初的电影实践活动实际上代表着纪录片这一影音表达文本样式的开端。路易·卢米埃尔拍摄的第一部影片《工厂大门》及随后拍摄的《木匠》、《铁匠》、《拆墙》、《婴儿的午餐》、《儿童吵架》等一系列影片已经具有后来纪录片的某些特征。到了 20 世纪二三十年代,纪录片已经由初创阶段进入了繁荣发展阶段,出现了一大批纪录片大师和纪录片历史上的经典之作。1922 年,罗伯特·弗拉哈迪摄制的《北方的纳努克》,标志着人类学电视纪录片的诞生,随后的维尔托夫、格里尔逊、里芬斯塔尔、伊文思等纪录片大师的创作则使纪录片对社会的发展产生了巨大的影响,也使纪录片的实践和理论得以逐步丰富和完善起来。1926 年 1 月,约翰·格里尔逊在一篇发表于纽约《太阳报》上的评论文章里使用了"Documentary"(纪录片)一词。后来,他对这个词的含义作了更为明确的界定:纪录片

是指"对现实进行创造性处理"的影片。

第二次世界大战之后,由于电视的迅速发展和声音技术的广泛运用,纪录片的发展进入了一个新阶段,诞生了"真实电影"和"直接电影"。"真实电影"的代表人物让·鲁什认为,只有同时运用声音和画面才能够反映一个真实的人,他所做的一切就是不仅要通过图像,而且要通过声音,告诉观众事实的真相。让·鲁什的代表作有《一个夏天的记录》,他提倡的"真实电影"的影响也一直延续至今。与"真实电影"相对应的是"直接电影","直接电影"的代表人物是弗雷德里克·怀斯曼,"直接电影"的运作模式被称为"观察式记录"。怀斯曼希望人们通过他的纪录片,"可以得到的是对 20 世纪最后三分之一时间中美国生活的一个印象化的叙述"。20 世纪 70 年代以来,由于影视技术和影像工业的迅猛发展,纪录片的创作呈现空前繁荣的势态,人类得以更全面地通过纪录片观照自身和自己的民族与国家。

纪录片几十年来丰富的理论与实践为全面、系统地研究纪录片的历史提供了条件,美国学者比尔·尼科尔斯认为,纪录片的历史可以划分为四个阶段:第一个阶段是从 20 世纪 30 年代到 50 年代末,为"格里尔逊模式"阶段,格里尔逊首创的"画面加解说"模式逐渐演变成"上帝之声"般的"自以为是的说教模式"。二战结束后,这种模式逐渐式微;第二个阶段是 20 世纪 60 年代,是"真实电影"和"直接电影"取而代之逐渐兴盛的时期。它排除导演的一切干预,直接、坦率地拍摄乃是特定人物日常生活中未经修饰的事件,由此,真实感更强。但是,这种电影"有时使人困惑,更时常使人为难,难得向观众提供他们所寻求的历史感、时代背景或前景"(比尔·尼科尔斯语);第三个阶段是 20 世纪 70 年代,"我们又看到了第三种风格,它常常以采访的形式进行直接表达(人物和解说员直接向观众说话)","形成了当代纪录片的标准模式"(比尔·尼科尔斯语);第四阶段是 20 世纪 80 年代后,在美国率先出现的第四种模式——自省式(Self-Reflexive)。"纪录片把评述和采访、导演的画外音与画面上的插入字幕混杂在一起,从而明白无误地证明了纪录片向来是只限于再现,而不是向'现实'敞开明亮的窗户,导演向来只是参与者——目击者,是主动制造意义和电影化表述的人,而不是一个像在真实生活中那样中立的、无所不知的报道者。"(比尔·尼科尔斯语)

比尔·尼科尔斯认为,纪录片的历史就是一个纪录片创作主体逐渐由直截了当的说教者转化成中立、客观的报道者,又由此转化成参与者、目击者的过程。这一过程,突出地贯穿着非虚构、用事实说话的主线。①

第二节 电视纪录片的定义评述及界定

我们也许很难对当下的电视纪录片作品作出客观、公正的评价。但是,面对电视纪录片的空前繁荣与良好发展,给电视纪录片进行分类却是十分现实和可行的,也是很有必要的。

一、相关定义评述

名不正,则言不顺。在我们给电视纪录片分类前,首先必须说清楚什么是纪录片,即纪录片的定义是什么,否则我们将无法对纪录片进行分类。事实上,给纪录片下定义,长期以来被认为是一个十分艰巨的、甚至是"不可能的任务",以至于没有一个公认的纪录片的定义。但是,如果我们要对纪录片进行分类,就必须首先完成这一"不可能的任务"。回溯历史,关于"什么是纪录片?"这一问题,业界和学界一直是众说纷纭,难有定论,以至于我们可以毫不费力地找出很多种关于纪录片的界定。在我们给电视纪录片下定义前,我们先找出一些影响较大的纪录片的定义,以表示对前人劳动成果的尊敬和借鉴,并在此基础上展开我们的讨论:

定义一:纪录片是"形象化的政论"。(列宁)

定义二:运用一种合适的社会造型艺术语言的方法组织现实并对现实进行创造性处理。(约翰·格里尔逊)

定义三:纪录片是一种"非虚构性的影片"。(怀斯曼)

定义四:对某一政治、经济、军事、文化生活或历史作系统、完整记录报道的影片。纪录片所拍摄的内容必须是生活中真实存在的事实,不容许任何虚构。这种影片都在现场拍摄,一般不再事后补拍。由于题材和表现方法的不同,可分为时事报道、文献、传记、自然和地理等纪录片。②

定义五:纪录片,一种排除虚构的影片。它具有一种吸引人的、有说服力的主题或观点,但它是从现实生活中汲取素材,并用剪辑和音响来增进作品的

---

① 比尔·尼科尔斯:《纪录片的人声》,选自单万里主编《纪录电影文献》,中国广播电视出版社,2001年版,第537页。

② 辞海编辑委员会:《辞海》,上海辞书出版社,1989年版,第1153页。

感染力。①

定义六：电视纪录片，是以摄像或摄影手段，对政治、经济、军事、文化、历史事件等作比较系统完整的纪实报道，并给人一定的审美享受的电视作品。②

定义七：电视纪录片是直接从现实生活中选取图像和音响素材，通过非虚构的艺术表现手法，真实地表现客观事物以及作者对这一事物认识的纪实性电视节目。③

定义八：纪录片是以影像媒介的纪实方式，在多视野的文化坐标中寻求立足点，对社会环境、自然环境与人的生存关系进行观察和描述，以实现对人的生存意义的探寻和关怀的文体形式。④

罗列了这么多形形色色的纪录片的定义，并不是想指出它们的"缺陷"和"不足"，也并不是想标新立异，建立一种全新的纪录片定义。任何纪录片的定义都是相对的，都有其独到的深刻之处和功用。我们在这里之所以要给电视纪录片下一个新的定义，目的是为了更加清晰地将电视纪录片与其他电视节目类型区分开来。首先，我们来分析一下上述定义。通过分析我们不难发现，以上关于纪录片的定义几乎都强调，纪录片是对现实生活的非虚构的反映，这恐怕是它们惟一的共同之处了。但是，仅凭"对现实生活的非虚构的反映"这一点，远远不足以把电视纪录片与其他电视节目区分开。因为，"对现实生活的非虚构的反映"并非纪录片的专利。许多其他类型的电视节目，也是对"对现实生活的非虚构的反映"，最显而易见的就是电视新闻资讯节目。

而且，"对现实生活的非虚构的反映"在电视纪录片创作上直接的反映就是纪实手法的运用，电视纪录片也因此创造了昔日的辉煌，对整个电视业界的发展做出了巨大的贡献。"纪实"散发出了巨大的魅力，甚至于成为了电视纪录片创作的看家法宝，被许多电视纪录片制作人奉为圭臬。但是，随着目前电视实践的飞速发展，往日属于电视纪录片专利的纪实手法逐渐被其他电视节目的创作所借鉴，或多或少的都有了些"纪实"的味道，连电视剧、电影也来凑热闹。例如，20 世纪 90 年代以来，国内出现了一种叫"电视纪实剧"的电视

---

① 美国南伊利诺斯大学：《电影术语辞典》（英文原版），第 28 页，转引自任远：《非虚构是纪录片最后防线：评格里尔逊的"创造性处理"论》，刊于《现代传播》2002 年第 6 期，第 39～42 页。

② 杨伟光：《中国电视专题节目界定》，东方出版社，1996 年版，第 8 页。

③ 北京广播学院电视系学术委员会：《中国应用电视学》，北京师范大学出版社，1993 年版，第 324 页。

④ 吕新雨：《中国纪录片：观念与价值》，选自姜依文主编《生存之镜》，北京广播学院出版社，2000 年版，第 70 页。

剧,1994年拍摄的涉案剧《九·一八大案纪实》,首次采用纪实手法,选用非职业演员,将发生的真实大案改编后搬上荧屏,掀起了长达数年的纪实剧热潮。而在2005年出现在电视荧屏上,由李少红任导演的电视电影系列《绝对隐私》,作为国内首部"纪录剧",更是嫁接了大量电视纪录片的创作手法。我们不难想象,如果这样的"电视纪实剧"、"纪录剧"再进一步向纪录片"借鉴"、"创新",将大量的对当事人的访谈以及当事人的自述加入剧中,那么,这种"电视纪实剧"、"纪录剧"与采用"真实再现"手法拍摄的纪录片的区分将变得模糊起来。然而,这种设想已经在电影创作中得到了实践,2000年公映的《大进军:大战宁沪杭》就将对当事人的访谈首次运用于电影创作中:该部影片在纪实性上作了一些探索,将事件当事人的访谈、早期拍摄的纪录片与现在拍摄的镜头融合在一起,让当事人与演员同时出现在银幕上,让"真人"对"真事"进行回忆。影片在体现叙事的纪实性方面做出了自己的探索,从银幕上直接告知观众——这一切都是真实的。于是银幕上就有了回忆,有了"真人真事"的亮相。这一手法虽然有点冒险,但它还是很有效地把观众引入到对历史生活、战争过程的"再现"之中,使纪实性得以强化。如果这些"纪实"的成分再进一步加大,也就是说,如果它沿着"纪实"的方向发展下去,总有一天,我们同样也会发现,这种"纪实性"很强的电影和纪录片的界限也会变得含混不清。对电视纪录片而言,虚构性的电视剧和电影都有如此"危险"的征兆,其他类型的电视节目就更不在话下了。事实上,我们在其他类型的电视节目中并不难发现"纪实"的影子:例如,在1994年中央电视台春节晚会上,一部以《浙江日报》摄影记者徐永辉的一组四幅照片反映农民翻身致富史的纪实节目《全家福》,引起了观众的强烈共鸣。而晚会现场主持人的即席采访和当年新闻人物的出现,使春节晚会带上了纪实色彩。随着电视的发展,"纪实"已经走出了电视纪录片的小圈子,为各类电视节目所广泛采用,"对现实生活的非虚构的反映"并非纪录片莫属,也不足以将纪录片与其他电视节目区分开来。一味地强调纪录片的纪实性只会使电视纪录片淹没在各种电视节目的汪洋大海中,最终丧失自身的特色,使电视纪录片成为能够装进任何电视节目的篮子。在这里,最大的挑战来自于电视新闻资讯节目。

　　简而言之,新闻资讯是对新近发生或正在发生的事实的报道。真实性是新闻的生命,因此,"对现实生活的非虚构的反映"也适用于新闻。如此一来,就无法将纪录片和新闻完全区分开来。实际上,因此而产生的歧义已在有些定义中反映出来,如《辞海》给纪录片下的定义,纪录片"可分为时事报道……

等纪录片"。将时事报道划入纪录片,这无异于抹煞了两者的区别,将新闻资讯等同于纪录片,恐怕绝大多数纪录片业界人士和学界人士都难以认同。应该说,电视新闻资讯节目和电视纪录片是两种截然不同的电视节目,如果将两者等同,那么之于电视纪录片的分类就失去了意义。因为,新闻资讯首要的、关键的功能在于传递信息,而纪录片则显然不是。那么,对于受众而言,纪录片的功能到底是什么呢?

第七个定义强调纪录片要用"艺术表现手法"反映"客观事物",第六个定义强调纪录片是"给人一定的审美享受的电视作品"。从中不难看出,这几个定义强调的是,纪录片要有艺术性并且具有审美属性。这几个定义认为,纪录片对于受众而言要有审美功能。具体就"形象化的政论"而言,其关键也在于"形象化",没有了"形象化","政论"也就不成其为纪录片(当然,这个定义还是有极其明显的时代局限性和意识形态性的)。这样,将"对现实生活的非虚构的反映"和"给人一定的审美享受"结合起来,我们就可以较为清晰地将电视纪录片与其他类型的电视节目区分开来,也可以将电视新闻资讯节目和电视纪录片适当地区分开来。

当然,强调纪录片的审美属性就不能不涉及美学上的一个重要命题:审美无功利。那么,什么是"审美无功利"呢?简言之,就是在我们进行审美活动时,主客体要脱离现实的功利层面,进入审美层面。电视纪录片可以使观众脱离现实的功利层面,而以审美的态度去观照。

当把各种类型的电视节目纳入到美学和审美范畴时,我们只需取三种态度,即认识态度、功利态度和审美态度进行比较即可。根据接受美学的关于"隐含的读者"观点,对一部作品而言,创作者已经给它设置了"隐含的读者",即该作品的理想读者。用电视的术语来讲,即特定的收视群。对电视节目而言,创作者的创作动机赋予文本的思想内涵以及作品的选材及文体特点已经决定了特定收视群(即"隐含的读者")的存在。不同的电视节目设置"隐含的读者"是不同的,它们希望受众(读者)接受的思想内涵是不同的,因此,面对不同的电视节目,我们对它的态度也是不同的。有的电视节目,我们只能以认识态度去面对它,如新闻资讯和科教类节目。有的电视节目我们只能以功利态度去面对它,如服务类节目和娱乐、益智类节目。而对于电视纪录片,我们可以以审美的态度去面对它。因为电视纪录片对我们而言,是非功利性的,娱乐以及获得信息和知识都不是我们观看纪录片的目的。对于不能纳入审美范畴的电视节目,我们是不可能以审美的态度去观照的。

　　美感只能从主体心理中去找,面对不可能产生美的客体,主体是无法对它产生美感的。根据审美心理学的原理:美基于心理距离(即距离产生美),我们在面对客体时,如果要发现美和产生美感,就必须把自己心理中的其他属性暂时"悬搁"起来。用现象学的术语讲就是必须把心理中的其他属性(个人性、阶级性、时代性、文化性、民族性等认识和功利属性)"用括号括起来",只剩下审美属性,使主体(人)成为无一丝一毫个人性等偏见和局限的"纯粹的自我",从而在这一时刻成为审美之人(审美主体),从而开始美的历程。

　　电视纪录片之所以能纳入审美范畴,其原因正如前文所言,在于我们可以用审美态度去面对之。纪录片对于我们而言,要么没有可供认识的知识和功利性,要么在欣赏时可以将纪录片的功利属性暂时"用括号括起来"。因而,作为观看者,则可以通过完成"加括号"的心理流程,成为审美主体,从而产生心理距离。此时,基于心理距离的美就产生了,电视纪录片的审美历程也就此开始了。

　　"主体心理距离"的产生使客体(电视纪录片)的所有非审美属性也被"括"了起来,使客体成为审美对象,从而产生了美。此时对主体而言,客体呈现为直觉形象,这是纪录片审美的第一个层次(第一阶段)即表象层次,此时审美对象的美呈现为直觉形象。具体地说,就是这类电视纪录片中的画面造型、音响和剪接,并且要诉诸于主体的视觉和听觉,并与之相结合,形成直觉形象。用中国美学的"意境"理论来解释,就是此时电视纪录片和观看主体之间已经形成了审美意境,主体与客体开始了初步的融合。纪录片审美的第二个层次(第二阶段)是内容层次,在这个阶段,主体经过对画面和音响、剪辑的欣赏,对客体产生了内模仿。再进一步,当我们开始进入内容,为片子讲述的故事所打动后,我们就会由内模仿进入审美心理学移情理论所论述的内容。我们会对所看到的画面投入我们自己的感情。这就是纪录片审美第二个层次所产生的内模仿和移情。纪录片审美的第三个层次(第三阶段)可称为愉悦层次,在这个层面,主体通过内模仿和移情,达到了主客同构,从而达到了主客同体、物我同一的境界,即审美的高峰体验。这时,主体发现了蕴藏在客体中的深层次的审美本性,这就是人的本质,从而达到了真正的审美深度,实现了对人性的本质的深层把握和理解,这是通过对电视纪录片中反映的人的命运的认同而产生的审美愉悦实现的。

　　优秀的电视纪录片,蕴含有一种最高、最本质的人性,这体现于蕴含在作品中美的超越性,具体地讲,就是作品的深度——肤浅的作品和伟大的作品的区别也就在于此。吕新雨因此将电视纪录片称之为"人类生存之镜",通过"他者"观照自身的存在,这也是电视纪录片审美中主客体同一的物质基础。优秀的电视纪录片在选材和讲故事方面能满足这些需求。因此,从创作的角度讲,即使电视纪录片是为宣传、政治、认识等非审美目的而制作的,也要按照艺术的形式规律来创造,"按照美的规律塑造作品",即按照电视纪录片本身的创作规律来创作,否则就不会有丰富的内容和美的内涵,就无法满足观众的审美需求,也不会成为优秀的作品。而从内容的角度来看,优秀的电视纪录片必须很好地实现作品的叙事功能,方能成为"讲故事的高手"。

二、定义界定

通过以上论述,我们就可以清楚地看到电视纪录片与电视新闻资讯等其他电视节目的区别了。电视纪录片对受众而言主要是满足一种非功利的审美需求,从而完成对自身的存在和人的本质的观照,它不以满足受众对信息、资讯、知识、娱乐等方面的需求为目的。而电视新闻资讯节目则有其自身的功利性,它首先要满足受众对信息的需求,其次还要完成主流意识形态和国家政权赋予它的其他功利性目标,如政治宣传鼓动、舆论控制和引导、社会控制等。而科教类和生活服务类节目则以传递知识和服务生活等功利性目标为主。正是因为电视纪录片是非虚构的,具有审美的(非功利的)功能,才使其与其他类型的电视节目得以区分开来。

通过以上对纪录片定义及其特点的分析,我们从电视节目类型界定的角度,可以对电视纪录片下一个定义,即:

"电视纪录片是一种非虚构的、审美的(非功利的),以建构人和人类生存状态的影像历史为目的的电视节目类型,是人类个人记忆或某一集团集体记忆的载体,是对现实生活的有选择再现。"

需要说明的是,这一定义仅仅是从电视节目分类的角度出发的,并不意味着对前人智慧的抹煞。在这个定义中,为什么强调影像历史这一概念?——这要从纪录片(Documentary)这一名词本身说起,英文 Documentary 一词有"文献,文件"的意思,而一些有关纪录片的定义也认为,纪录片是"具有文献资料性质的,以文献资料为基础制作的影片"(法国《电影辞典》1991)。这无疑是说,纪录片具有文献资料性质。在影像技术产生之前,记载人和人类生存状态以及人类记忆的主要是文字材料,它们以文献、档案的形式留存下来,成为人类历史的载体,也成为历史学家研究历史的原始资料,这是文本的、传统的历史,也就是书写的历史。随着电影和电视的发明,它们以自身独特的优势,先后成为记录人类历史的新载体。由于电影和电视在记录历史和社会变迁时具有不可替代的优势,以及影视媒体自身的巨大影响,终于引起了历史学家的注意。1988 年,美国历史学家海登·怀特在《美国历史评论》杂志上发表了《书写史学与影视史学》(Historiography and Historiophoty)一文,首先提出了影视史学(Historiophoty)这个概念,意思是透过视觉影像和电影话语传达历史以及我们对历史的见解。史家称其为"大众史学",影视历史(本文称为影像历史)主要由历史题材影片和纪录片组成。纪录片已成为了解和研究历史的一个重要的文本。从纪录片创作规律本身而言,呈现在我们面前的纪录片记录的都是已经发生过的历史,它不可能"与生活同步",加上它的"纪实"的特性,将纪录片称为记录人和人类生存状态的影像历史以及人类个人记忆或某一集团的集体记忆的载体是合适的。纪录片不仅是我们观照自身的"生存之镜",而且是后人研究我们的历史的宝贵资料。从这个意义上来说,纪录片是"大众化的历史"。

第三节 "专题型"、"纪录类"电视纪录片及相关子分类

一、概说

在将电视纪录片与其他电视节目区分开、厘清其应有界定之后,就可以对电视纪录片进行适当的类型划分了。首先,按照纪录片的主题在纪录片创作中形成的先后顺序,将电视纪录片分为专题型电视纪录片和纪实型电视纪录片两大类别,然后,对于这两大类别作更进一步的细分。之所以将纪录片分为这两大类别,主要是考虑到电视纪录片与所谓的"电视专题片"的关系问题。关于这个问题,历来是众说纷纭,而本节明确指出:电视专题片属于电视纪录片。这是因为,电视专题片是符合电视纪录片的两个主要特点(非虚构的和审美的)的。至于极少数电视专题片不具备这两个主要特点,则可将它们划归到其他电视节目类型,并不会影响到电视专题片整体的划分归属问题。需要说明的是,在对纪录片的分类研究中,本书力求概念的清晰,防止概念的交叉和混淆,以避免一部电视纪录片既属于此类纪录片,又属于彼类纪录片的情况出现,保证类型界定的严谨。

对于所谓的(传统概念上的)"电视纪录片"和"电视专题片"的关系问题,

多年来一直是争论的热点,从改革开放二十年来电视实践发展的历史来看,在改革开放之初的 20 世纪 80 年代,中国的电视荧屏上充斥着主题先行、画面加解说词的"电视专题片"或"电视专题节目",并一度大行其道,有的"电视专题片"还造成了能与热门电视剧一比高下的万人空巷的效果。这种称谓("电视专题片")只是中国电视界约定俗成的名称,"电视专题片"一词也是中国电视界的独创,至今还没有对它作出明确的学理界定。实际上,所谓的"电视专题片",就是对除消息类新闻资讯节目以外的电视纪实节目的统称,"电视专题片"并不能反映电视纪实节目纪实的本质,作为一个概念和一种节目类型,它缺乏一个明确、科学的内涵。与之不同的是,"电视纪录片"这个名词却非常清楚地反映了电视纪实节目的本质与创作方法——纪录。

"电视专题片"这一名称,概念上的模糊在电视实践中也有所反映。从 20 世纪 80 年代末到 90 年代初,一批电视人自觉地开始了电视纪实方面的探索,出现了以《望长城》为代表的一批优秀的电视纪实节目,纪录片又回到了电视屏幕上。这样,中国电视界的"纪录片派"和"专题片派"逐渐形成,并开始了长达多年的争论。当时电视学界和业界对"电视专题片"和"电视纪录片"的关系存在四种不同的观点,即:等同说、从属说、畸变说和独立说。所谓"等同说",就是认为"电视专题片"就是"电视纪录片",它们只是同一节目的不同叫法而已;"从属说"包括"专题片从属于纪录片"和"纪录片从属于专题片"两种看法;"畸变说"的一种极端看法是认为"电视专题片"是意识形态对"电视纪录片"的强奸,是中国电视界的"怪胎",是对电视纪录片"非虚构"纪实传统的破坏,是为了割断电视与电影的联系而生造出来的名词。"独立说"则认为"电视专题片"和"电视纪录片"是两种不同的节目形态,两者既有共性,也有各自的个性。几种观点争论了多年,却一直未有一个统一的、明确的结果。近年来,多数人的观点倾向于电视专题片是电视纪录片的一种,理由在于:二者都是非虚构的作品,只是创作过程不同。他们认为,电视纪录片是先拥有素材,然后形成主题,提炼思想;电视专题片则是主题思想先行,然后再去寻找素材。

实践是检验真理的惟一标准,虽然这几种观点在争论中未见分晓,但是实践似乎已经给出了答案。近年来,随着中外电视界交流的加深,中国电视在许多方面逐渐地与国际接轨,"电视专题片"一词逐渐淡出,"电视纪录片"这个名词逐渐地得到了学界和业界广泛而又一致的认同。从实践中来看,"电视专题片"似乎应该归于"电视纪录片"之中。但是,在电视实践中,仍有一批"电视专题片"色彩很浓厚的电视纪实节目,将它们归于纪实色彩很重的"电视纪录片"

似乎有点不协调。不过有一点毋庸置疑，那就是"电视专题片"和"电视纪录片"所表现的客体都是非虚构的、现实生活中存在的或曾经存在过的人、事、物。因此，我们以此为基础将它们统一起来，将传统意义上的"电视专题片"称为"专题型电视纪录片"，而将传统意义上的"电视纪录片"称为"纪实型电视纪录片"，这样，两者就统一于电视纪录片这一个统一的范畴之中了，传统概念上的"电视专题片"和"电视纪录片"的关系也并非上面所说的四种关系中的任何一种。需要指出的是，这种划分是从电视节目类型界定的角度出发的，是为了便于我们对电视节目进行分类而做出的。

二、专题型电视纪录片

专题型电视纪录片，正如上文所讲到的，是指"主题先行"的纪录片，用传统的术语讲，就是所谓的"电视专题片"。在很长一段时间里，电视专题片与电视纪录片并没有严格的区分，在名称运用上也比较随意。本文认为，在目前的中国电视界，所谓的"电视专题片"是宣传性和主题性很强的片子，具有明显的功利色彩。但是同时，这些电视专题片也具有相当的审美特质。因为，在目前的大时代背景下，电视专题片的创作也必须满足受众的审美需求，而不能闭门造车，心中没有观众。否则，其宣传教育的功能就难以实现。也就是说，必须寓功利性于非功利性（审美）之中。因此，从创作上讲，为宣传、政治、认识等非审美目的而制作的电视专题片，也要"按照美的规律塑造作品"，即遵循电视纪录片本身的创作规律来创作。随着电视纪录片影响的逐渐扩大，"电视专题片"这个名称正在逐渐淡出，被普遍认同和接受的"电视纪录片"一词所取代。

鉴于此，本文将用"专题型电视纪录片"这个名称取代"电视专题片"一词。具体而言，专题型电视纪录片又可分为以下六类：电视政论片，电视文献纪录片，自然类电视纪录片，商业性电视纪录片，电视历史纪录片和电视观点纪录片。

（一）电视政论片

什么是电视政论片？电视政论片就是其主题思想具有强烈政治理论色彩的电视纪录片。电视政论片的主题一般紧贴时代、紧贴政策，回答社会生活中的重大问题，以宣传、解释主流意识形态为己任。

从创作角度来看，电视政论片不仅是"主题先行"，而且许多甚至是"解说词先行"。但是同样的，电视政论片的创作也必须遵循电视创作自身的特有规律，赋予片子一定的美感，营造审美的空间，才能为观众所接受。

从题材划分来看,电视政论片大致有三种:历史政论片(例如《让历史告诉未来》、《春秋五十度》等)、事件政论片(例如《广东行》、《中华之剑》、CCTV-2经济频道于 2004 年年末播出的六集政论片《走出疆界的城市》等)、政治理论片(例如《河殇》、《世纪行》、《走进新时代》等)。

而从属性特质来看,电视政论片有以下四点待说。

1. 政论性

电视政论片的显著特征是它有浓厚的思辨色彩,议论或评论贯穿全片,情理交融,把全片的观点(党和政府的理论、政策以及重大的理论问题)形象地表现出来。电视政论片的观点还必须保证政治正确性,其内容必须准确。

2. 真实性

电视政论片所运用的事例和素材,不论是历史的或是现实的,都必须真实。对于它所反映的观点,观众也许会有不同的看法,但是对于其用于证明观点的材料,制作人必须保证其真实准确,否则全片立论就会站不住脚。

3. 通俗性

政论片运用多种电视手段,把深奥的道理浅显化。把抽象的理论通俗化,使受众看得懂,易于理解。

4. 审美性

政论片语言凝练,逻辑性强,内容生动,形象感人,画面造型优美,剪辑符合逻辑。解说词撰写时要特别注意解说词的深入浅出,融理论观点于适合画面表达的解说之中。做到"理"入画出,"声"入情出,让电视画面为理论观点服务,从而使观众在审美需求得到满足的同时也接受政论片的思想观点。

毋庸置疑,电视政论片是对"形象化的政论"最好的阐释。20 世纪 80 年代以来,许多优秀的电视政论片在社会上引起了极大的反响,电视界也一度掀起了电视政论片创作的热潮。20 世纪 80 年代末 90 年代初,电视政论片的创作达到了巅峰,其社会影响力也达到了最大化,这一时期的代表作有《让历史告诉未来》、《河殇》、《世纪行》等。近年来,随着电视纪录片创作观念的转变和其他种类电视纪录片的崛起以及受众审美心理的变化,电视政论片的创作热潮和影响声势有所减弱。而由于在创作中越来越多地采用了纪实手法,一些电视政论片也开始逐渐向电视文献纪录片靠拢,虽然对有一些政论片而言仅仅是换了个名称。

(二)电视文献纪录片

在电视文献纪录片出现之前,在纪录电影里就已经有文献纪录片了。在纪录电影领域,对文献纪录片的定义如下:文献纪录片(西方称为汇编纪录片)是指利用以往拍摄的资料片(有时辅以适当的新拍摄的素材)编辑而成的纪录片。文献纪录片以表现历史事件为主,在很多国家甚至已成为写作历史的手段,可以说,文献纪录片是构成一个国家、一个民族乃至全人类的影像历史的一个重要组成部分。进入 90 年代之后,随着纪录片创作理念的变化,我国电视纪录片创作进入了一个繁荣时期,1993 年摄制的电视纪录片《毛泽东》是电视文献纪录片的开山之作,从此电视文献纪录片得以登堂入室,走上荧屏,迅速发展成为一个新的纪录片类型。近年来,一些大型电视文献纪录片在电视上播出后,引起的社会反响甚至比电视剧还热烈。

所谓电视文献纪录片,就是利用电视的多种表现手段,对重大的历史事件、历史人物或某一个阶段的历史发展进程进行多角度、多侧面、多层次、全方位的回顾、审视和观照的一种具有独特风格样式的电视纪录片。所谓文献,是具有历史价值或参考价值的资料。因此,电视文献纪录片不仅具备电视纪录片应有的审美愉悦价值,而且要具备文献价值。

电视文献纪录片与电视政论片的区别在于:电视政论片是思想本位的纪录片,而电视文献纪录片则是历史本位的。电视文献纪录片与电视历史纪录片的区别在于:电视文献纪录片主要是对当代史和现代史的宏大叙事,体现主流意识形态的历史观,具有鲜明的政治色彩。而电视历史纪录片则多以远古的历史为创作题材,意识形态色彩不如电视文献纪录片浓厚。

在目前的技术条件下,从制作角度和取材角度来说,电视文献纪录片与电影文献纪录片并没有本质上的不同,电视文献纪录片也要充分利用以往拍摄的影像资料,并且要拍摄大量的新的素材,按照事先拟定的主题,完成对历史的宏大叙事,最终以影像历史的形式与受众见面。只是由于成本和制作上以及播出上的原因,电视文献纪录片可以做得比较长,以多集连续的形式播出,容易引起较大的社会反响,而电影文献纪录片由于走的是院线发行渠道与观众见面,因而其影响力不如电视文献纪录片。实际上,作为主旋律中重大革命历史题材的一部分,无论是电视文献纪录片还是电影文献纪录片,近年来都以其出人意料的票房和居高不下的收视率,成为影视创作中一道独特的风景线。

例如,1996 年在全国影院公映的反映抗美援朝战争的电影文献纪录片《较量》,竟在当年的电影市场上大出风头,在当年的国产片中票房收入排名第二。一部以资料汇编为主,没有多少娱乐性的纪录电影居然受到广大观众欢迎,这让很多业内人士始料不及,随后发行的纪录影片《丰碑》、《周恩来外交风云》都取得了不俗的票房业绩。1997 年年初,十二集电视文献纪录片《邓小平》在中央电视台连续播出,在社会上反响热烈。有学者称该片是"从一个人看一部党史",随后该片很快在中央电视台回放,甚至连香港的电视媒体也多次播出该片。而在新世纪中,像《潮涌东方》等一批大型电视文献纪录片的热播,也充分说明了电视文献纪录片的历史价值与深远意义。

从创作角度来看,电视文献纪录片首先要尊重历史和真实,真实地记录、反映历史,并以新颖、多样的艺术表现形式营造尽可能强的可视性,以生动和富有表现力的手段把历史再现于屏幕,从而给受众以审美享受和思想启迪。注重纪实风格、多角度深层次地反映历史、细节描写以小见大、多种结构形式及信息新颖、具有揭密性等是近十年来优秀电视文献纪录片的突出特点。而电视文献纪录片在艺术表现手法上主要有访谈、选用历史文献资料、使用历史遗迹、真实再现、现实时空和历史时空交替呈现等方式,这形成了电视文献纪录片独特的艺术风格,也是观众观赏电视文献纪录片时的审美认同基础。

如若进一步细分,电视文献纪录片主要有历史事件类电视文献纪录片(如《从一大到十五大》、《共产党宣言》、《新中国从这里走来》、《半个世纪的回响》等)和历史人物类电视文献纪录片(《毛泽东》、《邓小平》、《周恩来》、《刘少奇》等)两大类型,在此不再深入阐述。

(三)自然类电视纪录片

自然类电视纪录片是指以反映自然状况和自然科学研究为题材的电视纪录片,也可称之为电视科学纪录片。其主要包括以下两大类:记录自然生态环境状况的电视纪录片(以野生动植物、地址、地貌、自然景观、天文现象为主要内容)和记录人类在自然科学领域活动的电视纪录片。与纯粹以传播知识为目的的科教类电视节目不同的是,自然类电视纪录片的落脚点是人类本身,要么通过自然及野生动植物来观照自身的存在,成为反观自身的"生存之镜",唤起人类对生命的重视和对自然的热爱;要么通过人类对未知领域(自然科学)的探索,实现对人类自身伟大力量和人性的本质的深层的理解,从而通过对人类命运的认同,产生对电视纪录片的审美愉悦。

自然类电视纪录片的摄制,需要相关领域的自然科学知识和专家学者的支持,同时也是摄影手法和制作特技的完美结晶,在反映自然生态环境状况的纪录片的摄制中这一点尤为明显。这一类题材的自然类电视纪录片要求尽可能地靠近被摄动物,这就要求必须依靠各种拍摄器材来实现自己的预想。例如近年法国纪录片导演雅克·贝汉制作的《迁徙的鸟》,就是这样一部佳作。

在该片摄制过程中,使用了人类所制作的各种摄影器材。大量独创的技巧和特殊设计的摄影机的运用可以使拍摄者从各个方位靠近鸟类,滑翔机和三角翼飞机可以很方便地近距离甚至是零距离拍摄迁徙中的鸟群。该片还运用了动画合成的方法,以实现视觉上的突破,营造一种令人震撼的美感。在长达三年的拍摄中,摄制组得到了法国科学研究院有关专家专业上的支持,对于要拍摄鸟类的种类,它们的生活习性、迁徙路线都有了详细的了解,从而完成了这部反映鸟类生活的史诗般的作品。

自然类电视纪录片要求有故事化的叙事,在叙事中体现对个体生命和人类伟大精神的观照,并通过故事化的讲述方式,增加可视性,保持观众对片子的兴趣。在故事化的叙事背后,体现的是自然类电视纪录片的人文关怀,及对人类自身命运和对自然、生命的深刻了解。

(四)商业性电视纪录片

商业性电视纪录片是指以商业化方式运作的纪录片。这种商业化方式贯穿纪录片的策划、摄制、播出、发行的全过程,以最终取得利润为目的。在成熟的环境下,商业性电视纪录片的播出平台是专门的纪录片收费频道,例如美国的发现频道和国家地理频道。

由于海量的播出需求,商业性电视纪录片的制作是以一种类似与工业化流水线生产的作业方式,在规定时间内完成,同时,完成的产品也具有统一的包装、风格、长度。商业性电视纪录片天然是"主题先行",否则就不能应付巨大的播出压力和对作品统一的"质量要求"。

商业性电视纪录片的最突出特点就是以给观众提供娱乐为直接目的。在我国,由于现实条件的制约,专门的、收费的纪录片频道还没有出现,但是具有商业性电视纪录片征兆的纪录片栏目已经出现,这就是中央电视台的《探索·发现》栏目。2003 年,《探索·发现》栏目提出了"娱乐化纪录片"的理念,明确提出,要拍观众喜欢的纪录片。所谓娱乐化纪录片,《探索·发现》的解释是知识娱乐化,把历史地理、自然科学等内容用讲故事的解说方式呈现给观众,利用所有可能的电视手段进行表现。比如用扮演的手法完成历史的重现,加之相关人物的访谈与动画特技,表现手法甚至比故事片更加充分,更加"无边界"。《探索·发现》认为,这不仅仅是手段的创新,更是理念的创新。这种创新,实际上就是要走商业性电视纪录片的路子。这一理念迅速得到观众的认同,据中央电视台调查,《探索·发现》在栏目满意度上一直高居中央电视台所有栏目之前列。《探索·发现》目前在科教频道(CCTV-10)和中文国际频道

(CCTV-4)的收视率也均名列前茅。这意味着中国商业性电视纪录片广阔的市场前景,被业内人士称之为"中国电视行业的最后一桶金",这实际上是中国电视界对 Discovery、National Geographic Channel 等国外商业性电视纪录片冲击中国电视市场的回应。商业性电视纪录片,这个除电视剧、新闻、体育、娱乐之外的最后一份电视商业大餐也进入了业界和大众的视野,《探索·发现》甚至自信地宣称,要从国外商业性电视纪录片手中夺回属于中国人的话语权。在该栏目的示范与激励下,在商业性电视纪录片领域,越来越多的中国电视人投入了进来,成熟化和规模化的中国商业性电视纪录片现象值得业界和学界的进一步关注和期待。

(五)电视历史纪录片

电视历史纪录片,是指以远古的历史为题材的纪录片。电视历史纪录片与电视文献纪录片的区别在前文已经谈到,它少于意识形态色彩而富于审美和知识性。中国的悠久历史蕴藏了无数的纪录片选题,电视历史纪录片的创作在近年来也处于繁荣状态。电视历史纪录片实际上是以纪录片的形式反映当代人对历史的看法,体现出学术界最新的研究成果和历史观念,由于历史本质上也属于"人学",因而用电视纪录片的形式表现历史是合适的。可以这样说,现实题材的纪录片表现的是当代人的生活,而电视历史纪录片表现的是已经逝去的我们的祖先的生活,是一个民族对自己过去的集体记忆。

作为纪录片,电视历史纪录片也需要处理好审美和知识性之间的关系,首先要让受众产生审美愉悦,进而对片子产生认同感,通过对历史的观照,实现对人的本质的深层理解。这一点关系到电视历史纪录片创作的成败。

中国历史上下五千年,我们的先人为我们留下了浩如烟海的史料,这些史料成为我们今天纪录片创作的绝好题材。但是,留在我们面前的史料绝大多数是枯燥的文字、档案、器物、遗址等并不鲜活的材料,对于历史研究是足够的,但是对于纪录片创作就远远不够了,毕竟电视历史纪录片不是将历史学简单地搬到电视上。面对这一问题该怎么解决呢?历史是对古人活动的记录,因此,选择古人生动的故事,把它们与史料结合起来,使枯燥乏味的历史记录成为一个个生动的故事,是电视历史纪录片创作的一个重要的手法。这样可以充分发挥电视长于叙事和表现过程的优势,并进一步营造审美的空间。因为古人和今人还是有共通之处的,这是"物我同构"的基础,电视历史纪录片可以使我们通过古人、通过历史来实现对自身的观照。在电视历史纪录片的创作中,讲故事的策略有真实再现、扮演、设置悬念、引用诗词等。下面,我们以最近播出的两部电视历史纪录片《寻找失落的年表——夏商周断代工程》和《清宫秘档》为例,来看一看这些策略的具体运用。

《寻找失落的年表——夏商周断代工程》是一部讲述我国史学界重大课题——夏商周断代工程的电视纪录片,在这部纪录片中,我们可以看到创作者熟练地运用了各种讲故事的策略,将一个复杂深邃的庞大的社科工程讲得趣味盎然,可谓匠心独具。而扮演的策略在该片中多次被运用:例如,"桐叶封侯"对确定西周早期的纪年很重要,编导就通过演员幽默夸张的表演向观众讲述了这个典故,类似的扮演例子在片中比比皆是。编导在第一集的末尾还引用了《诗经》中《黍离》一诗的有关诗句,使我们与几千年前的古人发生了情感上的共鸣。另外,《寻找失落的年表——夏商周断代工程》讲述了参加该工程的现代学者在研究探寻中的故事,我们不难看出,过程化的叙事——无论是古代的事还是现代刚发生过的事——是该片成功的关键。与之相对比的是,2004年9月在中央电视台播出的纪录片《清宫秘档》则在叙事方面存在较多的问题,最大的问题是没有把历史讲"活",没有故事化的情节。解说词写得很完整,可以独立存在,像是有关历史知识的文章。由于上述缺憾,使得画面的表现力大受影响,我们看到的画面除了各种档案就是故宫的空镜头,其效果可想而知。

有的电视历史纪录片也具有商业性电视纪录片的特点,甚至有的电视历史纪录片就是按照商业化方式运作的。因此,这两类纪录片是有所交叉的。

(六)电视观点纪录片

近年来,随着电视纪录片创作观念的发展,一部分纪录片创作者在超越"纪实"和"再现"等传统理念上做了有益的尝试,对纪录片的纪实观念有所突破,开创了一种"主观表现"的纪录片形态,这就是电视观点纪录片。电视观点纪录片创作的代表人物是张以庆,他近年来创作的一系列"另类"纪录片如《英与白》、《舟舟的世界》、《幼儿园》等,给业界和学界带来极大的冲击,宣告了电视观点纪录片在中国的诞生。

所谓电视观点纪录片,就是指一种阐释创作者主观概念的电视纪录片,是对一种特定思想、概念进行纪录和阐释的电视纪录片类型。以《英与白》为例,《英与白》与我们耳熟能详的一般意义上的纪录片不同,没有大段的跟拍、长镜头和采访,既没有解说词,也没有大篇幅的同期声和采访。相反,却用了大量的主观性很强的剪辑。因此,有人认为,这部片子是剪出来的,而不是拍出来的。的确,在后期制作中,作者运用了大量的"主观"来阐释呈现的"客观",这是对传统的"纪实"观念的反叛。格里尔逊曾说过:纪录片是"对现实的创造性解释"——《英与白》使我们重新认识到了这一点,即创造性地解释现实,以主观的存在形式反映社会存在。《英与白》从表面上看,是对"英"和"白"的孤独生活状态的记录,实际上是通过这种记录,阐述创作者对"孤独"这一概念的理解,"英"和"白"实际上是阐述这一概念的符号和载体,电视机则是代表喧嚣的外界的另一种符号,它的存在,是对"英"和"白"阐述"孤独"这一概念的符号作用的强化和反衬。《英与白》的全片,就是表达作者对"孤独"这一概念的阐述和理解。

李洪涛在《中国电视纪录片创作理念的演变及其论争》一文中指出,纪录片主观表现的三大特征:(1)符号语言的运用。较多地运用暗示、象征、对比、强化、隐喻等符号语言、修辞手段寄寓个人的情思,抒发创作者的主观情感。(2)寄寓深刻含意。创作者赋予客观存在的事物以深刻的含意,具有较强的可读性,进而激发观众的联想,引发观众再创作的能力。(3)理性观念被印证。创作者选择和记录的事物化作创作者的主观思想,是创作者个人判断被印证、被阐述的过程——这也就是电视观点纪录片的特征。

张以庆在谈到《英与白》的创作经过时指出,当时他想拍这一题材的原因是:"白"的生存状况与理念和他很类似,张以庆坦陈:"大部分时候我是孤独的。"孤独,使张以庆找到了"英"和"白"这个题材,而"英"和"白"也成了张以庆表达"孤独"这个概念的符号和载体。封闭的笼子,封闭的空间,刺耳的音响,沉默的女人,以及不知道自己孤独的熊猫,所有这些符号都阐释了孤独这一概念,这就是张以庆对现代社会中人内心"孤独"的理解。

在世界电影史上,蒙太奇理论的创始人爱森斯坦就曾提出过"思想电影"的概念。他认为,蒙太奇可以表达思想。从这个意义上讲,"电视观点纪录片"并不是一种全新的概念,它和"思想电影"是有一定继承关系的,是"思想电影"这一观念在电视纪录片领域的运用。与"思想电影"相同,"电视观点纪录片"也是通过对素材的大量剪辑以及蒙太奇手法的运用,阐述作者想要表达的一种思想、一种概念。在这个过程中,纪录片本身记录的客体则成为表达这种思想、概念的符号和载体,作者通过赋予客体特定含义来完成这种表达。这使电视观点纪录片呈现出与传统电视纪录片截然不同的、非常"主观"的外部特征。在某种程度上,电视观点纪录片对"主题先行"这一观念有所突破,但它同时也不完全是"主题先行"。因而,电视观点纪录片的创作理念必将会对电视纪录片制作的创新和突破产生深远的影响。

三、纪实型电视纪录片

纪实型电视纪录片是电视纪录片的一个重要组成部分,长期以来被奉为纪录片的正朔。与专题型电视纪录片不同的是,纪实型电视纪录片排斥"主题先行",强调对现实生活的"纪实"。纪实型电视纪录片在开始创作时,并没有一个支配一切的"主题",没有一个先入为主的观念去指导创作。它强调在创作中去发现,排斥一切非纪实的创作手段,先在生活中采集到足够的素材,并在采集素材和后期制作中形成主题,提炼思想。"纪实"既是纪实型电视纪录片的一个重要的创作手段,也成为纪实型电视纪录片独到的美学风格,从而给观众提供了与宣传性和主题性很强的专题型电视纪录片截然不同的审美愉悦。纪实型电视纪录片直接以人和人类生活为对象,与观众存在更为紧密的统一性,更容易达到主客同构,从而使观众进入审美的高峰体验。对人类而言,这类电视纪录片是更直接、更本质意义上的"生存之镜"。

纪实型电视纪录片大致可分为人物类电视纪录片、人文类电视纪录片、人类学电视纪录片、调查类电视纪录片和电视口述历史纪录片五大类。

(一)人物类电视纪录片

所谓人物类电视纪录片,就是反映普通个体生存状态的电视纪录片。这类纪录片以贴近生活、贴近百姓而受到了广大观众的欢迎,"讲述老百姓自己的故事"是人物类电视纪录片的独特优势和突出特点,可谓观众自身的"投影"和"再现"。人物类电视纪录片的繁荣与中国政治环境和中国电视变革有着密切关系。在当代中国,电视媒介长期以来被视为意识形态的宣传工具,以完成主流意识形态的宏大叙事为己任,升斗小民在电视里是没有足够位置的,他们在电视媒介里出现仅仅是为阐释某种概念而存在的、一个抽象化的符号。只有中国社会进入了一个世俗化的市民社会之后,普通老百姓才有可能在电视里占有一席之地。自我国改革开放以后,话语控制权的放宽和普通人个人意识的觉醒,则为这种现象的出现提供了空间,这就导致了人物类电视纪录片的出现和繁荣。由此可见,社会大环境的变化是人物类电视纪录片出现的前提和条件。

人物类电视纪录片的主要特征是以普通人物个体的命运为纪录片出发点和归宿。社会大环境仅仅是作为人物生存的背景而存在的,主要在纪录片中起到舞台和布景的作用,而不是纪录片要反映的主体——这就是人物类电视纪录片与人文类电视纪录片的主要区别,人物类电视纪录片更强调将镜头对准日常生活中常态的人。

在具体的创作中,人物类电视纪录片主要运用纪实的创作手法,力求尽可能真实客观地反映人物的命运;在选题的斟酌上,人物类电视纪录片通常选择普通人、普通事,将个体对生活的理解呈现给观众,为社会提供一部由小人物构成的微观的影像历史。因此,理想的人物类电视纪录片可谓之为"一部用普通人的话语书写的、民本化的影像历史"。

人物类电视纪录片从 20 世纪 80 年代开始兴起,目前已成为电视纪录片中影响较大、数量较多的一个片种。20 世纪 80 年代早期的代表作品有《雕塑家刘焕章》;到了 20 世纪 90 年代,随着业界创作观念的进步,许多电视纪录片创作者开始自觉地将纪实理念付诸创作实践,出现了一大批优秀的人物类电视纪录片和人物类电视纪录片栏目,其中的代表作品有《茅岩河船夫》、《毛毛告状》、《女特警雷米》、《侯家家事》,代表性的栏目有中央电视台《东方时空》栏目的子栏目《百姓故事》。

(二)人文类电视纪录片

人文类电视纪录片是以某一类人群或某一地域人群的生存状况及其物质文化生活等社会活动为题材的纪录片。

人文类电视纪录片与人物类电视纪录片的相同之处在于两者都反映了普通大众的生存状况,两者的表现主体也都是"以人为本"。两者的主要不同之处在于:人物类电视纪录片的内容是反映普通个体的生存状态;而人文类电视纪录片则是全景式地反映某一类人群或某一地域人群的生存状况。如果说人物类电视纪录片相当于用 85 毫米人像镜头给某一个单独的个体拍一张特写照片的话,那么人文类电视纪录片就好比用 28 毫米广角镜头拍摄某一特定人群的全景照片,以此反映社会的变迁。

人文类电视纪录片与电视历史纪录片的主要不同之处在于:人文类电视纪录片反映的是当代人和当代社会的现实生活,讲求"同步记录";而电视历史纪录片反映的则是历史上的人类的活动。当然,今天的人文类电视纪录片,到了明天就是历史的一部分,但这并不意味着随着时间的推移,人文类电视纪录片会成为电视历史纪录片。今天的人文类电视纪录片可以为明天的电视历史纪录片提供一部分素材,但是,人文类电视纪录片在任何时候都不可能成为电视历史纪录片,这是由于电视历史纪录片是当代人对历史的回忆和思索。

另外,人文类电视纪录片是以反映主体人群的生存状态和强势文化、主体文化为主要宗旨,它不以反映正在消失和已经消失的文化和民族的生活为目的,这是人文类电视纪录片与人类学电视纪录片的主要不同之处。

人文类电视纪录片在中国出现有其深刻的社会背景和专业因素。在改革开放的大环境下,随着在中国电视逐渐走向成熟,一些全新的电视观念和思维方式如纪实、平民观念、平民视角等开始影响创作实践,并产生了积极成果。另外,国外的一些电视理念和节目制作方式对中国电视界也产生了较大的影响(最早可以追溯到与日本合作拍摄《丝绸之路》之时),到了20世纪90年代初期便开始在国内的电视实践中开花结果,成果之一就是《望长城》。

20世纪90年代初期,一部与往常不大一样的"电视专题片"使中国电视观众耳目一新,这就是《望长城》。当电视业界和观众已经习惯了按照《话说长江》的模式去摄制和欣赏人文题材的电视节目的时候,忽然发现了《望长城》这部与以往完全不同的纪录片。这部片子不再从宏观的视角来看待长城和长城沿途的人群及其生活,而是采取了纪实手法,用主持人的个人的眼睛来看待途经的一切,向观众表达自己心灵的感悟。从此"纪实"成为纪录片创作者一种本能的意识。《沙与海》、《八廓南街16号》、《龙脊》、《远在北京的家》、《铁路沿线》等作品是近年来人文类电视纪录片中的扛鼎力作。

(三)人类学电视纪录片

人类学电视纪录片是运用影视手段,以反映正在消失和已经消失的文化和民族的生活为目的的电视纪录片。随着电影技术的诞生,一些人类学家发觉:这种新的影像记录技术在田野调查、教学研究和保存异文化模式方面具有文字所无法望其项背的表现空间和优势,由此人类学纪录片因此得以应运而生。最初的人类学纪录片只不过是人类学研究的附带产物,旨在研究人类学和体现人类学研究成果,是人类学家出于研究目的而在田野调查中对考察对象的纪录,只是一些个别的影像素材。随着时代的发展,一些人类学家将自己拍摄的影像素材剪辑成纪录片播放,从而宣告了人类学电视纪录片的正式诞生。人类学电视纪录片影响的扩大又吸引了一些专业的纪录片工作者投身其中,人类学电视纪录片逐渐成为了一种重要的纪录片类型。按照影视人类学有关专家的观点,人类学纪录片大致可分为以下三类:(1)供研究用的纪录片段;(2)用于人类学课程的教学片;(3)供电视传媒播放或学术交流的具有完整结构的作品。从电视节目类型界定的角度不难发现,只有第三类人类学纪录片才有论述意义。

需要指出的是,人类学电视纪录片不是人物类电视纪录片,也不是人文类电视纪录片,它与这两类纪录片在本质上的不同是:人类学电视纪录片所拍摄的对象对于制作者和受众而言是异文化和异民族,反映的是他们的文化和生活,而前两类纪录片是对自身生存的观照。简言之,我们所作的一切定义和分类都是从中国电视和中国主流文化这个"参照系"出发的。

回顾纪录片发展史,我们就会发现人类学纪录片在纪录片家族中占有的重要地位。人类学纪录片发轫于 20 世纪初,弗拉哈迪的《北方的纳努克》是纪录片的开山之作,也是人类学电视纪录片诞生的标志。早期的人类学纪录片受人类学学科的影响较大,美学要服从于人类学的科学要求,直到 20 世纪 50 年代之后,这种情况才有所改变,人类学纪录片中的人类学色彩在逐渐减少,而纪录片美学的成分在加大。中国辽阔的疆域、丰富的文化和众多的民族为人类学电视纪录片的创作提供了丰富的源泉,但是,从中国电视发展的历史来看,中国电视界的人类学电视纪录片创作起步却并不算早,20 世纪 80 年代初中国电视人才刚刚开始真正意义上的人类学电视纪录片的创作。经过数年积累,90 年代后开始异军突起,以《最后的山神》、《神鹿啊神鹿》、《藏北人家》为代表的一系列中国人类学电视纪录片在国际上频频获奖,人类学电视纪录片在中国的创作也进入了一个高峰时期。

由于人类学电视纪录片的独特作用,人类学电视纪录片因此也被一些学者认为是"记录正在消失的文化和历史"的影音文本。

(四)调查类电视纪录片

调查类电视纪录片是运用调查采访的手段,对已经发生但内情尚未详尽披露的重大事件以及某一社会问题、社会现象进行深入挖掘和记录的纪录片。

调查类电视纪录片同调查性新闻深度报道有相同之处,也有不同之处。两者的主要不同之处在于:调查类电视纪录片对时效性没有要求,而调查性新闻深度报道则要求有时效性。调查类电视纪录片讲求情节结构,讲求悬念的设置和故事化、情节化叙述,在表现手法上吸引受众,更具艺术性和欣赏性。调查性新闻深度报道则要求节奏紧凑,没有情节化和故事化的要求,在叙事技巧上也不作过多要求。两者的主要相同之处在于:调查对象都是社会问题或重大事件,调查的目的都是披露事件内幕或寻求问题的解决;在采访环节上都要求深入采访、深入挖掘、认真研究。从传播的社会效果来看,这两种节目都能引起较大的社会反响。

调查类电视纪录片的最大特点是以纪实的手法客观记录创作者调查的全过程,它是一种对社会问题主动发现和揭露的纪录片,真实和客观是它的力量和生命之所在。在国内,调查类电视纪录片兴起于 20 世纪 90 年代中期。调查类电视纪录片是电视纪录片进一步发展、细化的产物,近年来,调查类电视纪录片题材范围有所扩大,亦涉及了人与自然方面的题材,如 2004 年中央电视台在《探索·发现》栏目播出的纪录片《深湖魅影》。[①]

(五)电视口述历史纪录片

电视口述历史纪录片是以事件亲历者的口述为基础,并以这种同期声为主要创作手段和传播符号的一种纪录片。电视口述历史纪录片是一种新型纪录片,其代表作有中央电视台制作的《百年小平》,以及法国导演克罗德·朗兹曼制作的关于第二次世界大战希特勒屠杀犹太人的纪录片《浩劫》等。

2004 年 8 月,中央电视台播出了电视口述历史纪录片《百年小平》,这标志着电视口述历史纪录片在中国正式出现。下面结合《百年小平》一片,来分析一下电视口述历史纪录片的特征。

电视口述历史纪录片的第一个特征是:同期声是全片的中心和主要传播符号,画面、解说词围绕同期声为其服务,同期声承担全片的叙事和传递信息以及结构全片的功能。在《百年小平》一片中,我们不难发现,每一集的绝大部分都是由同期声构成,画面的绝大部分也是由口述者在镜头前讲述的近景或特写构成,甚至连插画面都很少,最大限度地保持了同期声的完整性,解说词也寥寥数语,可以说是少到了最低限度。在该片中,解说词是为同期声服务的,就解说词与同期声的关系而言,解说词主要起了引导、强调、过渡、转场、承接、概括的作用,创作者将解说词置于同期声补充这一地位,可以说是"为同期声而写"。总之,解说词相对于同期声而言,降到了相对次要的位置,成了同期声的配角,解说词上贴的画面在片中所占的比重也较小。对于每一集主题的阐述都主要由事件亲历者的口述,即同期声来完成,这同时也完成了对事件的讲述和信息的传递;而且,对于不同同期声的编辑和组接,构成了每一集清晰的叙事逻辑和结构主线,从而完成了结构片子的功能,当然,解说词也起了一定作用。

电视口述历史纪录片的第二个特征是:能够最大限度地接近、还原历史和生活的真实,形成独特的纪实风格,将创作者主观因素的影响降到最小,淡化纪录片的主观色彩。口述历史的一个突出的特点和优点是创作者与历史事件的亲历者直接接触,从而保证收集到的第一手资料更接近于历史事实的真实。

[①] 赵淑萍:《国外电视纪录片的发展趋势》,选自单万里主编的《纪录电影文献》,中国广播电视出版社,2001 年版,第 637 页。

由于电视的纪录功能是其他媒介所难以企及的,通过电视手段收集到的口述史料就更容易接近历史的真实。另外,历史事件亲历者口语化的叙述形式具有真实性、细节性、故事性的特点,非常适于用电视手段来纪录和反应,这对于电视来说又是一大优点。在电视口述历史纪录片里,大历史事件中细节的真实,对观众而言增加了片子的真实感和趣味性,对相关专家来说则有一定的文献研究价值,也为后人留下了一份宝贵的史料。在《百年小平》中,原中共中央对外联络部部长李淑铮、原中国大百科全书出版社副社长阎明复讲述了邓小平提出科学技术是第一生产力和社会主义可以搞市场经济等重要观点时的历史细节,这些细节都是片子的闪光点,增加了该片的真实感,更具有历史文献价值。大量的当事人完整的口述,使电视口述历史纪录片形成了独特的纪实风格。

电视口述历史纪录片的第三个特征是:从普通人的角度去观照事件和人物,用口语化的语言完成对事件和人物的叙述。这样处理既尊重历史事实,又符合口述历史对口述者平民身份的要求。

当然,电视口述历史纪录片的创作也有许多问题需要解决,例如,能不能将访谈、演播室对话、讨论等形式引入电视口述历史纪录片的创作? 相信随着电视口述历史纪录片创作的进一步展开,这些问题在实践中会逐步得到答案,电视口述历史纪录片这一新型纪录片也会得到不断的完善和发展。

第四节 电视纪录片的三个热点问题

近年来,随着电视纪录片业界实践的日渐丰富,学界对电视纪录片的理论研究也取得了长足进展,一些热点问题引起了学界和业界长时间热烈探讨、争鸣。在这些问题中,与电视纪录片分类有关的问题主要有以下几点:(1)关于"真实再现";(2)电视纪录片真实性的"底线";(3)关于 DV 纪录片;(4)纪录片栏目化、市场化和国际化问题。

一、关于"真实再现"

近年来,在电视纪录片创作中出现了一股"真实再现"(即扮演)的热潮,在很多题材的电视纪录片尤其是历史题材的电视纪录片中,"真实再现"的手法被大量运用,有人称它为"创举"和"突破"。北京广播学院教授任远在《现代传播》2002 年第 6 期发表了《非虚构是纪录片最后防线:评格里尔逊的"创造性处理"论》一文,该文从纪录片真实性的角度出发,对这种"真实再现"提出质疑,指出非虚构是纪录片最后防线,认为纪录片的定义就决定了纪录片不允许虚构;也有的论者以"真实再现"划线,将纪录片展现的现实区分为"观察的现实"和"体验的现实",并据此认为,"真实"是不可能"再现"的,"真实再现"只是对于已经消失在镜头前的"真实"提供历史的"可能性"。实际上,简单地否定或肯定都是不可取的,作为一种创作手法,"真实再现"是可以用于电视纪录片创作的,但是对它的运用范围和具体表现手段都要做严格的限定,这不仅牵涉到纪录片真实性的问题,也涉及到电视纪录片同虚构性电视节目划清界限的问题。另外需要强调的是,真实是无法再现的,"真实再现"并不是对"真实"的再现,而是对于已经消失的、曾经确实发生过的"真实"提供影像叙述。

在题材上,"真实再现"主要应该运用于电视历史纪录片上,而且在时间上应该离现在较远,在具体手法的处理上应当做到以下几点:(1)在同一部作品中,扮演、重构部分的比例不能超过纪实的部分。要充分运用文物、遗址、实物、文献等进行阐释和佐证,扮演、重现只能起到一定的辅助作用。(2)"真实再现"所运用的手法,应该"宜虚不宜实"。主要方法有"细部蒙太奇",即用扮演者的局部形象组合来引发观众的联想;用影子等来反映被表现的主体;用数字动画技术等方法来模拟历史上的实际情况,以完成"真实再现",切忌出现扮演者的正面形象。(3)"真实再现"必须向观众作出明确说明。至于以现实生活为题材的纪录片,要切忌不能轻易运用"真实再现",以免观众质疑作品的真实性,在这一点上,非虚构是现实题材纪录片的底线。如果在现实题材的纪录片中大量、无原则地运用"真实再现",势必会削弱电视纪录片的本质属性,混淆虚构性和非虚构性电视节目的界限,从而动摇乃至否定纪录片存在的价值,这是不可取的。

总之,"真实再现"应该仅限于电视历史纪录片中使用,以弥补影像资料的匮乏。由于观众对"真实再现"的影像素材的性质很清楚,因而不会影响纪录片的真实性问题。而在现实题材的纪录片中,如果不加说明,观众就不容易分辨影像素材的真伪,即使加了说明,观众也会对片子的真实性存有疑问,从而使整部纪录片的真实性打了折扣。因此,"真实再现"应该慎用,而绝不可滥用,以划清电视纪录片和虚构性电视节目的界限。

二、电视纪录片原则的"底线"

近年来,学界对电视纪录片真实性的问题有了进一步的探讨,深化了对电视纪录片真实性的理解,了解这些新探讨和新进展,无疑对电视纪录片的分类研究大有裨益。

中国传媒大学学报《现代传播》2004年第五期刊登了南京航空航天大学新闻传播学系教授肖平的一篇文章《纪录片原则的起点与终点——关于纪录片制作"道德问题"的思考》,该文认为,纪录片制作的"道德问题"是一个纪录片的美学原则问题。电视纪录片的制作与其他类型的影视艺术形式的最大不同在于,尊重事件的本来现场形态和面对观看者的诚信态度,这就是纪录片制作的"道德问题"。这也是巴赞提出表现对象的真实、时间与空间的真实和叙事结构的真实这三项纪录片基本原则的原因。该文由此认为,纪录片制作的"道德问题"不仅是一个创作理念问题,而且是纪录片艺术形式的起点与终点。不难看出,作者强调的电视纪录片制作的"道德问题",实际上是要求纪录片创作者尊重事实,尊重观众,以诚实的态度进行创作而不是欺骗观众。说白了,就是要坚持真实性原则,只不过在这篇文章中作者把这个原则提到了道德高度。作者认为,这一原则是对纪录片本性的守望,甚至是坚守纪录片本质的防线。除了"真实",纪录片还应该遵循"真诚"的原则,这是对电视纪录片和纪录片创作者的一场考验。

这篇文章将纪录片的美学原则与纪录片制作的"道德问题"联系了起来。作者强调,纪录片面对事件必须是尊重事件而不是改造事件,纪录片告诉观众的应该是事件本身而不是事件以外的观点。基于这种认识,作者在文中指出了因表现形式与影视语言运用不当而造成的纪录片道德问题的几种主要情况。如滥用影视手段,改变视角来表现事件,"引诱"观众注意他希望人们注意的事件,而没有考虑这些手段对事件现场的改变和虚构。还有对"真实再现"和采用扮演手段的认识,作者认为,所谓"情景再现"或者通过人去演绎一个事件的过程,都是对事件的不尊重,是对观看者的一种欺骗。

作者经过上述分析,认为必须警惕纪录片表现形式多样化对纪录片"创作基本原则"的冲击,应该警惕影像纪录的泛化,因为当一切"皆成纪录片"时,就是纪录片消亡之时。作者希望确立原则,以区分纪录片与伪纪录片,坚持"诚信",以繁荣纪录片创作。应该说,作者的这种观点对本书之于电视纪录片的类型界定研究是具有积极意义的。诚然,影像纪录的泛化和电视纪录片创作手法在其他电视节目中的运用,可能会造成电视纪录片概念的扩大以及电视纪录片外延的扩大,但未必会抹煞电视纪录片的本质特征,也不会造成电视纪录片的认同危机。因为按照肖平教授的观点,创作出来的电视纪录片实际上是本文所说的纪实型电视纪录片。只要我们坚持电视纪录片创作的客体的非虚构这一原则,就可以将电视纪录片与其他类型的电视节目区分开来,而不必担心电视纪录片淹没在其他电视节目的汪洋大海之中。因此,只要我们坚持非虚构这一纪录片原则的"底线",就可以为我们的电视纪录片类型研究奠定坚实的基础。

三、关于 DV 纪录片

DV 纪录片是指运用便携式业余 DV 摄像机摄制的纪录片。严格地讲,我们并不能因为制作设备的不同而将纪录片划分为 DV 纪录片和非 DV 纪录片,摄像机不是我们划分纪录片的依据。在本章的纪录片分类体系中,并不存在一个独立的"DV 类纪录片"。之所以提出 DV 纪录片这个问题,是因为 DV 纪录片作为一种非主流的个人叙事手段,有其自身鲜明的个性色彩,那就是独立、个人、民间。

这种具有制作者个人鲜明色彩的 DV 纪录片并非全新事物,在 DV 摄像机诞生以前,8 毫米电影摄影机和 20 世纪八九十年代的 VHS 格式家用摄像机是较为常见的民用摄影摄像设备,当时就有一些民间人士和影像爱好者运用这些设备拍摄过自己的作品,这可以视作 DV 纪录片的前身。只是由于当时的技术和经济条件的限制,这些设备并不像今天的 DV 摄像机这么普及。如今这些不利因素都已消失,一个轰轰烈烈的 DV 时代伴随着新世纪的曙光终于拉开了序幕,短短几年,DV 纪录片迅速发展壮大,以"另类"的姿态引起了纪录片业界和学界的关注。近几年来较有影响的作品有《流浪北京》、《北京的风很大》、《铁路沿线》、《老头》、《铁西区》等,DV 纪录片的创作队伍也逐年扩大。DV 纪录片的繁荣也引起了主流媒体的注意,许多电视台开始纷纷开办以 DV 为素材和主干的栏目,如中央电视台《我看见》、北京电视台《晨间看点》、上海电视台《新生代》、凤凰卫视《DV 新世代》等。另外,许多电视台都开展民间 DV 作品征集活动,如 CCTV 的"DV2004:我们的影像故事";上海电视台新闻综合频道《目击者》栏目以"用自己的眼睛观察生活,用手中的 DV 记录社会"为题,吸引社会 DV 爱好者的参与,DV 纪录片开始在主流媒体占有一定的生存空间。DV 纪录片的生产创作进入繁荣时期,这引起了广播电视主管部门的注意,国家广播电影电视总局发出专门通知,要求电视台等媒体播放由社会机构和个人制作的各类 DV 作品,必须符合相关规定,并履行严格的报批程序。主流媒体对 DV 的整合与收编,一方面无疑会促进 DV 纪录片创作的繁荣,但是另一方面会不会破坏 DV 纪录片本身的独立精神和民间身份?在获得播出平台的同时会不会使 DV 纪录片丧失自由表达的价值? DV 纪录片会不会在获得"合法"的话语空间的同时"丧失自我"? 主流媒体收编之时会不会就是 DV 纪录片的消亡之日? 另外,随着 DV 纪录片的发展,许多问题也逐渐暴露出来,比较突出的有创作队伍鱼龙混杂,缺乏基本艺术素养和电视技巧,创作视野过于狭窄,一些作品流于浅薄、媚俗,题材重复等。这些都是值得业界和学界关注的问题。

相对于"体制内"纪录片的宏大叙事和官方影像历史叙述者的地位而言,DV 纪录片以一种个人化的、民间的身份打破了对影像历史书写的话语垄断,冲击了主流媒体的话语霸权,以另类的方式承载着历史的记忆,从另外一个方面构建起了一套对社会历史的影像记录体系,用私人叙事和记忆对官方构建的历史宏大叙事形成了一定程度的消解。虽然现在还很难看出主流媒体的收编对 DV 纪录片的发展会产生什么影响,但是有一点可以肯定,那就是 DV 纪录片从地下走向主流媒体,以民间影像的身份进入主流话语体系,毫无疑问将扩大 DV 纪录片的影响力与生命力以及发展的空间。从长远发展的角度看,DV 纪录片只有在保持独立的精神的同时,创作出更多有说服力和影响力的作品,才能为自己争得一席之地。

从纪录片的分类角度来讲,目前 DV 纪录片种类比较庞杂,由于 DV 纪录片是比较个人化和体制外的作品,不同的 DV 纪录片具有各自鲜明的个性色彩,除了题材上有类似之处外,共性较少。如果要给 DV 纪录片单独分类,时机尚不成熟,还有待于 DV 纪录片的进一步发展,就目前的情况来看,绝大多数 DV 纪录片可划入人物类和人文类电视纪录片。

四、纪录片栏目化、市场化和国际化问题

在市场经济条件下,纪录片不仅是艺术品,更应该是产品、商品,这已成为纪录片界的共识。市场对纪录片的检阅和考验关乎纪录片的生存和发展,中国纪录片人必须在掌握高超的艺术技巧的同时,娴熟地搞活运作、经营、销售,让纪录片真正走远。

在 1995、1996 年左右,中国电视纪录片开始走下坡路。首先是人们热情不再,然后各档电视纪录片栏目的收视率开始下降,最后电视纪录片在创作上也进入萎缩状态,纪录片在电视台逐渐走向边缘。当年创下 36% 的收视率、比电视剧更火爆的上海电视台《纪录片编辑室》,如今收视率已暴跌至

7%~8%。为什么这样？简言之，是因为纪录片很少像现在这样直接面临市场的筛选与检验，这主要体现在以下方面：

（1）纪录片创作人员在创作时，很少考虑到观众的需求，往往从自己的喜好出发，在很大程度上制约了纪录片真正走向市场。

（2）电视台往往将收视率作为衡量节目优劣的惟一标准，使很多品位高、制作精良的纪录片栏目难以为继。

（3）缺乏具备一定规模、合乎国际惯例的纪录片交易平台。中国的电视人能拍出优秀的片子，却不懂得有效地推销自己，更没有一个有效的流通渠道，导致大量在国际上获奖的纪录片无法播出，更无法进入市场。

（4）目前简单的市场化策略已步入困境，狭窄的题材、单一的风格与市场多元化需求发生冲突，精品创作往往受到栏目化播出的限制。

（5）整个纪录片创作的产业链是断裂的。基本上是电视台投资或独立制片，多依靠电视台自身的创作力量，真正工业化的创作非常少，多为个人化创作，创作缺乏专业分工，丧失专业水准，生产规模小，选题零散，很难打包发行。

如何改变这种局面？中国纪录片界就此进行了大量的研讨、争鸣和探索，总结各方观点，纪录片的生存和发展直接指向"三化"之路，即栏目化、市场化和国际化。

1. 栏目化

这是电视传播影响下的生存之道。现在不论是中央电视台还是地方台，此种类型的节目并没有办得红红火火，特别受欢迎。如中央台的《见证》、《探索发现》、《纪事》等。因为纪录片不能缺乏强大的传播平台，为了赢得受众，纪录片必须适应观众的收视习惯，时间持续、周期固定、定位明确，使观众形成对特定节目的心理期待，形成相对稳定的收视市场。

但是，近几年来的栏目化运作也暴露了一些问题。观众的选择日趋多元，而固定的栏目运作、简单的套路已难以满足这种需要。固定播出时间限制了纪录片的再创作和精雕细凿。每周一期，甚至每天一期的栏目，使纪录片创作者疲于应付，很难制作出精品。栏目要求的风格和样式上的统一对个性化的纪录片观念提出了挑战。所以怎样在栏目化的限制中游刃有余地进行创作，是需要进一步思考的课题。解决这个问题的方法之一就是推出纪录片频道，频道化不仅是纪录片栏目化的继续，也是纪录片进一步发展的必由之路。通过开辟专门的纪录片频道，给这些纪录片提供容身之地，解决栏目化和个性化的矛盾。纪录片栏目化和频道化的必然结果就是纪录片的市场化。

2. 市场化

这是走出经济困境的必由之路。随着我国电视产业化进程的加快,市场交易问题已经横亘在纪录片发展道路中,如果纪录片的创作忽视了经济因素,那就意味着无法生存,最终会被淘汰出局。事实上,纪录片市场化很有发展空间。主要原因在于:目前娱乐节目的恶性竞争造成的收视份额稀释,纪录片创作人员从水平到数量达到前所未有的高度,观众对优秀纪录片的期待等。另外,国内有众多的纪录片栏目,对片源的需求量很大。

目前,纪录片市场化的策略主要有:(1)搭建合理的纪录片交易平台,形成流畅的市场供需体系,拥有足够丰富的产品和比较规范通畅的交换渠道,形成雄厚稳定的创作队伍,制作质量精良的作品,吸引广泛持久的观众。(2)制播分离是市场化的关键,应成立专业的纪录片公司,其职能包括组织片源、扩大市场、获得利润。纪录片公司与电视台合作,提供栏目,进行广告分成。另外,公司可以在社会上征集大量纪录片,集中分类,形成不同系列,向国内外媒体销售,通过多次出售获得利润。(3)纪录片生产要集约化,要适应市场经济,了解市场需求,细分并培育受众市场。控制成本,进行专业分工,打造流水线创作的管理结构和机制。(4)政策要放宽,进行多元化开发,鼓励制作主体、形态和投资的多元化。(5)纪录片公司和频道要善于进行品牌形象塑造,形成全球化市场,同时要加强纪录片衍生产品的开发。(6)创作者要转变观念,要树立大众化的创作倾向,真正了解受众的需求。

3. 国际化

这是走向世界开拓新的生存空间的有效途径。纪录片不仅要立足国内,还要走出去,不仅仅是在国外获奖,更要真正实现经济效益。与国际接轨,既要走市场化道路,在制作发行体制上真正与世界纪录片市场的机制相吻合,还要转换创作理念,调整创作习惯,了解外国观众的审美心理和欣赏习惯,使得我们创作的纪录片能被国外观众看懂并认可。

首先,中国纪录片要走向世界要解决的首要困难就是正视文化差异,坚持自己的民族特色,我们应当尽可能地介绍文化背景知识,让西方观众从我们的文化出发而不是从他们的文化出发看问题,最大限度地克服文化障碍。其次,中国纪录片在题材选择策略上也存在着一定缺陷。反映中国边缘群体、弱势群体、少数民族等题材的作品占了绝大多数,而反应中国农村和城市人民生活的影片则付诸阙如。过去,中国贫穷落后,可以吸引西方人眼球的大概就是具有人类学意义的少数民族、偏远乡村以及独特自然景观,对于这些事物,西方人猎奇心理多于认知意图。如今中国日渐强盛,西方人对中国发展的现状可能更感兴趣,我们应当向世界展示一个真实的、全面的中国。再次,大众文化的发展向中国纪录片提出了新的诉求。大众文化在西方社会已经有半个多世纪的发展历史,它的一个重要特征就是平面化,拒绝深度。中国的大众文化起步较晚,在中国的土壤中生成的纪录片要走向世界也必须重视西方大众文化的现实,应注意自身的文化消费品属性,在重视纪录片"纪实"方面认知功能的同时,兼顾其娱乐审美功能的提升。

事实上,纪录片的栏目化、市场化和国际化是一个有机的整体,我们应该把它们结合起来一起审视,正确处理好它们的关系,强化栏目运作意识、市场规律和国际惯例意识,从而促进我国纪录片的健康发展。

第六章
电 视 剧

中外电视剧的发展历程
电视剧的定义与界定问题阐述
电视剧两大题材的十种类型
电视剧的九种热点类型

第一节　中外电视剧的发展历程

电视剧"既老又新",回溯历史,观照当下。只一句:"没了电视剧,电视还剩什么?"——此言并非危言耸听,待从头慢慢述来。

电视剧"很老","老"得跟电视事业同步出道、打拼天地:1936 年 11 月 2 日,英国广播公司(BBC)在伦敦郊外的亚历山大宫推出了一场盛大的歌舞,标志着 BBC 电视台的成立和正式播出,这一天也被公认为是世界电视事业的诞生日。但是,早在 1928 年 9 月 11 日,美国通用电气公司就发起了电视的试播,首次试播的内容就是一部情节剧《女王的信使》。1930 年英国 BBC 播出的声像俱备的多幕剧《花言巧语的人》则被公认为是电视剧的鼻祖——看来,且不算 1928 年美国人的试验,就拿公认的"电视剧之鼻祖"和"电视之鼻祖"来比较,也还早出现 6 年呢!虽为戏言,但由此可见,电视剧在电视事业起步阶段就占有重要位置。随着世界电视事业的飞速发展,电视剧也日益成为电视节目中不可或缺的主力军。电视剧在英国被称为"电视戏剧",在美国则习惯上被分为"电视戏剧"和"电视电影",在日本则统称"电视小说"。而"电视剧"这一名词则纯粹来自于中国,它的诞生也和中国电视事业发展的步调是一致的。

1958 年的劳动节,新中国第一座电视台——北京电视台开始试播,这也是中央电视台的前身。仅仅一个多月以后,在那一年的 6 月 15 日,北京电视台就播出了电视小戏《一口菜饼子》。随着"咬下这第一口菜饼子",中国电视剧作为普罗百姓"精神大餐"的"饕餮之宴"延续至今日,"特色佳肴"更是不断涌现:

正如麦当劳初入国门时的"熙攘盛况"一般,在 20 世纪 80 年代之初,《大西洋底来的人》、《加里森敢死队》、《阿信》不仅成为了普罗百姓夜间消遣和日间闲聊的主要承载,更是成为了现今正当年(当年是孩童)一代人"集体无意识"的记忆载体。

四大名著的改编电视剧,在国人阅读时间愈来愈少的今日,《红楼梦》、《西游记》、《三国演义》、《水浒》让通俗小说的通俗性在电视荧屏上得以继承。其实,不需直接引证,从侧面来看,这"四大"的魅力何其大:四首主题歌脍炙人口、以其为选题的电视节目收视率高、其中演员来龙去脉的"八卦指数"高、成为各地电视台"重播剧场"的绝对首选……

《渴望》的特殊出现时期,恰恰使之满足了人们的某种心理渴望,于是乎,这样一部中国式的"情"之渲染令到当时的国人随着慧芳命运遭遇起起伏伏而心潮澎湃……

《还珠格格》引发的"格格"、"阿哥"热,一火就是小十年,琼瑶阿姨迷倒的年龄层也由此进一步扩展:老的更老,把"小燕子"看成好孙女;小的更小,把"小燕子"当作好姐姐。当然,如今如日中天的赵薇和范冰冰,也是从《还珠格格》中飞出的"巧莺儿"。同时,这部电视剧更重要的一点在于其经营意识的强调:首播权拍卖、开发续集、明星运作等,都是圈内后来广泛采用的。

以上这些案例,彰显最盛的,就是电视剧之"新",换言之,"与时俱进"。时至今日,电视剧的"新"与生命力甚至不需理论的阐述就能看出:只要打开电视,更是在黄金时间,扑面而来的都是各种电视剧集;各电视台制作最精美的包装,也常常是"电视剧场"的宣传片;各电视台的收视率与广告额,往往与电视剧火不火的程度完全一致。

"任何历史都是当代史","没了电视剧,电视还剩什么?"的一声呐喊更将回荡延续。

第二节　电视剧的定义与界定问题阐述

什么是电视剧？从它诞生至今,定义有无变化？如何界定才算准确……一系列关于电视剧的理论探讨是丰富的,绝不亚于电视剧的播出在荧屏上的火热。

一、电视剧定义之发展

1958 年 6 月 15 日,电视小戏《一口菜饼子》的问世,标志着电视剧这道"大餐"便从此出现在广大中国百姓并不丰盛的"精神餐桌"上。但是,一个不争的事实便是:虽然当初北京电视台的电视先辈们可敬地忙碌着,可一个无法回避的问题冒了出来——"这口菜饼子"作为一种全新的艺术样式,它被称作什么合适呢？毕竟,它和以往的舞台演剧、电影银幕演剧和电声广播演剧在传播方式等许多方面都不尽相同。经过反复商讨,一道智慧的闪光迸射之后,"电视剧"这个全新的名词便被确定下来,中国的电视史却由此掀开了新的一页。

这是一个全新的,具有中国特色的名词,是土生土长的"国产货"。而正如上文所述,在英国、美国、日本等不同国家,同为一种演剧形态的电视剧有着不同的叫法。

囿于那时中国电视技术与观念的低度发展水平,当时的电视剧都采取直播形式,篇幅较为短小,较多借鉴舞台剧的模式和特点。因此,这时电视剧的涵义应该是:"在演播室里演出的戏剧,经过多拍摄、镜头分切的艺术处理,运用电子传播手段,通过电视屏幕,传达给观众的特定艺术样式,它主要以戏剧美学为支撑点。"[①]

到了 20 世纪 70 年代末,我国的电视剧突破了时空限制,场景由室内转向室外,实景拍摄,但篇幅仍然较短,以单本剧为主,较多地借鉴了电影模式。进入 80 年代,国外和香港电视剧大量涌入,刺激了国内电视长剧的发展,经过一段时间的摸索,我国的电视人终于找到了电视独有的美学特征,较好地摆脱了戏剧电影的机械模仿,开拓出电视剧自己的发展空间。这个阶段的《蹉跎岁月》、《夜幕下的哈尔滨》、《四世同堂》、《凯旋在子夜》、《红楼梦》等许多作品都展现出很高的艺术水准和独特的艺术特色。到了 90 年代,中国的电视剧观念日渐成熟,长篇室内电视连续剧《渴望》的出现,标志着中国电视剧"终于跨入

---

① 高鑫:《电视艺术学》,北京师范大学出版社,1998 年版,第 215 页。

了电视化生产的历史性时期"。①

经历了以上几个时期观念的演进,在新世纪中的中国电视剧的践行和理念的进步更是突飞猛进:流光溢彩、百花齐放的创作现状,明星演员、编导辈出的人才储备,产业链完善、盈利模式成熟的收支体系,高调包装、高收视率的电视剧场……诸多现象在印证了前文的一句呐喊"没了电视剧,电视还剩什么?"之外,更是将电视剧的定义体系推向完善。

为了表示一种传承的精神,在此,本书先来回顾一下电视前辈们对于电视剧的几大代表性定义:

"电视剧是融合了文字、戏剧、电影的诸多表现手法,运用电子传播的技术手段,以家庭传播方式为其主要特征的一种崭新的综合艺术样式。"②

"电视剧作为一个新兴的审美的社会意识形态,是在电视屏幕上演剧的艺术,它驱动观众通过电视接收机的屏幕显示加以接受,使观众参与它的艺术审美活动。"③

"电视剧是一种适应电视广播特点、融合舞台和电影艺术的表现方法而形成的艺术样式。一般分单本剧和系列剧(电视影集)。利用电视技术制作并通过电视网放映。"④

"电视剧是为电视台播映而编写、录制的戏剧。"⑤

…………

这些定义,无疑都反映了一定时期、一定地域中,人们对于电视剧的认识和思考。但在电视剧高速、蓬勃发展的今天,对于电视剧的界定更加应该注意它的社会属性,而不只是以上定义中注重的技术属性和艺术属性。于是,笔者将电视剧的定义界定为:

电视剧,是灵活运用文字、戏剧、电影等多种表现手法,广泛深入历史、社会、生活的方方面面,交织使用电子传播、家庭传播、人际传播的各种手段,在当下社会影响最大、收视份额最足的电视节目类型。

该定义力图从电视剧的表现手法、涉及层面、传播手段以及收视现实四个

---

① 高鑫:《电视艺术学》,北京师范大学出版社,1998年版,第215页。
② 赵玉明、王福顺:《中外广播电视百科全书》,中国广播电视出版社,1995年版,第158页。
③ 吴素玲:《电视剧发展史纲》,北京广播学院出版社,1997年版,第3页。
④ 见"维基百科"中对"电视剧"词条的释义,www.wikipedia.org.
⑤ 中国社科院语言研究所词典编辑室:《现代汉语词典》,商务印书馆,1997年修订版,第285页。

方面,勾勒出电视剧的切实定义,社会属性、艺术特质和技术基础在其中也都有体现。应该说,能够在一定程度上反映当下中国电视剧的时代特征。

二、传统的"剧集长短"界定

完成了定义之工作,接下来具体类型的细分便成为了要义所在。

在传统的电视剧的类型界定研究中,按照"剧集长短不同"进行划分,成为了主流的方式。可以说,这是划分电视剧最简单明了的一种方法。按照这种观念,综合各种与电视剧相关的论文、著作来看,电视剧基本上被分为以下五大类:电视短剧(电视小品)、电视单本剧、电视连续剧、电视系列剧和电视系列连续剧。其中,电视连续剧按这种方法又可以被细分为短篇连续剧(5集以内)、中篇连续剧(6~20集)和长篇连续剧(20集以上)。

电视短剧(电视小品)被称为"电视文艺轻骑兵",创作要点是"选材沙里淘金;立意一叶知秋;结构巧夺天工;情节出奇制胜;人物画龙点睛;语言惜墨如金;看着小巧玲珑,看后余味无穷"。诚然,电视短剧在"文学电视"时代曾一度风靡一时,这也从它的别称"电视小说"中开始看出。但在当下,其整体声势却是相对之弱,甚有偃旗息鼓之嫌。不过,还是因为其篇幅短小的先天优势(虽然,这在更大程度上是一劣势),令其成为了许多影视新人的试验场,同时各种新锐理念也常常从此开始"触电生涯":比如,章子怡作为今时最红的大陆女星、夏钢作为现在最火的青年导演,他们的星光大道初始时都有"电视短剧"的履迹。再比如,当前在社会年轻族群中越来越盛行的手机电视、FTV(Feeling TV)、网络游戏短剧等,也都是以电视短剧的模式出现在观众面前。

电视单本剧是由一个完整的故事情节构成,一次把戏演完的电视剧,特点是情节紧凑,人物集中,内容深刻,"观一斑以窥全豹"。在我国,单本剧可以是单本(一集)也可以是两集(上下集)和三集(上中下)。从1998年开始至今,每年的春节前后,都会有一部贺岁单本剧《家和万事兴》系列推出,颇受观众欢迎。自1998年开播以来,该剧连续四年创下春节期间电视单本剧重播率最高,收视率最高的纪录,收视率一度高达45%,受众超过4亿人次。

电视连续剧是分集播出的多部集电视剧。其中主要人物和情节是连贯的,每集的内容只是整个剧集的一部分。但有时也可以"独立成篇",只在结尾处留下悬念,来一个"欲知后事如何,请听下回分解",以吊起观众的胃口。和文学作品的长篇小说或章回小说一样,连续剧最大的特点是"长"。

在坊间,"看电视剧"一语几乎可以约等于"看连续剧"。由此可见电视连续剧的重要意味：这就是广大老百姓白天想着、晚上盯着的"尤物"，每天都准时定点地在荧屏上"约会"。

电视系列剧也是一种分集播出的多集电视剧，其中的主要人物也会贯穿全剧。但是故事本身却不连贯，每一集都是一个完整的故事。上一集和下一集之间也没有必然的联系。它的主要特征就是人物统一，背景相同，独立成篇。《编辑部的故事》(1987)，是中国电视系列剧中较早反映现实生活的一部佳作。它体现出了系列剧的一系列鲜明特点。近年来，电视系列剧尤其是其中的室内情景喜剧的创作呈现了"极其繁荣"的局面。每个观众都能顺口叫出一大串来：《我爱我家》、《候车室的故事》、《闲人马大姐》、《东北一家人》……

电视系列连续剧是较以上几种剧集形式，更为大型的一种剧集，由若干个连续剧组成系列，它既有系列剧又有连续剧的特点。在人物、情节以及结构上也更为复杂多样。有的系列连续剧，包括两部中篇连续剧（如韩剧《名成皇后》、《看了又看》）；有的则包含长短不一的多部连续剧（如《康熙微服私访》、《铁齿铜牙纪晓岚》）。当然，"长"并不意味着拖沓。观众的眼睛是雪亮的，如果为了追求商业利益一味拉长剧集，最终一定会遭到观众厌烦甚至抛弃。细心的观众不难发现，韩剧《看了又看》前50集左右节奏紧凑，情节曲折，但越往后悬念越少，人们的热情也越来越小。事实上，剧本原来只有26集，因为收视率飘红，编创者先是把它拉长至60集，最后又到158集，那么，收视率下降，观众批评不断就不难理解了。

第三节　电视剧两大题材的十种类型

上节中的传统分类模式，的确清晰简单，值得本书借鉴。但是同时，"成也萧何，败也萧何"，"过于简单"也成为了这种界定的最大弊病。无论是电视剧制作者、还是电视观众，当谈到电视剧的时候，肯定不会强调"某部剧集是多长的"，甚至都不一定很清楚自己关注、喜爱的电视剧到底有几集。而只会是在互相交流时谈论"某部电视剧是讲什么的，好不好看？"或者最多是"谁演的？演得如何？"

针对这种现实情况，本书对于电视剧的类型界定方式将以"题材"为关键词而进行，由"题材"而指向电视剧集的内容层面，指向电视剧集的内在核心和关注重点。同时，又从浩如烟海的中国电视剧集中精筛出"古装"和"现实"两大题材范畴，并进一步细分论述，欲求完整、科学、标准。

一、现实题材电视剧

（一）主旋律剧

如果说电视剧是中国电视屏幕上的交响乐,那么主旋律剧无疑就是其中的华彩篇章。它是与时代精神和主流意识联系最为紧密的电视剧题材类型,因而不可或缺。

主旋律剧着力于倡导一切有利于发扬爱国主义、集体主义、社会主义,有利于改革开放和现代化建设及有利于民族团结、社会进步、人民幸福的思想和精神。通过电视剧的艺术表现手段指明了时代主流前进的方向,是对国家精神和民族品格的表现。相对于一般题材电视剧而言,主旋律在更大程度上反映了主流价值观和主流意识形态,它们赞扬真善美,鞭笞假恶丑,反映社会进步,唱响时代主题。

回首中国电视剧发展史,主旋律剧可以说是最早的电视剧题材类型,并且伴随着中国电视的诞生而诞生。中国第一部电视剧《一口菜饼子》,采用一种戏剧化的艺术形态来阐释国家政策和理念,因而从某种意义上可以被认为是中国主旋律剧的雏形。20世纪90年代以来,随着观众消费水平和欣赏水平的提高,电视观念也发生了深刻的变化。长期以来占据主旋律剧核心地位的"高、大、全"式的人物形象和广播式口号的宣传策略,开始淡出荧屏。通过不断地自省和借鉴,主旋律剧一方面继续努力维护国家意识形态的权威,坚持以"三贴近"为创作原则;另一方面在作品中注入了"人性化"和"人文关怀"的创作理念,塑造了一大批为观众所喜闻乐见的人物形象,编织了许多真实生动的感人故事,极大地增强了可看性,在思想性、艺术性、观赏性上达到高度有机的统一,并不乏重量级作品问世。同时,随着主旋律剧的类型化探索,逐步形成了以重大革命历史题材电视剧、政治题材电视剧、军旅题材电视剧、农村题材电视剧等为主的几大类型。

重大革命历史题材电视剧——主要以中国历史上真实的革命事件和人物为创作素材,这些事件及人物不仅在中国独立、解放和中国共产党成立的历史进程中具有重要意义,而且也具有现实性的教育意义。主要分为以事件为主的文献性电视剧(如《长征》、《延安颂》)和以人物为主的传记性电视剧(如《开国领袖毛泽东》、《张学良》)。

政治题材电视剧——侧重反映当前国家政治事务中的政策和主张,及所倡导的国民意识,或以具有一定影响力的事件、人物为素材,进行艺术再加工;

或以某一精神和政策为契机、原则,进行艺术构思,虚构出能代表时代精神的人物形象和故事情节。在近一时期,这类电视剧多以反腐倡廉(如《人大主任》)、歌颂英雄(如《任长霞》)、反映重大事件《生命烈火》)、弘扬精神(如《西部警察》)等为主。

军旅题材电视剧——将具有特殊身份的军人为主要的创作对象,展示军人的精神面貌,保家卫国、无私奉献的崇高品质,以及面对新时期下的机遇、挑战和诱惑,他们所作出的抉择。这类题材可谓是近几年主旋律电视剧的一大亮点,创作者多有军旅经历,因而在作品中融入了切身之感,情节设置和人物塑造也较为真实,涌现出不少感人肺腑的好作品,如《和平年代》、《女子特警队》、《红十字方队》等。

农村题材电视剧——将目光投注到占中国人口大多数的农民身上,以农村建设、农民物质生活和精神生活、小农文化与都市文化的冲突及交融为主要创作素材,反映他们在现实生活中的疾苦,以及艰难面前的坚忍不拔,作品风格相对朴素、平实,《篱笆·女人·狗》、《辘轳·女人·井》、《古船·女人·网》三部曲曾引起巨大反响。

尽管近年来的主旋律电视剧呈现一片百花齐放、百家争鸣的态势,但是就播出效果而言,仍存在一些问题值得业界和学界关注。

1. 在大力弘扬主旋律的基础上,缺乏对多样化的探索和尝试

一方面导致部分电视剧过于强调意识形态的导向性,而忽略观众对观赏性的基本需要。另一方面,在风格、样式、类型、题材以及表现方法上相对单一,与其他电视剧题材相比不够活泼、生动。由于主旋律剧在题材选择上大多较为严肃,导致多元化艺术风格上的缺失,以雄伟的正剧居多,鲜见诙谐、抒情、哲理、细腻的喜剧、轻喜剧和悲剧。

2. 电视剧市场产业化趋势下,主旋律剧存在一定程度的模式化

在批量生产的电视剧的大环境中,尽管主旋律剧是重中之重,但仍旧不可避免地陷入模式化的泥淖,"质"、"量"未能同步攀升,缺乏精品。同时,因为电视节目普遍呈现娱乐化倾向,因而创作者开始将目光转向情节设置的跌宕和人物命运和传奇,这在一定程度上的确有助于收视率的升高,但"案情+人情+险情+豪情"[1],或是"母亲+若干子女+好友+老头"的模式泛滥于荧幕,

---

[1] 贾磊磊:《影像媒体铸造正义之剑——"犯罪题材电视剧学术讨论会"综述》,《艺术评论》,2004年第1期。

作品本身的真实性被质疑,在艺术上也日趋平庸。

3. 对主旋律电视剧题材的选择在认识上过于片面

主旋律电视剧多描写"大事件、大人物",而较少从贴近群众生活的"小事件、小人物"入手,反映时代精神。题材的大小与收视效果究竟有否直接联系是值得商榷的,但是可以肯定的是,"贴近实际、贴近生活、贴近群众"的作品必将获得观众的认可,也才有可能实现教化功能,获得一定的社会效益。

在新的历史条件下,主旋律剧是最有利于社会主义文化艺术事业繁荣发展的电视剧题材类型之一,因而承载有其他电视剧类型所无法承载的重责,如何改变创作观念,以更为平实和生活的眼光进行主旋律剧的创作,将成为将来的主旋律电视剧的成败关键。

(二)青春偶像剧

中国的电视观众与青春偶像剧结缘,应该说是始于 20 多年前。当时,日本的青春偶像剧如《血疑》、《生死恋》、《东京爱情故事》等大举进入中国,并迅速征服了众多观众的心。看腻了艰涩沉重的传统国产剧,中国观众惊喜于青春偶像剧带来的那份轻松、自然,沉醉于它们编织的一个个清纯哀婉的爱情故事。日剧方兴未艾,韩流接踵而来——时至今日,随便选几个地方台,都不难看到韩国偶像剧中那几张熟悉的面孔。连中央电视台综合频道、电视剧频道也频频与韩剧"结缘",其中不乏青春偶像剧如《三姐妹》、《人鱼小姐》。

日韩青春偶像剧的汹汹来势,触动了新一代影视工作者的创作欲。近几年,中国青春偶像剧数量稳中有升,有些剧集的收视率也确实不俗。但是,如果仔细观察,不难发现,现在的"中国制造"青春偶像剧在声势上虽然不弱(播出前的宣传不惜血本),但观众的评价却普遍不高。时至今日,除了一两首主题歌深入人心外(如《出水芙蓉》的主题歌),对于剧情或剧中人物,人们却大都过目即忘,或是颇多非议(如《还珠格格》)。与许多日韩剧播出后剧中人物被津津乐道相比(如《爱上女主播》播出后,蔡琳、张东健在中国立刻窜红),显然有些尴尬。究其原因,创作理念上存在误区是其根本问题。

1. 青春偶像剧的内涵把握失准

青春偶像剧并不能单纯理解为俊男靓女、"象牙塔"式的爱情追逐。很多时候,绝大多数还为一日三餐奔忙的人们对着屏幕上出则名车,入则豪宅,动不动就送钻戒名表,从不用工作赚钱或小小年纪就青云直上、一呼百应的主人公们备感陌生乃至愤慨——"世上会有这么多这样的人么?如果有,凭什么?"毕竟,生活是现实、具体的,现实生活中没有一种爱情能在"象牙塔"内生长一辈子。

传播学中的"共同经验原理"告诉我们：传播过程中传者与受者之间的认知结构和情感体验要有相通之处。只有这种共同经验范围最大时，传播效果才最理想。就青春偶像剧而言，这种"共同经验"理所应当是在对现实生活的关注和感悟上。只有当其诠释的故事母题和内涵与观众的现实生活和情感经历相对吻合时，观众才会真正投入其中。反观日韩青春偶像剧，在青春靓丽的面孔后，我们总能或多或少发现其深厚的民族文化的积淀。从没有裸露镜头，剧中人物永远彬彬有礼，尊老爱幼。所有的主角都在努力追寻真爱的同时也为自己的工作事业奔忙。所以，日韩青春偶像剧虽有梦幻的一面，但绝不失青春的本真色彩。它们总是以一个细腻的现实生活背景烘托出一个个美丽浪漫的爱情故事。由此看出，青春偶像剧从本质上说应该是活泼而真实，富有生活之感和生命气息的青春剧。

2. 创作题材的贫乏和内容的单一

当观众惊讶地看到数部号称精品的国产青春偶像剧在惟妙惟肖地"真情复制"日韩剧时，他们不得不为国内许多编剧狭窄的眼界和僵化的思维扼腕叹息（《将爱情进行到底》、《新闻小姐》、《麻辣女友》分别在向日剧《爱情白皮书》、《新闻女郎》和韩国电影《我的野蛮女友》"致敬"）。跟在日韩剧后面亦步亦趋几乎成了中国青春偶像剧的"宿命"。

但是，毕竟中日韩三国的文化背景、民族传统、生存状态乃至青年人的恋爱观念都不尽相同，怎可能"千人一面"？其实，IT精英、商界名流可以成为青春偶像剧的主角，农民工人、普通百姓、凡人小事同样可以进入镜头。与日韩不同，我国农业人口众多，如果编创人员能把广大农民青年的爱情婚恋搬上屏幕，何愁不受欢迎？

3. 演员的选择标准有误区

当下，"青春偶像"被许多编导单纯理解为漂亮、名气大。因此，中国的青春偶像剧中多用已经成名的拥有漂亮面孔的明星。但是这样，所谓的"偶像"是有了，"青春"有时却难得一见了。例如在《将爱情进行到底》中，李亚鹏、徐静蕾、王学兵名气自然毋庸多言，演技也不错，但是年龄却显然已经过了大学生的年龄，观众的心里多少有些腻烦。而许多正当青春的新人却因为"初出茅庐"、没有名气而遭受冷落或沦为配角。当他们熬到能够"偶像级"时，许多已经谈不上"青春"了，青年特有的那份清新单纯和不做作再也找不到了。反观日韩剧，包括台湾的青春偶像剧，却敢于起用新人。比如，因偶像剧扬名时，木村拓哉才 17 岁,铃木保奈美更只有 15 岁。

同时,许多编导把"青春"与"漂亮"划了等号,非俊男靓女不用,不要说人们对美的理解不尽相同,就是外表平平,只要充满青春气息,能够很好诠释青年爱情,观众也不一定会排斥。相反,很多时候,更因其与普通人更接近而备感亲切。如韩剧《阁楼男女》中的静恩,《男生女生向前走》中的京琳,不但算不上靓丽,甚至可以说有一点点丑,但因浑身散发青春的光彩,生活经历又曲折动人而备受观众喜爱。

中国的青春偶像剧已经起步,并且发展态势喜人,但由于创作理念上的误区,目前还很不成熟。如果不及时加以改进,必然会离普通观众越来越远,彻底成为象牙塔里的风花雪月无人理睬。因而,从事青春偶像剧创作的人士应该更深入地发掘生活的细节,探寻爱情的真谛,那么,中国的青春偶像剧与日韩剧抗衡的日子就不会太远。

(三)涉案剧

2004 年 4 月 18 日,新华社发表广电总局副局长赵实发表讲话:"在观众收视最为集中的黄金时段,不得播放渲染凶杀暴力的涉案题材的影视剧,而代之以适合青少年观看的优秀影视剧,以净化荧屏。"对广电总局的禁令,有人说早,有人言迟,但无论如何,它已经引发了电视剧行业一场不小的风暴:一批影视公司因成本无法收回而面临危机;不少创作警匪悬疑电视剧的导演、编剧,包括有"警察专业户"之称的一批演员也一时不知何去何从。另一方面,不少教育专家和家长却对此拍手称快,担心此类电视剧会给孩子带来不良影响的他们终于松了一口气。

如果细分,涉案剧可分为反黑、反腐、刑侦、监狱等不同题材。虽然在题材上各有偏重,但常常彼此纠缠联结,叙事元素彼此混杂,因而许多时候它们被大家拿来共同讨论。近年来,涉案剧的热播是不争的事实,而与 20 世纪 80、90 年代涉案剧揭露丑行畏首畏脚,塑造正反面人物过分脸谱化不同的是:现阶段的涉案剧在题材上更为广泛,纪实风格更加明显,人物形象更为丰满。

但涉案剧热播最重要的原因是:随着改革开放的深入,社会上的丑恶现象也逐渐增多。同时,人们独立思考、渴望"清明社会"的愿望也日益强烈。而这时涉案剧把腐败、黑帮等大家尤为关注的现象凭着"三分纪实,七分想象"来了个全方位揭秘,人们自然喜闻乐见。但是,不得不指出的是,当前此类题材的电视剧创作中还存在着很多问题,这些问题会制约涉案剧的健康发展,也会给观众造成不良影响,这也许就是广电总局发布此禁令的原因。总结起来,现在的涉案剧主要有以下几点不足。

1. 情节、人物雷同

有人曾笑谈每部涉案剧的极大必备要素：最高贪官永远是副职；坏人比好人可爱；罪犯比警察狡猾；恋爱甚至多角恋爱少不了……细看之下，这几大要素确实是当下涉案剧固定的套路。因为有市场，在短短几年中，几十部涉案剧一拥而上，拍摄时间匆忙，留给编剧的想象空间也越来越少。这必然导致情节、人物的雷同。而当人们对这几大要素都已经谙熟于心时，涉案剧的"春天"也就要一去不复返了。

2. 违背法律常识

如何兼顾艺术创新与作品内在的现实真实性的关系，一直是困扰创作者的一个问题。诚然，法律问题的专业性非常强，而艺术创作是虚构的艺术，但这并不意味着创作者在涉案剧的创作上可以凭空臆想。比如《永不瞑目》中的肖童，被许多人批评是"警察不像警察，学生不像学生"。《黑洞》中的刑警队长刘振汉竟然是重大犯罪嫌疑人聂明宇父亲的义子。这些情节在一般观众看了尚且觉得荒谬，更不用说业内人士的看法了。对涉及法律的专业问题能给予充分合理的表述才能使作品更具说服力和吸引力。对于一个缺乏法律专业背景和实践经验的电视剧创作者来说，深入生活、向专业人士请教是必不可少的。

3. 人物塑造"越界过多"

近年来，"可爱的"坏蛋和"另类警察"、"另类市长"等等在屏幕上频频露脸。"坏蛋好可爱"几乎成了几部热播涉案剧的一大看点：《黑冰》中的郭晓鹏、《黑洞》中的聂明宇、《大雪无痕》中的周密、《永不瞑目》中的欧阳兰兰……这些反面人物都由一贯"身世清白"、演技出众的"正派"演员担纲，都极具个人魅力。相比之下，很多正面形象反而显得苍白而单薄。很多时候，在电视剧有意无意为罪犯的犯罪行为寻找某种合理性后，人们对他们不但会报之同情，甚至会忘记好坏标准。这不能不说是很危险的，如《黑冰》中的郭晓鹏英俊潇洒，对蒋雯丽饰演的女公安卧底一往情深，对老母至情至孝，到了他罪行败露，仓皇逃跑时，许多观众反而怪蒋雯丽背叛爱人，希望警方抓不到郭晓鹏，这显然违背了作品的初衷。而"另类警察"有的对被拘人轻则骂、重则打，有的粗话连篇，动不动就拿出枪来指着人头。更有甚者，知法犯法、以暴制暴（如《绝对控制》中的薛冰）。这些形象较之以前"高大全"的警察形象固然有了突破和创新，但对执法者公正、严明的公众形象却有很大损害，某种程度上助长了执法者的不良风气。

因此,创作者在追求丰满的人物想象的同时,对人物的开掘一定要建立在符合生活真实,符合道德法律规范的基础上。否则,丰富了人物形象,却会引起人们对其道德和法律的判断的"失准",引起不良的社会影响。

4. 过分渲染暴力

看了几部涉案剧尤其是刑侦题材的涉案剧之后,很多人都会有这样的感觉:"杀人好简单。"例如《红蜘蛛》每一集都会几乎不加修饰地把活生生的凶杀场面展示给观众。很多故事的女主角都是一时念起便杀人,这给人特别是青少年造成的不良影响可想而知。

涉案剧着眼于当下转型期社会的重大事件,因其具有的敏感性、纪实性而备受瞩目。可以说,只要解决好自身创作上的这些不足,重新登上黄金档,赢得有关部门、业内人士和观众的喜爱绝不是"不可能完成的任务"。

(四)家庭伦理剧

2003 年和 2004 年是中国家庭伦理剧备受青睐的两年,《空镜子》、《至爱亲朋》、《大姐》、《婆婆》等等都是既叫好又叫座。在中央电视台官方网站发布的第 25 期《中国电视风云榜》中,《婆婆》就以 43.24% 的得票率高居榜首。据悉,在近日一次电视节目交易会上,家庭伦理剧的交易份额占 17.04%,在各种类型中居第一位。在 2004 年的中国国际广播影视博览会上,各大影视公司也纷纷把制作和引进的家庭伦理剧作为招牌产品。而"2004 中日韩电视论坛"上,家庭伦理剧又成为大家关注的焦点。

与许多同期播放的电视剧未播前进行轰轰烈烈的造势活动不同,这些电视剧大都是静悄悄地开播,但却如"潺潺的清泉"滋润着观众的心,往往播到一半,已经成为街谈巷议的话题了。在高度信息化的今天,这一现象在其他类型电视剧中是罕见的。那么,这类电视剧赢得观众的原因何在?

不难看出,这类片子的着眼点都是小人物、小事件、伦理情,因为和观众的距离近,观众会很快产生由角色到自己的情感交流。上至政府官员下至平民百姓,都离不开家庭,较之古装剧、涉案剧等来说,家庭伦理剧更容易成为他们关注的话题,进而形成社会话题。同时,当今社会正处在转型期,物质文明的进步和精神文明发展的相对滞后引起人们价值观的冲突、道德观的模糊、情感的无所依托。家庭伦理剧适时地缓解了人们情感上的焦渴,成为观众的"心灵伙伴"。那么,受观众关注和喜爱就不足为奇了。

其实早在 20 世纪初,家庭伦理剧就着实火了一把,那就是 1991 年热播的《渴望》。一时间,"刘慧芳"成了贤妻良母的代名词,而作品中渗透出的邻里和道德亲情的温馨使观众至今难以忘怀。剧集播出完后，很多人曾就"刘慧芳这样忍辱负重、默默牺牲值不值得"展开争论。人们虽然各抒己见，但有一点可以确定，人们无不为刘慧芳身上体现出的中国传统女性的善良、淳朴所感动。而该剧有意无意阐释的中国传统的家庭伦理秩序也为大多数人所接受。

时至今日，人们的价值道德观都有不少变化，但重视伦理和亲情，以道德约束物欲仍是为大多数人接受的主流观念。一个连自己的父母兄弟都不爱的人是不能指望他能对他人、对社会、对国家付出爱心的，一个民族的伦理秩序混乱不堪，民族的凝聚力也就没有了。所以，家庭伦理剧不仅牵涉到众多普通家庭，也关系到一个民族、一个社会、一个国家的健康发展。由此可见，家庭伦理剧的社会功能也不可小视。一部好的家庭伦理剧对净化社会心灵能起到良好的作用，比起那些"帝王将相南北走，帅哥美女满天飞，大款情人楼上住，贪官土匪碰酒杯"的戏说剧、偶像剧、涉案剧，它对青少年身心的健康成长也裨益良多。如此契合观众的深层心理，又有很好的社会效应，家庭伦理剧的"叫好又叫座"就不难理解了。

家庭伦理剧的着眼点是平民小事，但并不意味着编创者的眼光就只局限在个人或家庭的小圈子里。韩国的家庭伦理剧大都是些家长里短，给人的感觉有些"婆婆妈妈"，但是韩国人崇尚的孝道、传统的伦理道德规范都会渗透其中，而年轻一代在不断变化的社会中价值观、道德观的变化也会有所体现。中国能够热播的几部家庭伦理剧也无不着眼于转型期的社会大背景，带着时代的印迹。比如《结婚十年》，男女主人公结婚十年的情感遭遇伴随的正是改革开放的十年，人们价值观、道德观变化迅速的十年。再比如《浪漫的事》，父母一代的爱情有着鲜明的时代烙印，而三个女儿截然不同的情感历程却都展现出社会变革、观念更新的特色。与此相反，有些家庭伦理剧只纠葛于个人的情感，家庭的变故，结果也往往会反应平平，如《拯救爱情》、《爱我就放了我》等等。

（五）传记类电视剧

传记类电视剧在现代题材电视剧中虽不是主流，却也不少见。人物传记电视剧多以领袖人物或为国作出过突出贡献的英雄人物、历史人物为主角，以其一生或一生中某个时期、某个片断为背景，以其生平事迹和活动经历为依据创作出来的电视剧，多是歌颂、赞扬式地宣传爱国主义情怀，展示人物的精神风貌，普及历史知识。1982年，浙江电视台把鲁迅青少年时期的故事搬上了荧屏，拍摄了我国第一部人物传记电视剧《鲁迅》。之后，大批现代和古代的人物被搬上荧屏,刮起了一阵"人物传记"风。《青年毛泽东》、《罗荣桓元帅》、《张学良将军》等人物传记电视剧在建国五十周年前后也被搬上了屏幕。

《青年毛泽东》由《再见故园》、《普通一兵》、《同学少年》等十二篇既独立成章又相互关联的故事构成,以毛泽东同志青年时代探索真理、寻求革命为主线,向观众展示了青年时代的毛泽东如何从在湖南求学的学生到走上井冈山的人民领袖的历程,着力表现了毛泽东同志不畏强势的反叛性格,突出了他执着追求真理和为真理献身的思想高度,填补了毛泽东题材影视剧方面的空白。整部戏由老年毛泽东的回忆、旁白和他一生的诗词串联起来,突破了以往政治性、严肃性过强而人情味不足的缺点,在纪实中更加写意和诗化,把整部电视剧塑造成了一部既严谨又含温情的颂歌式作品。

二、古装题材电视剧

古装题材电视剧为我国所特有,这不是指国外的电视剧不涉及数千年前该国的历史,而是很少国家能够像中国这样有几千年的不同朝代、帝王可以抒写,这与中国拥有五千年历史有着很大的关系。但是古装电视剧的题材并不一定完全取材于历史,有些内容实际上只是借用了某朝代的历史背景,演员着古代人物的服饰,演出创作者虚构的历史角色和故事,如《机灵小不懂》。也有一部分古装剧的题材来自正史或野史,这类题材的电视剧中主人公大多为人们熟悉的帝王将相或历史人物,故事线索大体上符合历史的真实,如《武则天》、《康熙王朝》、《雍正王朝》等。

在2004年,国家广电总局将涉案剧"打入冷宫"之后,古装电视剧在市场上所占的比重越来越大。从一定程度上说,古装剧就是"用现代人的情感去演绎和体验古代人的故事"。因此,如何使古时人的故事与现代人的心灵产生共鸣,就成为了古装剧创作者面临的难题。比如,近年来"清宫戏"在我国电视屏幕上形成了一道亮丽的风景。

"清宫戏"之所以备受青睐,其一,由于近些年来内地及港台拍摄了大量与清宫有关的影视剧,形成了题材方面的热点,在社会上造成了广泛的社会影响,并形成相对稳固的观众群体和潜在的市场,从商业角度来说它已经成为一种社会品牌;其二,清朝特殊的历史给电视剧创作提供了丰富的创作资源,以高阳、二月河为代表的作家创作的以清代宫廷斗争为题材的小说更为电视剧创作提供了良好的基础;其三,清代不像它以前的朝代那样离我们非常遥远,也不像民国那样离得我们太近,过于遥远会令人感到疏远和陌生,离得太近又可能有太多的约束,没法让人随心所欲地投入创作之中。①

但是,随着清宫戏作品的增多,创作者也感觉到可挖掘的材料逐渐变少,于是他们把目光投向了明朝,明朝锦衣卫行事,宦官把权,朝廷里纷争很多,这为他们的创作提供了新的着力点,随之而来明朝宫廷戏也开始在屏幕上盛行。

总的来说,目前流行的古装题材电视剧主要有以下几种类型。

(一)历史剧

以历史上真实发生过的事件为背景的古装题材电视剧在屏幕上一直很活跃,自20世纪90年代"戏说"古代帝王的电视剧盛行以后,学界出现了"历史剧"、"历史正剧"、"历史戏说剧"几个概念。

所谓"历史剧",简单地说,是历史和戏剧的相加。首先,它是"剧",是一种用艺术手段来反映各种题材的艺术形式;其次,它是反映历史的。

在"戏说"未出现之前,"历史正剧"的实质就是此前的历史剧创作类型;在"戏说"风靡之后,"历史正剧"就步入了相对比较严肃地再现历史真实的范畴。实际上,"正剧"和"戏说"的分水岭不在是否遵守"历史真实"的标准上,而应该体现在对"历史真实"的追求意图以及由此引发的审美品味上。

作为一种"宏大叙事","正剧"首先应该有把握"历史精神"、体验历史氛围的宏大追求,努力在所建构的历史世界中达到"历史真实"和"艺术真实"的统一。即在具体的创作中注意使虚构的情节符合"历史真实"许可的程度,将艺术的真实寓于对"历史真实"的描述之中;其次,在对"历史"的阐述中蕴有深刻的现实观照,力求通过挖掘民族的文化原型来宣扬人类精神的崇高之美,充满对历史的崇高感和对人性的人文关切。② 后面将有专题分析"戏说"剧的现状及特点,在此我们只以"历史正剧"作为此类的主要研究对象。

经常有历史学家和文艺评论家对"历史正剧"进行口诛笔伐,大都是针对电视剧内容上的批评,专家往往站在历史角度来指责剧情与事实不符或历史知识上有失误。由于"正史"本质上具有"平淡无味"的特点,依照"正史"为基本线索并一直受到"历史真实"束缚的"历史正剧"在先天上往往具有可看性不够、严肃性太强、娱乐性缺乏的特点,这就容易导致投资方出于"卖点"和迎合大众的需要,将"以谐为正"当作一种常规的情节套路,盲目删改史实,结果往

---

① 参考陈晓春:《电视剧理论与创作技巧》,北京,北京大学出版社,2003年版。
② 丁莉丽:《从"民间文本"看历史正剧、戏说剧的创作合流——对当前历史影视题材创作、批评的一种阐释》,《戏剧研究》。

往落入"戏说"的套路,导致不少"历史正剧"在创作方向上呈现出了向"帝王史观"和"道德史观"回归的不良倾向。

早在 20 世纪 80 年代初,余秋雨就强调,历史剧必须做到:(1)著名历史事件的大致情节一般不能虚构。(2)历史上实际存在的重要人物的基本面貌一般不能虚构。(3)历史的顺序不能颠倒,特定的时代面目、历史气氛、社会环境须力求真实。(4)剧中纯属虚构部分的内容,即所谓"假人假事",要符合充分的历史可能性。(5)对于剧中非虚构的部分,即"真人真事"的处理不要对其中有历史价值的关节任意改动。① 这对于现在的"历史正剧"创作仍然有指导意义。

《走向共和》播出时在历史界引发了一场"大地震"。该剧最大的卖点是对李鸿章、慈禧的"翻案":历史上的李鸿章原是与慈禧一道竭力维护封建专制制度,既反对政治维新,又反对共和革命,站在逆历史潮流的反动立场上签订丧权辱国条约的卖国贼。在《走向共和》中,他却摇身成为一个"代国家受过"的"真正爱国者"。甲午海战惨败后,他以一人之力敌一国之力,奉命签署《马关条约》和《辛丑条约》,更是"忍辱负重"地承担了千古骂名;至于慈禧则一反由历史定性了的阻挠历史发展的封建统治集团的总代表形象,成了以过人的政治智慧和丰富的统治经验竭力维持气数将尽的大清王朝统一稳定的实权女政治家。这一全新的人物表现,对普通观众来说感觉上比较新鲜,却与历史真实出入太大,为历史"翻案",替佞人"正名",不仅达不到令观众信服的程度,而且遭致观众的不满。

作为历史题材的电视剧,"历史正剧"首先要尊重历史,而尊重历史的基本要求就是对重大历史事件的表现必须接近历史的真相并符合历史发展的规律。然而电视剧又毕竟是门艺术,受众是广大普通老百姓,所以,"历史正剧"也就不能仅仅是原原本本地重现历史事件,在观赏性上还要尽量做得好看。对一些次要人物、情节进行虚构和二度创作既不会影响历史的主线索,还能表现出历史情节的内在冲突,能收到很好的强化和审美效果。但是,这样的史实之外的戏剧化情节一定要把握适当。

《康熙王朝》全剧围绕发生在康熙年间的几次重要战争——杀鳌拜、平三藩、收台湾、西征葛尔丹展开,却并没有把主要的艺术着力点放在重述这些重大历史事件和表现这些事件的外部冲突上,而是设置了主副两条线索。主线

---

① 余秋雨:《历史剧创作简论》,《文艺研究》,1980 年第 6 期。

描述康熙开创盛世的艰难历程,戏环环相扣,层层递进,充满了大量历史信息,把康熙一生所经历的重大事件都收进囊中。具有悲怆意味的情感副线由多个子结构交错而成:伍次友与苏嘛喇姑互生情愫,却是"有情人终难成眷属",至死未能再相见;蓝旗格格下嫁葛尔丹,对丈夫的仇恨转换为爱情继而演化为对康熙更深的仇恨;康熙最钟爱的容妃在陪伴他经历数场生死边缘后最终也难逃被打入冷宫的命运;大阿哥与宝日龙梅、太子与小红的悲惨结局……这一切的感情悲剧又都源自于主线。主副线交织,表现了人情与人性的深层内涵。

有的"历史正剧"在生动性和丰富性的追求上为了迎合观众的审美趣味常常会套用情节剧的模式,在"娱乐化"的叙事规则作用下,较多地将视点落在人物情感、权力纷争、宫廷秘闻、风流韵事上,或者对帝王形象夸张拔高,对宫廷密闱进行肆意渲染,在很大程度上削弱了历史题材电视剧本身应有的思想意义和美学价值。这就要求创作者在艺术虚构上要把握一定的度,做到"大事不能虚,小事不必拘",认真处理好艺术虚构、历史真实与艺术真实的关系。

(二)言情剧

古装题材的言情剧又可分为纯言情类和言情、武打交织类两种。纯言情剧以琼瑶早期的作品为代表,如《新月格格》、《梅花烙》、《鬼丈夫》。这批作品主要以某个女性的经历为主线索,描述其壮烈的爱情,结局大多为悲剧。《梅花烙》讲述了民女白吟霜与贝勒皓祯相爱,皓祯奉皇上之命不得不与格格成婚,婚后吟霜进入贝勒府为妾,百遭格格设计毒害,最终以吟霜自尽、皓祯带吟霜尸体离开为结局。这类言情剧基本上没有武打设计,即使有也是为了点缀剧情的需要,在数量和程度上都相当少。

而言情与武打交织的言情剧则不同,在这类型言情剧中,言情与武打的比例大致为7∶3,但是武打是为了言情的展开而设计,蜻蜓点水,点到即止,达不到武侠剧对武打技术难度和长度的要求。言情的主角基本上是"武林中人",在男女主角相识的过程中难免会因为误会而打斗,一方面丰富了观众喜欢看武打场景的心理,一方面也弥补了内容仅由言情支撑而带来的不足。"言情武打交织"是现在古装言情剧主要采用的形式,如《霹雳菩萨》。

(三)武侠剧

武侠剧在世界范围内可以说为中国所独有,它以中国的传统武术为基础,在创作者的想象上融入中国特有的兵器如剑、刀、鞭、戟等,赋予了主角许多非凡的功夫,武打设计光怪陆离,并且运用高科技使武打出神入化、让人叹为观止,大大不同于西方的打斗。

武侠剧强调的是"侠"这一概念,"侠"字象征着某种精神观念,武侠剧中的侠客们个个武艺高强、行走江湖、行侠仗义、锄强扶弱。他们往往超脱于世俗社会之外,不受律法的约束,他们心目中的"侠"和"义"是他们所遵循的道德准则。并且,"侠"也总是和"情"连在一起,没有纯武侠的戏,侠客们往往过不去"情"关。

在武侠剧里,通常表现代表侠义正道的正义集团与代表旁门左道的邪派人物之间的斗争,这样容易组织尖锐复杂的矛盾冲突,情节跌宕起伏。武打动作经过高科技的处理,令人眼花缭乱、目不暇接。根据金庸、古龙、梁羽生为代表的新派武侠小说改编的电视剧是武侠剧的主要来源,在这些武侠剧中,人性是他们表达的主题。他们把险恶丛生的江湖作为演示人性的舞台,侠客也好,邪派人物也好,一个个都在这里脱下自己的外衣,展示着自己的本性。在金庸的作品里,人的善恶并不是以所谓的"正"和"邪"来划分的,在他看来,正派人物中有恶人,邪派人物中间也会有好人,那些看上去道貌岸然的正人君子们也可能包藏祸心,这些思想在他的小说《笑傲江湖》里表现得最为充分。①

(四)喜剧

古装喜剧越来越受观众欢迎,主要是因为其轻松幽默的风格。观众不需要花费精力去了解复杂的人物关系和剧情,看完后也毋须琢磨其中蕴含着什么深刻意义,容易缓解一天紧张的工作情绪。

古装喜剧的"调味料"一般有四种:搞笑、武打、女扮男装或男扮女装、再加上与皇室沾上一点边。古装喜剧中的爱情模式一般有三种:错点鸳鸯谱、才子配佳人、傻男配靓女。他们谈情说爱的方式非常单一:轻则吵吵闹闹,重则大打出手,在打闹中更是糅入现代对白,以古装包装现代精神。古装喜剧还少不了各式各样的武打场面,总之整个场面呈现动作滑稽、情景混乱的景象。但古装喜剧的武打场面因其内容的不同而程度上轻重各异。如《绝色双娇》、《乱世桃花》都是重武戏的古装喜剧,而《机灵小不懂》、《天下无双》则以亲情、温馨的风格为主。普通百姓命运与皇室无意间挂钩的情节轮廓,在同类古装喜剧中屡试不爽,如《绝色双娇》中的芊芊真实身份为皇太后之女,《欢喜姻缘》中张国立饰演的和尚,无意间成了小太子的贴身护卫等等。虽然情节设计比较讨巧,但是多了难免让人觉得形式单一、单调乏味。男扮女装或女扮男装更是几乎每部古装喜剧必用到的情节,或者是公主、格格易装偷出皇宫玩,或者是男主

① 参考陈晓春:《电视剧理论与创作技巧》,北京大学出版社,2003年版。

角扮女装为了接近心上人,如《风流才子唐伯虎》中的唐伯虎。

(五)神话剧

古装神话剧大都由著名的古代神魔小说或流传已久的神话传说改编,题材多为观众喜闻乐见、早已熟悉的内容。神话剧是中华民族传统文化一个很好的载体,很多观众早就渴望在荧屏上看到神奇的故事中人物的真人版形象;神话中所反映的邪不压正、善恶有报的伦理思想,代表了中国百姓长期以来所信奉的"正统"观念。比如,《封神榜》、《新白娘子传奇》都在播出时成为荧幕热点。

与其他题材的古装剧相比,神话剧有更灵活的表现空间:与"历史剧"相比,神话剧不必担心被学者教授批评为"有失史实";与"武侠剧"相比,神话剧又可以充分发挥上天入地的想象力,结合现代科技手段,打造全新的动作和画面。电脑特技和数码技术的引入,使神话剧完全可以再现古代神话虚无缥缈、光怪陆离的奇异境界,以及各路神仙妖怪之间无奇不有的法术和打斗场面。同时,神话剧比较受到小朋友的喜爱,《奔月》的嫦娥被囚月宫、《宝莲灯》的沉香救母等都是他们所熟悉的神话故事,将这些故事真人化是很容易引起他们的关注。

第四节 电视剧的九种热点类型

电视剧在世界范围内,都可以称得上是电视屏幕上最热的热点之一。因而,与论述其他栏目类型的章节不同的是,电视剧的热点争鸣问题更成为本章需要详述的部分之一。

任何的热点与争鸣,其本体特质其实都体现于一类电视剧集的具体表现中。因此,本节将从以下几种类型剧集(该种划分,不为节目类型界定之用,而只为说明某种特质之需)的相关论述中,阐论电视剧学研究、实践领域的关键问题所在。以下八种剧型,是为"八仙过海,各显神通",电视剧领域的繁荣也可见一斑。

一、红色经典剧

"红色经典",指以中国近现代民族民主革命为题材,以歌颂中国共产党领导的革命斗争为主题,经过历史的筛选和检验,曾在全国引起较大反响的、至今仍为广大群众所喜爱的文学名著或电影。《林海雪原》、《苦菜花》、《烈火金刚》等"红色经典"在那个年代鼓舞了一大批人,伴随着他们从少年、青年迈向成熟,伴随着他们经历了那一段苦难岁月,支撑着他们在艰难时世中互相鼓舞互相扶持,承载着几代人坚定的革命理想和豪迈的战斗精神。每一部"红色经典"都是一部精神的经典、信仰的经典、也是鼓舞那个时代的人们不断战胜各种困难的力量经典。因此,对那些"红色经典"进行翻拍就引起了电视界的普遍关注。

继新版《林海雪原》、《苦菜花》被搬上荧屏、新版《红色娘子军》在海南开机重拍之后,一股"红色经典"改编热潮来势凶猛。"红色经典"影视剧的重拍权之所以被纷纷抢注,投资商们看中的是片名的知名度和影响力。"红色经典"的优势就在于它们的名字早为观众所熟悉,拍这样的作品比新创作的电视剧市场风险要低。观众对名著改编的期待感使得这些翻拍剧未播出就有了一大批潜在观众,意味着发行方在发行时可以节省较多的宣传费用。另外,主旋律作品在审批方面受到的限制也较少。

优势虽多,却并不意味着凡是由"红色经典"改编的电视剧都能获得成功,新版《林海雪原》不仅安排座山雕有了儿子——英雄杨子荣初恋情人的骨肉,并且赋予了他人性萌动的机会,当他想让"儿子"叫他一声爹却被拒绝之后老泪纵横。这种把反面人物人性化的做法在评论界和观众中掀起了轩然大波。

"红色经典"改编剧主要存在着"误读原著、误会群众、误解市场"的问题,影响了原著的完整性、严肃性和经典性。现在红色经典改编电视剧总体不成功的原因是没有了解原著的核心精神,没有理解原著所表现的时代背景和社会本质,总认为它们过于强调阶级斗争,"高大全"、"三突出"的时代痕迹浓重,并且展现生活情趣不够充分,于是在改编时不免作了一些"后现代式"的颠覆,歪曲了英雄形象,使反面人物人性化。

中央重大革命历史题材创作领导小组副组长李准认为,电视剧改编"红色经典"必须把握三个原则:(1)要认可原著的价值导向和精神风貌;(2)要认可原著的人物形象与命运;(3)要认可原著基本的故事框架。这些要求决定了改编者必须以谨慎、精益求精的态度来对待"红色经典",掌握现代人对传统观念的期待和理解,在创新方面既不能墨守成规也不能妄自增删,在创作的任何时候都应当把塑造英雄人物、表现民族精神、反映社会发展的主流作为最重要的表现内容。

二、续拍剧

作为续拍剧的典型代表,《康熙微服私访》、《铁齿铜牙纪晓岚》、《还珠格格》、《大宅门》等都有较高的收视率。对投资者来说,一部戏取得成功之后,拍续集似乎顺理成章,市场有了,观众群固定了,与其另辟新路,不如借助原剧的品牌效应继续造势,既避免了创作新剧本的困难,又比别人提前冲出了"起跑线"。

进一步细分,续拍剧又分为两类。

(1)名称与主创阵容同原作相同,二者在故事情节、时空背景和人物关系上具有密切的前后连续性,优势是可以极大地满足观众心理需求,顺势延续较好的收视市场。该类作品一般是以剧(片)名加数字来命名的系列剧(片)。代表作:《铁齿铜牙纪晓岚》和《康熙微服私访》。这是真正意义上的电视剧续拍剧。

(2)续拍作品是剧(片)名相关,在主创阵容或故事题材、背景上有一定关联,这也就是通常意义上的姊妹篇作品。在姊妹篇作品中,后者可以有效的利用前者的轰动效应为自己造势,以求未播先红的效果,同时又由于后者在创作中可以不受前者的束缚,甚至可以完全抛开前者的既定轨迹而改弦更张、另辟蹊径,因而具有更为广阔的生存和发展空间。代表作:《离婚启示录》姊妹篇《女人背后的女人》,《红色康乃馨》姊妹篇《蓝色马蹄莲》。

而从总体上观照,续拍剧,若是成功了,是大获全胜,成锦上添花之戏;不成功,则铩羽而归,是为狗尾续貂之作。有调查显示续拍剧的成功率在60%以上,新拍剧的成功率是20%,这就使得投资方的眼光继续停留在续拍电视剧上,但是前提无疑是最关键的:原作要经受得住市场的检验,只有在坚实剧本基础上的继续才是续拍剧成功的法宝。

三、"商贾剧"

商贾题材的电视剧近年来颇受观众青睐,跟随《大宅门》的成功脚步,《大染坊》、《白银谷》、《龙票》、《红衣坊》等同类剧集接踵而来,因此,业内有人说电视业迎来了"商贾高潮",更有学者将这一现象称之为"商贾现象",将这类电视剧统称为"商贾剧"。

商贾剧通常以真实的历史人物为蓝本,故事背景多放在清末民初,描述商贾们曲折艰难的成长经历、奋斗历程,与自传体有些相似。把历史上著名商人的发家与没落、成功与挫折、理念与做法、经验与教训摆上荧屏,让观众从中得到借鉴和领悟,是商贾剧收视长虹的原因之一。同时,鲜明的人物性格和剧情表现出的思想深度也吸引了观众的目光。像《大宅门》、《大染坊》等电视剧虽然都以主人公在商界的奋斗为主,但几乎无一例外都浓墨重彩地描绘了主人公在官场和商界间的周旋,与其他题材的电视剧相比,其思想高度要略胜一筹,剧中讲述的一些经商方面的先进理念往往也有很强的现实借鉴意义。

综观近代题材的商贾剧,一般分两大类型:(1)以反映百年老字号兴衰历史为背景的,如《大宅门》、《天下第一楼》、《大染坊》、《人生几度秋凉》,这类商贾题材剧一般比较庞大、人物繁多、情节曲折且极具悬念,商场上尔虞我诈的残酷性会在很大程度上吸引观众。(2)反映历史人物传奇故事,如《钱王》、《白银谷》、《龙票》等。这类剧则着重反映主人公曲折艰难的成长、奋斗历程,故事更具传奇色彩。

我国历史上可供取材的商贾题材很多,"晋商"是这两年频繁被搬上电视屏幕的一个题材。《白银谷》和《龙票》便是晋商故事在荧屏的首轮展现。晋商在中国近代史上以押票镖局闻名天下,被誉为近代中国金融业的开拓者。讲述山西晋商中的代表人物祁子俊传奇一生的 43 集电视剧《龙票》全面展现出在那个风雨飘摇的时期,中国近代金融业是如何艰难起步并初具雏形,祁子俊如何建立庞大事业王国,从而揭示出以德经商的深刻道理。全剧以对官商、儒商、皇商三种类型古代商人的塑造,表达了对官商道路的否定,寓含诚信为本、以德经商才是商之正途的道理。《大宅门》、《天下第一楼》、《人生几度秋凉》则以京味文化为背景,反映的是近代老北京老字号铺面的历史。电视剧《大宅门》描写了京城药铺"百草厅"百年的坎坷遭际和家族沉浮,运用"以小见大"的艺术表现手法,通过白家家族的兴衰荣辱来折射时代、反映历史,让人们通过家庭这个窗口来观察整个社会这个大舞台,从而深刻揭示了清朝末期的腐败、民国初年的混乱和日寇侵略者的残暴。故事从光绪 6 年春天白家二爷去詹王府为大格格看病号出"喜脉"后马被杀、车被砸,两家结仇开始,描绘了白氏家族在动乱时期如何保护"百草厅"、利用"百草厅"为抗日官兵输送药品并在抗战胜利后遵从国家要求交出百草厅秘方和经营权,通过"百草厅"百年来的挣扎沉浮来构筑电视剧的故事框架,透过白家三代人的悲欢离合和喜怒哀乐来设置故事情节,设计了引人入胜的戏剧情境,大大增强了可看性和观赏性。"徽商"是中国明清时代的第一大商帮,在经济舞台称雄了 400 年。以前的荧屏上不乏徽商题材电视剧,20 世纪 80 年代香港拍摄有《八月桂花香》、90 年代有陈道明主演的《胡雪岩》,近几年来反映徽商文化的《大清徽商》和《红顶商人胡雪岩》也即将搬上屏幕。以"茶马古道"闻名的滇商马帮文化在电视荧屏上也初露尖尖角,《大马帮》的热播为其全面"上市"铺好了基础。

虽然商贾题材可供挖掘的内容还有很多，但是现在展现出来的商贾剧已经走入了一个约定俗成的套路，即主人公多是与贫穷、对外抗敌、商场上非恶意的欺骗联系在一起，除了扮演者不一样，看一部戏和看十部戏没什么区别。抓住出彩的亮点是导演编剧当前的首要任务。

四、戏说剧

近年来，电视屏幕上的戏说剧可谓越来越火。戏说剧，就是用调侃的方式重述历史，塑造人物，绝大多数的戏说剧都是古装题材。用许多戏说剧名导的话说，就是"给沉闷的历史加点糖，用充满爱情凶杀调料的现代思维把历史重新包装，给奔波劳碌了一天的人们找点乐子"，但是很多时候，乐子找到了，最基本的历史真实感和文化品位却缺失了。总结戏说剧的大致脉络，可以看出有以下的共同"特点"。

1. 人物思想个个超前

上至皇帝大臣，下至平民百姓，身上都丝毫不见传统道德规范留下的影子。皇帝可以数月不回朝理事，跟民间美女风花雪月（《戏说乾隆》《康熙微服私访》）；公主格格可以随意抛头露面甚至越俎代庖，替官府处理政事（《还珠格格》）。

2. 清朝皇帝大行其道

光是与乾隆皇帝有关的戏说剧就令人眼花缭乱，如《戏说乾隆》《还珠格格》《龙凤奇缘》《宰相刘罗锅》《铁齿钢牙纪晓岚》……

3. 爱情浪漫人人难舍

如果是皇帝，他就一定在民间有一位真爱的红颜知己；如果是平民，他或她就一定会陷入某贝勒公子或公主格格的爱情纠葛里难以自拔（《皇太子秘史》《还珠格格》）。

4. 个个武艺高强

不论是皇帝大臣还是走卒民女个个都身怀绝技，甚至连原本手无缚鸡之力的书生也都不知从哪学来无敌神功，潇洒地行走于江湖间（《新梁山伯与祝英台》《唐伯虎点秋香》）。

显然，这些所谓的"特点"都有悖最起码的历史常识和社会真实，使观众的审美情趣和欣赏品位严重下降，甚至会影响人们的历史观和道德观。而对于辨别能力很差的未成年人来说，戏说剧里的历史就是真实的历史，戏说剧里的生活就是现实的生活。

但是,与各种道德分析和社会文化层面的关注相悖的是,戏说剧的确很好看、很好玩;与戏说剧思想水平和格调不高的实际不相符的是,它们中的很多作品收视率却非常理想,这不能不令对戏说剧屡次喊停的许多人士颇觉尴尬。戏说剧到底魅力何在?简单说,原因就在于人们逐渐厌倦了爱国主义教育式的历史剧集,渴望看到多视角的历史事件和多层次的人物形象。

同时,正是拿捏着观众的这种渴望,在经济利益的驱使下,戏说剧行情看涨:一部《戏说乾隆》火爆荧屏,接下来《戏说慈禧》、《戏说康熙》就接踵而至;一部《还珠格格》多台抢播,别的格格公主太子皇嫂就都不会再闲着。

在这个"水煮资讯"时代,戏说剧绝对是应时而生的产物。它的通俗性与兴趣点,使得它的流行是必然的。在这种必然中,或许无需加入太多的质疑——正如指责麦当劳的汉堡不够鲜美一样,其实它本身就不是为了好吃而做成那样的。

五、动漫游戏改编剧

年轻人的收视市场之大,是毋庸置疑的。而如何将诸多的"新新人类"从电脑拉回电视前,这项工作也无疑是电视人正在进行的一大艰巨课题。在此种背景下,动漫游戏改编剧便由此诞生了。

将动漫改编成影视剧的做法,在港台和内地影视界方兴未艾,更有愈演愈烈之势,成为20世纪90年代以来华语影视创作的一大新潮流。2001年《流星花园》的成功更是将漫画改编电视剧的趋势推向了一个新的高潮。这部根据日本漫画《花样男子》改编而成的电视剧不仅打破了台湾乡土剧垄断电视市场的格局,还在内地通过网络迅速传播创下了新的收视率,同时还捧红了F4。之后,《粉红女郎》、《双响炮》的热播延续着动漫改编电视剧的这一热浪。

专家认为,动漫改编影视剧热在内地的兴起,反映了内地的影视创作市场意识有了明显的提升,市场运作手段更加灵活。投资商之所以选择将漫画改编成电视剧,除了顺应这一潮流之外,看重的还是这些漫画原著在改编之前就已经非常畅销,庞大的读者群很容易转化为同样庞大的观众群。

由朱德庸漫画《涩女郎》改编而成的《粉红女郎》就是一个典型的成功案例,通过这部剧可以看出其中的特质所在:

首先,以平面故事营造想象世界的漫画,比文字更容易转化成立体镜头。《涩女郎》中,"结婚狂"、"男人婆"、"万人迷"、"天真妹"4个女人有4种个性,移植到电视剧中,这一族群更立体,更具象化,显得更富人情味。其次,越来越多的电视剧选用四格漫画作为蓝本。所谓四格漫画,它类似于文学中的小小说,故事以片段的形式呈现,可以自由组合、发展,这对电视剧创作者来说,改编与创作的空间巨大,可以根据创作的要求组合故事,随意挑选自己所需要的场景。《涩女郎》就是标准的四格漫画。再次,高科技的应用让电视剧有了再现漫画想象力的可能。具有科幻、恐怖、神怪等各类离奇故事、超现实场景、高难度动作的漫画改编成电视剧后可以通过电脑特效在屏幕上重现立体的特技效果,让原作更加丰富精彩,现实化了漫画想象力。最后,由动漫改编的电视剧大多由明星出演,将动漫形象演变成明星形象,这是招睐青年观众的制胜方法之一。

作为 PC 游戏史上最为经典的游戏作品《仙剑奇侠传》于 1995 年推出旋即红遍全国。根据其改编的同名电视剧《仙剑奇侠传》也成为中国第一部根据游戏改编的电视作品。

由于《仙剑奇侠传》的情节并不复杂,如果只是单纯地复制游戏内容,那么只够电视剧两三集的拍摄内容,因此在忠于原著精神、保持整个剧集浪漫色彩和情节走向的基础上,电视剧对原来游戏中一些简化处理的内容予以丰富和加强。但是电视剧和游戏的故事逻辑毕竟不一样,这使得电视剧版《仙剑奇侠传》增添了新的故事线索,虚构了几个比较重要的角色,把一个男人和三个女人的爱情悲剧演变成了四个男性和四个女性之间的爱情纠葛,这成为未播先热的八卦话题。

另外,由谁出演主角也是观众争议的焦点。当年玩游戏的角色代入感已经让玩家把自己想象成了李逍遥、赵灵儿,在他们心目中没有演员能取代这一形象,但是对真人版角色定妆造型的忍不住"窥探"又激起了他们对于真人形象"不完美"的不满,而且对原作作任何细节上的修改都使他们感到不安。因此,对于制片方的一席"电视剧的整体基调将是轻快明亮的,其中不乏幽默搞笑。在人物塑造上,也会淡化悲情色彩,加重喜剧感"也让玩家担心翻版"小燕子"的再度上演会弱化甚至推翻原作的悲情色彩。美好的记忆最害怕被颠覆,这也许是所有揪住心跳等待上映前的玩家最想说的话。

但是,毕竟电视剧的市场是"一切看疗效",该剧上映后反响相当好,甚至获得不同年龄层、不同学历背景、玩家与非玩家的一致好评。于是,第一个吃"游戏改编"这只螃蟹的制作者,收获的不仅是人气和不用作宣传便聚集的电视剧的关注度,更多的是"银子的叮当碰撞声"。

同时,可以想见的是,这种美妙的声音,将会吸引更多的后继者。

六、情景喜剧

1995 年,英达导演的《我爱我家》开创了中国情景喜剧的先河,至今还是不少电视台复播的经典。随后几年《心理诊所》、《候车大厅》、《炊事班的故事》、《闲人马大姐》、《东北一家人》等众多情景喜剧纷纷出炉。

虽然单从数量上来说,中国的情景喜剧制作确实可观,但却远不能重现《我爱我家》的辉煌。根据中国情景喜剧网的调查,美国的《成长的烦恼》和《我爱我家》这两部情景喜剧仍然是中国最受欢迎情景喜剧的前两名。而像香港、韩国的许多情景喜剧(如港剧《皆大欢喜》、韩剧《爱情是什么》)在我国的收视率却相当不错,给国内情景喜剧也造成了不小的冲击。

回顾情境喜剧在中国走过的十年,可以说,中国情景喜剧进入了一个"瓶颈"阶段。英达就曾在一次研讨会上表示:"这是一件很可悲的事情。我个人更希望情景喜剧在中国形成相当一个规模,有可喜的局面,这比我自己每年拍出一两部观众喜爱的情景剧更重要。"①那么,现阶段中国的情景喜剧都存在着哪些不足呢?

1. 投资少,质量普遍不高

众所周知,情景喜剧是所有剧种里面"投资小、见效快"的一种。因为基本不用外景,场景较少,加上大都采用"即制即播"的模式,因而成本较其他类型的电视剧要少。许多投资人之所以投拍情景喜剧也正是看中了这一点。但是如果只是把它当成一本万利的商业活动,不顾创作规律,一味压低制作成本,那拍出来的东西质量就无法保证了。在情景喜剧的发源地美国,一集《六人行》的后期制作成本就高达 1000 万美元。而"精工出细活",以《老友记》为例,此片在美国大受欢迎,走红十年长盛不衰;收益也相当可观,大结局的广告售价高达 30 秒 200 万美元。这样,充足的投入和精良的制作班底吸引了庞大而稳定的收视群,而庞大而稳定的收视群又保证了投入的充足。

与美国情景喜剧行业的良性循环相反,我国现阶段情景喜剧行业的道路与之背道而驰。过低的成本和粗制滥造的剧集造成收视率低,而低收视率又进一步恶化了制作环境。英达就曾坦率地谈到,"现在能给编剧的最多只有 1 万元 1 集,这在电视圈算是很低的稿酬,而喜剧又特别不好写。要是我 1 集能给编剧 10 万元甚至更多,要是一个编剧一年就写一集,试想那一集该有多精

---

① 《情景喜剧进行时》,人民网,www.people.com.cn,2003 年 12 月 26 日。

彩啊！中国的情景喜剧已经走进低成本的怪圈，短期之内不可能走出来"。

2. 剧情粗糙，语言浅薄

编剧对于情景喜剧而言，无疑是能否成功的决定因素。英达曾说，"质量最重要，而情景喜剧逗不逗、质量高不高，70％是在编剧。虽然预算资金非常少，但我们每次都毫不犹豫地把大部分资金给编剧。我觉得培养编剧特别重要。"

业内人士也认为，当下的不少作品偏离了情景喜剧的一般规律，是一种变形的电视连续剧或小品，有的甚至成了恶俗版的"相声"。而如果只是在语言上下功夫，其难度和危险性就可想而知了。一个笑话即使在说第一遍时，观众大笑不止，到第五遍时也会厌烦至极。

情景喜剧的着眼点大都是平民小事，那么，编剧真正应该做的就必须是深入百姓生活，认真体味普通百姓生活的酸甜苦辣，从中提炼出幽默和戏剧精华。只有经历这样的过程，情景喜剧才能经得起观众的考验。

随着生活节奏的加快和社会竞争的日益激烈，人们在工作时间以外希望看到更轻松、更娱乐的剧集。与急迫的需求不协调的是，且不论质量，中国情景喜剧不到电视市场的1/10，而在西方国家，每个电视台都有情景喜剧频道，情景喜剧是最基本的电视节目类型，有的节目能连续播出好几年。由此可见，在中国，情景喜剧现在虽然发展不能令人满意，但是发展前景却颇为广阔，如果能发现和改进不足，发展前景定然不俗。

七、方言电视剧

方言电视剧，顾名思义就是以方言为话语的电视剧，它以方言作为叙事、抒情的话语，集方言所在地的民情、风俗和潜藏的民族心理为一体，极具当地的语言特色。

四川开创了我国方言剧的先河，20世纪80年代的电视剧《凌汤圆》更是在全国观众面前展示了独特的四川风土人情，其智慧幽默的四川方言和四川人的善良纯朴为新时期的方言电视剧打开了局面。进入90年代，方言电视剧突破四川向全国发展，形成了东北、西南、闽粤几大方言住驻地，涌现出《外来媳妇本地郎》、《刘老根》、《马大帅》等大批方言电视剧。

如今，方言电视剧在某些地区还以栏目形式出现，每天固定时间固定长度，像四川方言情景短剧《经济麻辣烫》就于2004年3月29日亮相，周一到周五每天播出30分钟，取材于当地百姓经济生活热点，由群众演员和专业演员共同演绎,主持人"凤姐"和"眼哥"也用四川方言进行轻松幽默的穿插点评。

方言电视剧语言的局限性决定了它的收视群以本地观众为主、外地观众为辅。它的语言不能随便更换,尤其是地方色彩浓郁的现代生活剧集,一旦为了迎合外地观众的语言习惯而配音播放,就会失去方言优势,也就失去了方言所承载的一整套当地的审美意蕴和价值系统,难逃失败的命运。广东电视台的粤语情景剧《外来媳妇本地郎》在广东获得了巨大的成功,2001 年至今一口气播出了 600 多集,观众仍然欲罢不能,平均收视最高时达 20 多点。但是当广东台踌躇满志地把《外来媳妇本地郎》配成普通话"冲出广东,走向全国"时,所到七八个省市均惨遭滑铁卢。

内容上关注当地的市民生活并富有浓郁的民族特色是方言电视剧的另一特点。电视剧《刘老根》的对白充分发挥了东北方言的优势,揉进了大量的东北二人转的精彩篇章,东北地域文化风格浓郁,充分反映了深刻的农村现实生活。很难想象政治意味浓厚或者恢宏、大气的主旋律题材经由演员演绎后突然蹦出几句方言带给观众的错愕,这也决定了方言电视剧形式上以轻松幽默为主,兼蕴生活哲理。但是目前的方言电视剧也出现了为了追求幽默效果的台词而刻意堆砌语言的现象,这种将意义肤浅粗俗的"口头方言"作为"佐料"的做法应该得到创作者的关注。

方言剧在今后是否能有光明的前途,取决于其生存空间的拓展状况。这就需要做许多艰难的工作。"比如,如何处理方言的生动性与语言的纯洁性的关系,以及方言与普通话的关系;怎样做到既发挥方言所能体现的鲜活的生活化优势,艺术与语言规范化,突出浓郁的地方文化特色和乡土气息,又保持较高的艺术品位和审美格调,使方言的运用俗极而雅、大俗大雅。"[①]

八、戏曲电视剧

我国的戏曲艺术源远流长,深受观众喜爱。但从 20 世纪 80 年代以来,由于大众娱乐方式的日益丰富,尤其是电视节目的冲击,舞台戏剧市场开始萎缩,戏曲院团纷纷倒闭,观众大幅锐减。面对这种情况,许多有识之士都在积极谋求戏曲艺术的振兴之路。其中,利用电视这一当今最有影响力的传播媒介来推广戏曲就不失为一个聪明的选择。近几年,专门的戏曲频道出现,各种综艺节目中优秀的戏曲段子也时有播出,但最振奋人心的莫过于戏曲电视剧

---

① 黄洁:《重庆方言的现实处境和生存空间》,《西南电视》,2001 年第 5 期。

的兴起和广受好评。

可以说,戏曲电视剧是推广戏曲艺术的一个很好的平台。且不说电视在当今观众生活中所扮演的重要角色,电视剧与戏曲天生就有着一个共同的任务:讲故事。戏曲虽然讲求的是氛围的营造和造型的美感,情节相对简单且发展缓慢,但是每部戏剧也都有完整的故事内核,丰满的人物形象,以迎合中国观众习惯于"看故事"的传统观赏方式。而电视剧在"讲故事"方面的优势是有目共睹的。并且,随着电子科技手段的进步,要把戏曲舞台上所营造的亦真亦幻、虚实相生的艺术效果较好地呈现在屏幕上也越来越容易了。最后,戏曲电视剧可以突破舞台演出的限制,选择最佳演员(可一人分饰多角)记录演员的最佳表演状态(可重复拍摄),由此,可以弥补舞台艺术"一次过"中出现的许多遗憾。

业内不少人往往把戏曲电视剧成为"加上唱戏的电视剧",但事实上,好的戏曲电视剧远非自电视剧里加上几句唱词那么简单。因为舞台戏曲的虚拟性与电视的真实性之间有着很大的冲突。比如舞台戏取得演出环境大都是虚拟的,写意的,而在电视屏幕上那些"假山假水"很多时候就显得幼稚可笑了。再如传统的古装戏曲中演员会用髯口、勾脸等舞台化妆,并有很多程式化的表演——"三五人千军万马,七八步万水千山"。但如果照搬到电视上,电视拍摄的真实感就大打折扣了。还有,戏曲电视剧容易走入节奏拖沓、情节简单等误区,在这些问题的解决上,三集越剧电视连续剧《孔乙己》是比较成功的,其解决了许多戏曲电视剧情节简单、节奏拖沓的毛病。该剧并未拘泥于鲁迅先生的小说原著,而是"纠葛了更多的社会冲突的线索,承载了更多的人物命运的变迁"。[①]

九、音乐电视剧

2003 年 8 月,CCTV-8 电视剧频道一部轻松明快、青春逼人的音乐电视剧《水果姑娘》吸引了众多观众的目光,也引起了许多业内人士的关注。这是中国音乐电视剧的开篇之作,它的成功播出也必将会带动电视剧创作员对中国音乐剧新的艺术探索。从这种意义上说,《水果姑娘》的出现就值得我们好好分析一番。

音乐电视剧,顾名思义,是以音乐、歌曲、舞蹈为主要表现手段的电视剧。

---

① 童道明:《迎面飘来一幅画》,《当代电视》,2004 年 4 月号。

既然是电视剧,它必定还要遵循电视剧创作的一系列规律。因而,它也要承担"讲故事"的职责,要设置曲折的情节,要塑造丰满的人物形象。

《水果姑娘》的剧情不复杂但也做到了一波三折:几个学生女孩要组成"水果姑娘"组合,参加校园歌手大赛,在这一过程里,她们遇到了来自校园、家庭、社会上形形色色的人,在一次次的沉浮中体味生活的酸甜苦辣,不断成长,最终取得成功。

同时,既然是音乐剧,除了喜剧因素,歌和舞也必不可少。但是,歌舞的加入必然会减慢剧情的发展;同时,歌舞的展现也需要一个相对虚化的舞台感较强的环境。这些矛盾解决不好,势必影响音乐电视剧的可看性。在这一点上,《水果姑娘》的编导也颇下了一番功夫。对剧情发展起关键作用的情节大都和普通电视剧的叙述手法相同,以保证剧情发展的顺畅和快速。但在需要着力渲染气氛或刻画人物内心世界的时候,歌舞就派上了用场。在普通电视剧中,人物的内心活动多以动作、表情或几句画外音来表现,更多的内容则要观众自己去揣摩、体会。而音乐剧在心理活动的表现上正是得心应手。例如:苹果看到窗外昔日恋人孤单徘徊时,唱出一首《爱能停留多久》。首先作为一首曲调优美的独唱,它给了观众视听上以美的享受,同时,也较好地展现了苹果失恋的痛苦和对真挚爱情的渴望。用歌舞表现内心独白是本剧的一大特色。

另外,在强化戏剧效果,烘托气氛方面,歌舞也功不可没:喜欢吹牛,爱耍小聪明的"小电扇"对几位姑娘大献殷勤,骗取信任。在这场戏里,"小电扇"的一段独唱节奏感很轻伴随着他头上呼呼转动的小风扇和他夸张的动作,一个自作聪明、无真材实料的"小丑"形象被惟妙惟肖地刻画出来,观众在嘲笑之余,也会为几位姑娘的前途隐隐感到不安。

由此我们可以看出,这部音乐电视剧在不放弃戏剧化情节的同时,更注重音乐、色彩、光效来为人物活动营造一个美的环境,虚实相生、繁简结合,用情节的波折弥补歌舞的拖沓,用歌舞营造的艺术假定性来展现普通电视剧难于充分揭示的内心独白和强化戏剧效果。

其实只要虚和实、繁和简、歌舞和戏剧之间的分寸把握得当,音乐电视剧浪漫、唯美的魅力就一定能打动观众。

第七章
电 视 电 影

从电影到电视电影的发展历程
电视电影的特性研究及定义阐述
由电影到电视电影的类型界定
电视·电影·电视电影的三个热点问题

第一节 从电影到电视电影的发展历程

人类艺术的历史是辉煌而又略显模糊的。艺术（和宗教、科学一起）使人类摆脱愚昧、远离罪恶、超脱于平凡和低级来感受美。我们很难说清音乐、舞蹈、建筑、雕塑、诗歌、戏剧等艺术诞生的确切时间，但是电影艺术的诞生就是为我们所知晓的。电影的出现可以说是横空出世的一个奇迹，宣告了一个新的文明时代——视听语言时代的到来。电影的出现不仅扩展了人们的视野，而且使历史的记录变得更加清晰、明确，甚至改变了人们的思维方式和生活方式。继电影之后诞生的电视，更进一步地走入寻常百姓家中，它的艺术与传播双重属性令其魅力和吸引力大增。而电视电影，作为更为年轻的电视节目门类，在它身上彰显出的是电影与电视相结合的必然规律和特殊优势。

试看在如今林林总总的中国电视节目当中，围绕着"电影"这一主题做出了许多漂亮的文章，电视电影、在电视播放上的电影及其相关的节目就已经在电视荧屏上占据了非常大的比例。从专门为各种电影频道制作的电视电影到在各类影视频道播出的电影影片,从最新的电影动态到幕后的制作花絮,从《中国电影报道》到《佳片有约》,从《世界影视博览》到《第十放映室》,无不是电视制作者巧妙地使用电影这份好"原料",为广大影迷做出的各种饕餮大餐。而尤其是自 1996 年元月中央电视台电影频道开播以来,更是让电影这门艺术(特别是数量不少的国产电影、电视电影)通过电视媒介得到了更优质、更广泛的传播。这其中,在电影的基础上产生和发展起来的电视电影,无疑在电视荧屏上绽放出了熠熠光彩。

从世界影视发展史来看,电视比电影的诞生晚 40 多年,它给世界各国电影事业带来过巨大而剧烈的冲击。但是,与此同时,电视也给电影带来丰厚的利润,拓展了电影事业的盈利渠道,这在欧美国家早已有了成熟的案例与经验:

美国仰仗好莱坞使得电影显赫于世、闻达一时,可是在电视的重创下,也曾不得不屈尊向电视台售卖老电影片以贴补电影的自身不足。开始时,电影人在经济上并没有看到更多的实惠,直到 1961 年美国全国广播公司(NBC)电视网在黄金时段最先推出以播放当下最新影片为主要内容的电影剧场——《周六晚间影院》之后,这种在电视上播放的电影获得了极高的收视率与观看评价。见此情景,1962 年、1965 年另外两大电视网美国广播公司(ABC)和哥伦比亚广播公司(CBS)也先后推出自己黄金时段的电影剧场,使电影新片在电视上播出形成气候并获得非常良好的收视率结果,一些影片的相对收视率甚至达到了 40%～50%,如《乱世佳人》以及希区柯克的《鸟》。于是,更多的电影剧场出现了,带来了电视台对电影极大的需求,电影的电视播映权费用也随之大大提高,比如一部奥斯卡获奖影片《桂河桥》的电视播映权竟卖到了300 万美元的天价,这一切给美国电影补充了血液,带来了生机[①]——电视与电影互动共生的局面,由此可见一斑。

欧洲电影也走过类似的历程,相关专家的统计数据显示:法国电影在 20世纪 50 年代,影院观众在 4 亿人次左右,70 年代则下降到 1 亿 7 千万,到了80 年代又下降了 50%。巴黎的电影院数目在 1982 年为 286 家,到 1988 年就只有 187 家了,6 年时间竟然就减少了百家之多;英国在 50、60 年代影院上座率很高,但到了 80 年代就有 74%的人口不再去影院看电影了;西班牙 1966

---

① 参考张卫平:《从电影发展战略谈电视电影》,引自《第九届中国金鸡百花电影节学术研讨会论文集》。

年影院观众是 4 亿人次,到 90 年代只有 8000 万人次,从 80 年代末到 90 年代每年都有将近 400 家影院关闭——欧洲人清楚地意识到这一切都是电视蓬勃发展的结果,"看电影的一定看电视,而看电视的不一定看电影"成了欧洲电影发展的尴尬与瓶颈所在。面临这样的局面情况,在一开始,欧洲电影人想尽办法维持电影的地位,欲图东方再起;但是后来,人们才发现虽然电影院里的电影观众大量流失,但是电视机前的电影观众却大大增多,譬如,在 60 年代西班牙有 4 亿电影观众,而到了 90 年代陡增到 32 亿电影观众,其中 85.5% 的观众是通过电视看电影的。电影院大幅度减少、电视机翻倍增加等不争的事实,使得欧洲电影人认识到电影可以在电视上获得更广大的观众群,这就不但扩大了电影的辐射影响,也从中赢得了更多的经济利益。譬如,法国电视四台每年播出电影在 400 部左右,使电影业获得利润达到上亿美元。①

正是因为在世界范围内,电影与电视的结合碰撞出了如此的生命火花,电视电影作为一种独特的节目类型才逐步地发展壮大起来。虽然,最早的电影和电视都诞生在欧洲,但是美国人在电视电影这一领域却是"第一个吃螃蟹的人",最早意识到了拍摄电视电影的必要和好处。回溯到 20 世纪 60 年代,美国正式开始了电视电影的拍摄工作。而欧洲开始拍摄电视电影是在 20 世纪 70、80 年代,我国则是在 90 年代末才投入这一项目的。

我国电视电影的发展状况是如何的呢?以中央电视台电影频道为例,在其开播的第三年就把建国以来拍摄的近 3000 部国产片(除了由于各种原因不能播的)几乎全部播过了。尽管电影频道的收视率在中央电视台众多频道中一直名列前茅,它的广告收入表现得也异常可圈可点,但是没有足够的国产电影供频道播放已然成为制约频道发展显而易见的屏障所在。毕竟,作为专业性的电影频道,每年电影节目播出量必然会很大,而国家又对国产电影播出比例有严格的规定(3∶1)。如果每年没有三四百部新电影制作出来,就不能满足电视观众的娱乐需求。为解决片源危机,在我国,于 1998 年初提出的"以拍摄电视电影以弥补电影片源不足"的设想,并在下半年开始实施。1999 年春节播出了我国的第一部电视电影《岁岁平安》。1999 年电影频道用低成本投资拍摄了近 100 部电视电影。这些电视电影虽然还有很多不尽人意的地方,但确实给电影频道的节目补充了新鲜的血液。

---

① 参考张卫平:《从电影发展战略谈电视电影》,引自《第九届中国金鸡百花电影节学术研讨会论文集》。

　　从电视电影的发展进程中,我们看到了如今电视与电影互动与合作,即电视电影是在电影与电视相互需要、相互支持、相互延伸、相互融合、相互促进的过程中发展起来的。

　　鉴于本书的宗旨是"中国电视节目类型研究",本文理所当然地把本章的关注重点放在"电视电影"上。而电影与电视电影、电视与电视电影的紧密相关性又不容忽视,二者及其相关的节目又是作为电视节目之中很大的一个类别。因此在本章内容之中,我们会着重于借鉴电影较为成熟的类型界定方式,对中国的电视电影门类作一理论规整与界定。然而单纯地对电视电影进行分类也并不是本章全部的写作目的,除了进行界定和分类之外,笔者希望借此机会将"电影和电视之间的关系"、"电视电影的发展历程及其影响"乃至"红色经典电影改编为电视剧"、"电影语言的可探索性及其对电视电影的影响"、"电影及电视电影相关的栏目报道"诸如此类的相关热点问题进行一定深度的学理探究。

第二节　电视电影的特性研究及定义阐述

一、电视电影与观众族群

　　电视电影作为一种在全球范围都相对新颖的电视播出门类,如何吸引更多的观众,成为其自发到自觉乃至完全成熟的重要支撑指标。谈论中国电视电影,本文将首先把目光转向中国的观众族群。

　　中国的观众普遍喜欢故事,故事情结尤为强烈。而在当下,许多观众消费故事的主要渠道都来自于各种各样的电视连续剧,这与中国叙事文化的时间性叙事传统有着密切的联系。正是因为青睐叙事性的呈现范式,由此导致中国观众对视听的空间感知相对忽视,对故事的空间结构也相对忽视,这也是中国观众如今对电视剧的热情远远高于电影的重要原因,也是为什么在中国,电视剧远远比电影更有观众缘的重要文化心理原因。

　　于是乎,电视连续剧几乎就成为了多数中国人阅读故事、享受故事、消费故事的惟一途径,人们沉浸在那些悲欢离合、柳暗花明的家长里短、东邻西里的故事中,伴随那些一个一个周而复始、老生常谈的电视剧度过一天又一天、一月又一月、一年又一年。在这种时光的消磨中,人们的叙事经验越来越简单,美学体验越来越表层,空间意识越来越衰退,超日常理想越来越淡漠。因为电影的缺席,中国观众的视听审美能力很可能在电视剧的笼罩下变得更加粗糙、叙事审美能力也更加幼稚,而中国的视听艺术也将与世界艺术发展的趋势越来越拉开距离。

但电视电影这种崭新的创作模式与播出方法探索了将电影与电视的媒介特性相结合而不是简单地将影院电影移植到电视屏幕上去播出,结果,在电影获得了电视素质的同时,电视也具有了电影品质,这就是"电视的电影化和电影的电视化"——电影得到了一种新的传播载体,电视也获得了新的艺术营养。电视电影这样一种"混搭"形式的出现,无疑会在电视连续剧的叙事垄断中开辟新的叙述故事的方式,带给观众超越电视剧的审美经验,这不仅对于丰富观众的文化娱乐需求有着重要意义,而且对于激活观众的视听审美潜力和扩展观众的影视审美经验也有重要意义。

正是从这个意义上讲,中央电视台电影频道启动"电视电影"的工程,使电视电影在这个平台上有了广阔的展示空间,也越来越被电视观众所关注和接受,电视电影也就有了特别的意义:"经过几年的探索,电影频道已经拍摄了多部电视电影作品,多年从影的老电影人和初出茅庐的新电影人,从第四代导演到第五代直到所谓的第六代、第七代导演都纷纷借助电视电影的平台参与创作,这些作品的题材、风格、样式各不相同,既有继续坚持传统艺术观念的主流写作,如高希希、白玉导演的《劲舞苍穹》、于向远的《请你留下来》;也有实践前卫艺术观念的边缘写作,如郑大圣的《王勃之死》《阿桃》;既有宏大的政治主旋律叙事,如孙羽的《少奇专列》、吴天戈的《第三条线》;也有微相的个体现实主义描写,如刘苗苗的《有你的冬天不冷》、管虎的《上车走吧》。虽然这些作品无论是其人文的深度或是美学的自觉、艺术的成熟都各不相同,甚至有着明显的差异,但是从总体上来看,还是在数量的积累中出现了质量的突破,如《劲舞苍穹》在常规主流叙事方面所显示的完整性,《王勃之死》对历史人物的抽象性再现,张菁的《杨守敬与吕贝卡》对好莱坞情节喜剧模式的成功借鉴,可以说都显示了电视电影的发展空间,同时也为我们探索电视电影的美学形态提供了讨论的样本。"[①]

---

① 尹鸿:《电视化的电影与电影化的电视——关于当前中国的电视电影》,转引自"文化研究网",www.culstudies.com.

二、电视电影的四种特质

由中国到世界,从更宏观的角度观照,电视电影在各国的发展有以下几个共同特质。

1.“因为需要,所以发展”

以美国为例,20世纪60年代美国各大电视网看到在电视上放映新电影对观众仍有很大的诱惑力,极高的收视率带来的高额利润刺激他们竞相在黄金时段推出电影剧场节目,这样就造成对电影的大量需求。但购买新影片价格太高,而且电影长度不等,在电视上播放起来很麻烦等问题,这就促使各大电视网产生了专门为电视拍摄电影的想法。1964年,美国环球电影公司为美国全国广播公司制作了第一部电视电影《看他们怎么跑》。此后,美国各家电视网不断为自己拍摄电视电影,在黄金时段播出,并保持了非常高的收视率。现在,美国每年制作的电视电影有400多部。

将目光转向欧洲,欧洲各国在20世纪70、80年代投拍电视电影的过程与美国大体相同,法国电视四台负责人就承认他们是效仿美国的做法。不过法国政府为保护民族电影,对电视台播出法国电影有严格的比例规定,因而法国电视台为自己投拍电视电影显得更为重要。

总之,欧美国家通过拍摄电视电影,使影视界人士认识到电影的未来必须建立在与电视业日益加强合作的基础上,因为两者之间是相互需要与相互支持的关系。

2.“麻雀虽小,五脏俱全”

在美国与好莱坞上千万、上亿美元大制作的影院电影相比,电视电影的投资只在100万到500万美元的量级,可谓都是小制作。因此,电视电影制作者尽量避免宏大的场面和高科技三维动画,而更注重电视电影的内容和文化品味的挖掘。比如,在电视电影中更多地反映重大历史、社会和政治事件,以引起人们的思考;或者用真实的手法记录下一些大案罪犯犯罪的过程并登出真人照片,以供老百姓协助警察破案。英国BBC四频道的第一任负责人戴卫罗思第一年上任,就用960万美元拍摄了20部电视电影。虽然投资不大,但是颇受业界人士和广大观众的认可。有专家评论说,英国在80年代拍摄的一系列电视电影,在一定程度上呈现出英国“新电影学派”的艺术气息。

3.“大导演、精制作”

在欧洲,许多知名电影导演不拒细流,为各大电视台制作了很多部电视电影作品。比如波兰著名导演基耶斯洛夫斯基就曾表示,他是以同样严肃的态度对待电影观众和电视观众的。他的著名作品《十诫》就是电视电影,其在波兰电视台播放时,第一集的收视率是52%,最后一集更达到了64%;英国著名导演斯蒂芬·弗里尔斯也拍摄过26部电视电影,远远超过他拍摄的影院电影。他的电视电影作品《我美丽的洗衣店》(又译为《年少轻狂》)就曾在1987年获奥斯卡奖最佳编剧提名。他说,他之所以选择把《我美丽的洗衣店》拍成电视电影,就是希望更多的观众能看到并讨论他的作品;美国的许多著名导演也是以拍摄电视电影起步的,比如斯蒂芬·斯皮尔伯格的第一部作品就是电视电影《决斗》。

4.“高收视、高收益”

电视电影在各国电视台的各类型节目,一直深受观众的喜爱。因此,美国的许多电视台都是在黄金时间播放电视电影,从而保持了非常高的收视率。这不但给电视台带来极高的经济利润,也给电影界带来更广泛的呈现渠道、利润空间和成长可能。

三、解构“电视电影”

在以上了解了电视电影的这些普泛特质和接下去进一步具体介绍“电视电影”并对其进行界定之间,我们有必要插入一个论述环节:解构“电视电影”这一语词,细说“电影”、并论及作为修饰词的“电视”——这是因为:电视电影的产生和发展是在电影发展的基础上开拓出来的一片新天地,不了解电影是什么,就很难理解电视电影的深层含义;再者,电视电影的叙事方法、题材、故事、风格、情节,甚至视听节奏、画面和声音元素、蒙太奇手法等各个方面都受到电影的直接影响,或者说电视电影的这些方面是由电影所决定的。正是因为电影的艺术规范才使得电视电影的拍摄和形成有章可循。

电影诞生百余年的发展史当中,由无声到有声,由黑白到彩色,进而到宽银幕、立体声,再到电脑特技效果对电影形态、表现形式的改造、变化,电影的本体一直处于不断地变化之中。我们姑且不去考虑电影在诞生之初作为“声、光、电”的机械集合体实现了人类对于“物质现实的复原”这一梦想;也不去想它自诞生之日起就与大众的亲和力使之具有顽强的生命力;更不会去探求电影到底怎样在短短的一个世纪之后成为一个不可思议的巨人,以及这个巨人给我们带来了什么。抛开这些问题,我们先来看看自从电影诞生至今这一百多年来,人们(观众)一直非常关注的问题,即:“电影是什么?”

如果一定要问"电影是什么",恐怕自电影诞生至今,各路专家学者、理论家、批评家、电影人甚至是观众对电影都已经下了各种各样的定义,我们无法确切地说哪一种定义是完全正确的,但是我们可以在诸多定义当中找到共性的东西。

在此,本文将引用美国科罗拉多大学的福克纳专家和电影史家布鲁斯·F.卡温的著作《解读电影》,来看看他对"电影艺术和电影"的界定:

首先要知道的一个术语是"电影艺术"(cinema),这是对电影的总称。电影艺术是指电影系统,是所有电影所"说"的"语言",它也是电影的集合名词。就像"photography"(摄影),是由希腊文的"light"(光)和"write"(书写)所组成,意味着"以光来书写"或"书写的光","cinematography"(电影摄影)指的则是书写的运动或是记录运动的过程。电影(motion picture)称为运动的影片(picture of motion)的意义不只是描述性的,它也是表现电影首先被认可的重要原因,在于它有能力捕捉并重新创造运动的幻觉。"影片"大抵来说可与"cinema"和"movie"互换,虽然它也指整个最终产品,如"那是一部好电影"(that was a good film),以及这门艺术的整体,如"电影欣赏"(film appreciation),但它特别指印上影像的物质媒介物——长条的赛璐珞片。如果"movie"点出影片运动的重要,"film"则强调这种塑胶物质,以及它特殊的透明性、弹性、可接合性(以胶带或黏剂接合)等等的重要。以相当严格的脉络来看,"cinema"(电影艺术)——间歇动作和放映的特殊媒介过程——使得"film"(影片),某种塑胶物质,成为一部"movie"(电影),或是"moving picture"(运动的图画)。

大部分国家是以"运动"加上"书写",类似"cinema"的意思来指称电影。然而中国人却有个极有趣的名词"DianYing"(电影),意思是"电的影子"。这个词强调的不是影像的内容(不论它是动的还是静止的画面),也不是它的记录过程,而是观众在电影院所看到的东西:当电所产生的光被放映机的景框挡住并被过滤掉,影子便投在银幕上。综上所述,电影可以被认为是"任何具有运动的幻影特性的影像"。[①]

了解到电影的本质意义,让我们通过几个简单的数据来看看我国电影和电视电影的现状——有机构曾用随机路访的方式做了一次市场调查。调查中的第一个问题是:你一年中去过几次电影院? 结果被调查的 73 个人中,有 59

---

① [美]布鲁斯·F.卡温:《解读电影(上册)》,广西师范大学出版社,2003 年版,第 48~49 页。

个回答：他们一年去电影院的次数在三次以下；对第二个问题"你平时看不看电影"，大家不约而同 100％地都选择了"看电影"。从这个小调查中可以看出，去电影院看电影已经不再是老百姓接触电影的惟一方式，甚至已经不再是一个主要的方式。

另据调查：中国观众看电影的方式，首选电视（占 46.5％），其次才是各类影碟和电影院。中央电视台电影频道自开播以来，收视率在中央电视台十余套节目中位居第二——这充分支撑了以上的调查结果。①

当然，"打开电视看电影"，其实也并不是中国的创举。美国也有许多影片从未进入电影院，都是通过电影频道播放的，比如时代公司的 HBO 频道、CINEMAX 频道，华纳公司的 MOVIE 频道等都是知名且热门的电影制作播出频道，它们的影响力也早已跨过大洋，辐射到中国电视市场。

电视似乎抢走了电影的观众，但我们又知道，电视这个媒介又使电影获得了观众。只不过，这些观众不再是坐在电影院里，而是在家里通过电视收看。于是就出现了上文提到过的一个有趣的现象——"电影的电视化和电视的电影化"。

电影的传播方式已经发生了很大的变化，电影不再仅仅是影院中的电影。我们亟需改变传统的电影观念，从新的角度去延伸我们的电影概念，去讨论电影未来的发展，而电视电影就是一个很好的承载介质。

电影的概念究竟是什么，电影的发展究竟应建立在什么基点上，有几个现象值得我们特别关注：

（1）当今高新技术迅速发展，尤其是 90 年代电脑数字化技术的广泛应用，不仅使电影制作进入了新领域，电影呈现出前所未有的奇观。而且产生了一系列新兴娱乐媒体，如录像机、激光影碟机、电脑多媒体、互联网络等。更重要的是这些新兴娱乐媒体在高新技术作用下，将打破电影、电视、电脑多媒体、互联网络之间的界限最终走向融合，从而改变了我们的娱乐和视听观念。

（2）由于电视以及各种新兴娱乐媒体的蓬勃发展，电影的传播方式已被大大拓展了，电影院、电视、录像带、影碟、网络等多种播放手段同时并存，观众娱乐观赏电影的方式也多层次化了。观赏可以是影院"黑箱"式的，也可以是家庭开放式的；可以是单向的，也可以是互动的；可以是集体的，也可以是个体的。总之，现代观众更希望以灵活多样的方式观赏电影。

---

① 刘建宏：《中国电影市场的机会和构成》，《现代传播》，2000 年第 4 期。

　　(3)20世纪末,世界科学技术水平以前所未有的速度向前发展,从而使经济文化格局出现革命性的变化,在资源、产业等方面提出了结构性重组、整合的概念。例如有些经济学专家认为,21世纪将是知识经济时代,网络经济是全球发展最迅速、影响最重大、应用最广泛的新经济,如因特网、电子商务将成为世界经济增长的重要驱动力之一,是世界经济转型和结构调整的中心之一,同时也是世界各国国际竞争力的重要标志之一。尽管我国与发达国家存在巨大的知识和信息差距,但是根据新增长理论,在最新的、重大的基础性新技术方面,我们与发达国家基本处于同一起跑线上,最有可能在这一领域实现跳跃式发展。也就是说,他们认为网络将带来经济结构性调整、重组,从而刺激我国经济更大的飞跃——这一思路是否也可以成为电影发展的借鉴?

　　网络的发展不但正在促使新兴产业的形成,同时也促使大众传媒出现新旧媒体重新整合的变化。这一变化的典型事例是2000年1月10日,网络业巨头美国在线公司(AOL)在纽约宣布收购全球最大的媒体娱乐企业时代华纳公司。这一令人震惊或许还有些令人兴奋的事件所体现出来的意义是重大的,表明了娱乐媒体大整合的发展态势,用一位研究者的话说就是,集网络、报刊、影视娱乐、卡通等诸多业务于一身的"全媒体恐龙"浮出水面。这就是说,用户只要进入AOL,就可以享受所有的信息和娱乐服务。这种"全媒体恐龙"的出现,即娱乐媒体的整合将对传统的影视业产生巨大影响,尤其是对于尚未走出困境的中国电影。电视业已经开始寻找应对的策略和措施。有人已提出明智的选择,电视与网络相互整合,优势互补。

　　从以上三点可以看出,高新技术迅猛发展带来的是"观众观影方式的多样化"和"多种娱乐媒体的一体化",这两点就是当今电影所面对的现实。20世纪80年代末,国内影视界曾提出"影视合流"的说法,但却因为种种缘由没有充分使这一综合发展的设想法得到更好的实施和更高的效益。事隔十几年后,本文认为,接下去要提出的就不仅仅是影视合流,而是电影文化产业与多种新旧娱乐媒体的全面融合。电影必须与电视、电脑多媒体、互联网络互相整合,优势互补,提高垄断地位,加强市场竞争实力。这就再一次警示我们,电影如果再不走综合发展的道路,再不提高综合竞争力,就将在激烈的市场竞争中失去立足之地。

　　电影理论家鲁道夫·阿恩海姆曾说过:"电视是汽车和飞机的亲戚,它只是一种文化上的运输工具。"这话最能窥见电影人对电视既爱又恨的心情,一方面他否认了电视的文化性(对此笔者不敢苟同),但又不得不臣服于电视在传播上的优势而对它加以利用。因为电视是惟一与电影具有相同元素（声音、图像、文字）的大众传媒。

但事实上，电影对电视的利用远非止于技术层面上，因为电视除了是一个播放电影、使电影获得更广泛的传播通道以外，它还是电影很好的宣传渠道。现在每一部电影在投放市场之前，都会作周密的宣传策划，电视对电影来说有着不可抵抗的魅力：

从经济效益上讲，电影在电视上的正片播放将获得不菲的播映权费。仅1998年中央电视台电影频道支付给国内制片单位的影片播映权费就达到一亿六千万元。另外，当电影作为一种商品在电视等大众传媒上进行宣传时，电影由于其独有的娱乐性享受着与其他商品不同的待遇，也就是说电影的宣传不是广告，而是新闻。广告是要收费的，而新闻则是免费的，这样电影就节省了一大笔广告费用。不仅如此，电视等大众传媒的娱乐传导无疑促成了一次次"造星运动"和对电影的炒作。这是广告永远不能达到的效果。

电影和电视不仅是不同的传播媒介，而且也是不同的产业形态。当电影不得不依赖电视进行传播时，电视是否有替电影代劳的必要呢？答案显然是肯定的，因为电影为电视提供了一种信息源，百年电影的积累为电视提供了可供利用的丰富遗产；与其他电视栏目相比，电影栏目先天具有影视语言的优势，电影与电视在美学意义上有着最为密切的联系。

另外，电影带来的轰动效应、明星效应、娱乐效应也为电视获得高收视率提供了可能。我们前面提到CCTV-6仅次于CCTV-1的收视率，这一点不仅说明了观众看电影的方式发生了变化，也说明电影为电视带来了收视率。因此各地方电视台几乎无一例外地专门辟有一个电影频道，或称为影视频道。

2000年10月24日，北京、上海等近40家中心城市电视台在周末同步播放海内外大片，与CCTV-6形成竞争局面。"全国电视电影播放联合体"将实行成本分摊，利用规模优势打造品牌。这种靠购买电影大片加强电视台竞争力的状况在国外尤为明显。仅从德国来看，20世纪80年代中期，德国电视台为购买一部美国影片所支付的平均价是18万马克，而90年代中期的平均价则升至60万马克，如果是购买在德国的首次播映权，现在则必须支付数百万马克。这个价格纯粹是由德国各电视台竞相出高价哄抬而起。

四、电视电影定义阐述

谈完电视与电影的这种胶着性特质，那么接下来本文就将阐述"什么是电视电影？电视电影和原来我们所认定的在电影院里看到的电影的区别是什么？电视媒介对电视电影叙事方法有什么影响？"——这些既是中国电视节目类型之于"电视电影"子类界定的重要问题，也是当下很多专家学者、制作单位甚至热心观众所关心的问题。

人们一般认为，所谓电视电影，是指为电视而拍的电影，也就是英语中的"Movie made for TV"。这个表述相当含糊，这是因为：

（1）怎么拍才算是电影（究竟是用摄影机拍摄呢，还是用摄像机拍摄），这一点是不明确的。

（2）观众所看到的究竟是什么呢（究竟是电影，还是电视）？你说看的是电影吧，它又确实不是在电影院里看到的，你说看的是电视吧，它其实是以电视方式播出的电影，又确实不同于一般的电视节目（甚至包括电视剧）。

在有些人看来，只有用胶片拍摄才能保证电影的这种特殊性。即，只有"胶片拍摄"才能保证这种电视节目的"电影"水准，颇具原教旨主义之风。按照这种逻辑，电影的存在与发展只能以电影的胶片拍摄方式的存在为条件，否则就意味着电影的灭亡。我们知道，这显然不符合电影的发展趋势。电影的"胶片拍摄方式"将来一定会被取代，这一点几乎没有人怀疑了。至于究竟如何被取代，何时被取代，这要取决于电影数字技术的发展。也就是说，由于数字技术的出现，在决定电影的制作与生产上，"拍摄方式"已不再具有决定性的意义了。在这种情况下，在决定电视"电影"的特殊性的因素中，"拍摄方式"已不再重要，重要的倒是它的"传播方式"与"艺术规范"（即传播媒介和故事片样式的基本要求）。按照这样一种理解，所谓电视电影，就是按照电影的"艺术规范"制作的电视节目。在这里，数字技术的出现具有决定性的意义。这样一种界定把电影故事片作为人类文化的一种历史性成果肯定了下来（电影已经成为一种最重要的电视节目）。事实上，中央电视台电影频道投拍的电视电影就是用摄像机拍摄的，例如电视电影《要想甜加点盐》采用了 DVCPRO-50 全数码录音、录像系统（使用了专业的电影照明器材）。[①]

电视电影与电视上播出的影院电影不同，它几乎不提供影院放映，而它与数十集的电视连续剧也不同，它必须在相对固定的 1～2 小时中叙述完成故事。因此，电视电影是介乎电影与电视剧之间的一种叙事形态。这种形态具有自己的特质：

① 王志敏：《由电视电影所想到的》，引自银海网，www.filmsea.com.

（1）叙事应该有一定的强度感。电视电影由于时间长度与电影相似，因此，它不能像电视连续剧那样通过时间跨度的延长，通过与观众建立日常的心理和情感联系来赢取观众，而必须依赖故事、人物和情节的非常性来创造一种叙事强度，而且，在叙事上，电视电影对叙事节奏的要求、对叙事强度的要求甚至要超过电影，它几乎不能允许叙事积累过程的延长。

（2）视听语言表达上的风格化。与前面的特性相一致，电视电影对视听语言表达的要求远远高于一般的电视剧，因为它没有时间连续的优势，它必须有空间的冲击性，必须依靠每一个画面、每一个镜头、每一个场面的精心营造来控制观众。所以，在国外，多数电视电影都采用胶片拍摄，力图在画质上与一般的电视剧形成区别，而且在画面的构图、镜头运动、视听节奏、音乐构成等方面营造一种电影感，形成一种风格化的形式。

（3）在表现形态上，要适应屏幕播出的需要。电视电影虽然力图用一种电影感来区别于一般的电视剧，但是它毕竟是通过电视来播出的，而且其制作规模、投资水准也不能与电影相比，所以在形态上，一般不过分追求场面的宏大、壮观、奇特，也不可能过分追求情节的复杂化，而是追求故事、人物、情节的精巧、奇异和新鲜，在镜头处理上也更重视人物为主的中近景和特写组合，符合电视的叙事规律和适应观众的观看习惯。

由此看来，把"电视电影"理解为"按照电影的艺术规范和电视的叙事规律来制作，通过电视媒介播放的电视节目类型"是最合理的。

当然，这一界定并不排除使用胶片拍摄供电视播放的电影。特别值得我们注意的是：从电影本体来说，电视电影和电影几乎是同一个东西，但从电影文化角度理解两者却有所不同。在家里看电视电影和在影院看电影是不同的，消费主体的心里感受不同，其文化意义也大不相同，后者具有很多城市文化的特征。所以，人们通过不同的传播媒介来观看电影和电视电影所产生的不同的心理效应，已经成为二者文化层面的差别。

第三节　由电影到电视电影的类型界定

在电影学科中，类型界定性质的相关著述非常丰富，本章内容借鉴并结合了诸多著作之说，力求借鉴电影的理论视角来观察电视电影，尽可能以多角度、多方位、立体、动态的方法去审视电视电影。

一、电影类型界定之借鉴

因此,在对电视电影进行细分界定之前,我们有必要先参考一下电影的分类。电影作为一套符号系统,可以说其影片素材、内容包罗万象。按照不同的"表达方式",我们将电影划分为四大类别:叙事电影(narrative film)、非剧情片(nonfiction film)、动画电影(animated film)和前卫电影(avant-garde film)。当然,我们首先得承认:"动画电影"的绝大多数和"非剧情片"以及"前卫电影"中的很多都是"叙事"的电影。在此,我们只按其"表达方式"进行归类和划分。

1. 叙事电影

叙事电影即在说故事。通常,故事(story)指的是一连串虚构的事件,当然叙事电影说的也可能是真实的事件。我们看到的绝大多数电影都是叙事电影。从《一个国家的诞生》《公民凯恩》到今天的好莱坞大片《蜘蛛侠》《后天》等等,无不是"说故事"的电影。或许我们也可以说,主流电影基本上都是叙事电影。

说到叙事电影,我们不得不谈到电影中的"类型片"。"类型片"是电影的一个特殊种类,处理一个具有特性的主题,通常由类型的惯例手法和一再出现的人物组成。当人们回到电影的种类时,通常他们想知道的是它的类型。

我们熟知的类型片包括西部片、歌舞片、男性电影、恐怖片、科幻片、侦探片、警匪片、讽刺片、浪漫通俗剧、神经喜剧、传记片、问题电影、武侠片和冒险电影,还有如后台歌舞片或成人西部片的次类型,以及尚待开发的类型,如文艺片。

2. 非剧情片

非剧情片主要关心的是记录真实事件。强调可闻可见的事实,人物代表的是自己,而不是虚构的角色。打着客观旗帜的电影和观众之间有种内在的约定,呈现在观众面前的对摄影机而言也必须不是虚假的。但是并非所有的非剧情片都是客观的,许多非剧情片都喜欢用客观真实的素材来表现作品。

非剧情片的形态有很多种,从家庭电影到新闻片,但是其中最有意思的三种是纪录片、实况电影和真实电影(历史上也有人把实况电影和真实电影归入纪录片的行列):

纪录片是记录事件的发生,对所呈现的事实材料强调其特殊面向或提出特殊观点的电影。它的符号具有事实的指涉,而非幻想的结构,因此镜头的拍摄可以作为证据或史实,证明某个事件确实发生过。但是真正意义上的纪录片通常不只于事实材料的客观记录,它运用材料来证实主张,或思考现实。如雷乃在《夜与雾》中对纳粹集中营的记录就是对战争的批判和反思;又如迈克尔摩尔的《科伦拜恩的保龄球》是针对美国校园枪击事件进而对美国社会枪支问题的深入探讨和思索。纪录片是电影中一个备受关注的大类别,可以说它是电影的"宠儿",所以相关的内容将在第二节着重表述。

实况影片是对真实的东西或事件进行不偏颇的记录(我们姑且忽略拍摄角度和取景的主观性)。这些电影在呈现事实材料时,连续而不被打断。法文称之为"实况电影"。最早的实况电影应该追溯到卢米埃尔兄弟的《工厂大门》和《火车进站》。

真实电影有很多种名称,在美国为"直接电影",英国为"自由电影",俄国为"真理电影",法国为"真实电影"。它是纪录片和实况电影的混合物,承认导演和主题间的互动是达到综合性写实主义的一种方式。此种类型的影片以阿兰·金的《夫妻》为代表。

3. 动画电影

动画电影中的"动画",从严格意义上来讲,指的是只是拍下一系列二维空间的图形、图画或绘画的过程。但是粗略而言,它也指电影的一个主要类别。短的动画称为卡通或动画短片,超过一个小时的通常称为动画剧情片。随着电脑技术的发展以及该技术在电影中的运用,又出现了三维动画片。从《花木兰》、《大闹天宫》等二维动画电影到《玩具总动员》、《海底总动员》和《怪物史莱克》等一系列的三维动画电影都是为我们所熟知的。

4. 前卫电影

前卫电影是工业外的产物,通常由个别艺术家或小团体制作,设计和制作的目的在于探索电影的某些面向,或者是提倡某些特殊的美学形式。称呼这种电影的名称有很多种,比如实验电影、地下电影、个人电影、诗意电影、抽象电影、绝对电影、幻想电影、结构电影、艺术电影和独立电影(人们认为是比较好、比较贴切的称呼)等等。非主流的叙事电影很多都归结于前卫电影。单纯从以上各种纷繁的称呼就可以看出这类电影的丰富和复杂性。我们必须看到前卫电影中富含了"抽象性"的因素,有的以纯粹的形式和颜色来表现,有的以纯粹的音乐的声轨来表现,或是打破传统的理解所传达的一般信息等等方式来表现某种理念。20世纪20年代出现的先锋派电影中的印象电影、抽象电影和超现实主义的影片应该算是这类电影的直接代表。如曼·雷的《回到理性》与布努艾尔和达利合拍的《一条安达鲁狗》。前卫电影对非叙事因素的探索主要体现在以下几个方面：(1)心理描写和主观感受；(2)画面的造型感；(3)运动的节奏感。以先锋派电影为主的前卫电影最大限度地挖掘电影中非叙事因素的可能性，把电影非叙事化的探索推向极限，而且他们对于电影探索的勇气和实验的热情一直为后人称赞。

二、电视电影界定之特殊性

上文所提及的电影分类为我们提供了为电视电影分类的一个方法，我们可以借鉴或沿袭。但具体谈到电视电影的分类，本文就要在此特别指出电视电影的一个最大的特质所在——观众在电视荧屏上看到的电视电影几乎都是"叙事电影"。

电视台在播放电视电影的时候，为了能让观众在一两个小时的时间之内看到一个精彩的故事，为了能把观众一直留在电视荧屏前，就要把"讲故事"作为重点。电视电影的导演在拍摄之前就已经为自己即将拍摄的影片的对象性确定了定位，可以是拍给老人看的，可以是中青年的、孩子的，抑或是老少皆宜的。但是影片自身所包含的思想、道理甚至是寓意则是完全通过故事来展现的。在电视上播放的电影中，除非是特别介绍电影史上那些"前卫电影"(比如20世纪20年代的先锋派电影)，否则为了收视率，电视台是绝对不会为普通观众播放"非叙事性影片"的。所以为了满足电视上播放的需要，电视电影是不会被拍摄成"前卫的"电视电影的。

由上，我们可以在叙事电影的范畴内，按照约定俗成的"类型片划分法"，将电视电影分为以下几大类：

西部电视电影、歌舞电视电影、恐怖电视电影、科幻电视电影、侦探电视电影、警匪电视电影、讽刺电视电影、浪漫通俗电视电影、神经喜剧电视电影、传记电视电影、问题电视电影、武侠电视电影、冒险电视电影和动画电视电影。

此外，在这一范畴内，将电视电影划分为商业性电视电影和主旋律电视电影，也是当前中国电视观众颇能接受的分类方法；进一步说，叙事必有冲突，冲突会产生戏剧性，按照古典戏剧的划分方法，又可以把电视电影简单地分为悲剧片、喜剧片和正剧片；如果再按照收视对象来分，可以分为少儿电视电影、青年电视电影、中老年电视电影；按语言分，则有华语电视电影、外语电视电影；按照区域可以分为亚洲电视电影、美洲电视电影、欧洲电视电影等，而亚洲电影则可分为中国电视电影、日本电视电影、韩国电视电影、印度电视电影等等。

电视电影,作为一个崭新的影视艺术品种、一种锐气的电视节目门类,在当下,其迅猛发展的势头已然自成一派气象。在把握电视电影的类型界定时,特别需要关注的是电影与电视的互相融合与借鉴。也因此,关注作为概念外延的"电视"与"电影"的个中交集,也成为清晰界定电视电影内涵的重要内容。

第四节　电视·电影·电视电影的三个热点问题

电视电影,无疑是电视与电影的最完美结合。电视作为当今世界最强势的综合传播媒介,将电影这位老大哥"拉入自己的队伍",既是冲击、又是助力。而事实上,电视是永远不可能真正、完全地替代电影的观影体验。在电影与电视两者之间的传播产生合流趋势之中,除了电视电影,还有许多其他热点争鸣值得我们的关注。

一、"红色经典"和《电影传奇》

之所以在本章节中加入有关"红色经典"的内容,不仅是为了让我们记住那一段段被浓缩的历史,那一个个感人至深的故事,缅怀那些曾经感动几代人的真正的英雄,还有那些曾经为我国的电影事业做出卓越贡献的老电影人,也为了通过电影这门"时空艺术",让我们去感受那些值得痛心回首并深深哀婉的光阴岁月。既然整个这一章我们讲述的都是与"电影"相关的问题,所以我们也更有必要来谈谈红色经典以及相关的《电影传奇》,特别是红色经典的改编问题。

为什么叫做"红色经典"? 笔者认为也许正是因为那些电影表现了黑暗社会中那战火纷飞的岁月,红色的火焰、红色的鲜血、红色的旗帜、红色的苏维埃、红色的爱情、拳拳赤子心、眷眷爱国情……这一切铸造了一个红色的年代,也带给人们红色的情结。

红色经典诉说着一代人美好的回忆和情怀,如今红色经典电影改编的热潮在近两年又大放异彩。继《林海雪原》被改成电视剧后,根据经典电影《红色娘子军》改编的同名电视剧也在海南开拍。同时,《小兵张嘎》、《鸡毛信》、《雷锋》等也将陆续与观众见面。由此,一股"红色经典"重拍热潮正在形成。为了吸引观众,几乎所有重拍剧都"大动手术",赋予"英雄"们新的情感和形象。

国家广电总局为此曾向全国各地有关职能部门下发了《关于认真对待红色经典改编电视剧有关问题的通知》。广电总局总编室的相关人士表示,目前在红色经典电影改编电视剧的过程中片面追求收视率和娱乐性,在主要人物身上编织太多的情感纠葛,过于强化爱情戏,在英雄人物塑造上刻意挖掘所谓"多重性格";在反面人物塑造上又追求所谓"人性化"。当原著内容有限时就肆意扩大容量,"稀释"原著,从而影响了原著的完整性、严肃性和经典性。这位人士说,在电视剧《林海雪原》播出后,媒体上出现了多种声音。该剧在改编中对正面人物杨子荣身份、爱情的描写都与原著有了较大偏差,这引起了许多观众的不满。此外,电视剧《红色娘子军》的定位是青春偶像剧,加入了许多爱情戏,这也是对这部经典电影的误读。

我们以2004年热播的《小兵张嘎》为例,据收视率调查结果:"《小兵张嘎》播出后的第一个星期就打入广东地区节目收视排行榜,收视率多次超过奥运赛事直播,这种现象在港台剧独霸荧屏的今日是很少见的。由于《小兵张嘎》是《加强红色经典改编电视剧审查管理通知》下发之后,由国家广电总局审查通过的第一部红色经典,具有通常意义上的'标本'和'榜样'作用,所以其改编和播出引起了外界的广泛关注。然而电视版《小兵张嘎》在忠实原著故事线索、氛围环境的基础上增加了一些人物和情节,更加丰满了嘎子的性格命运,展示嘎子、胖墩、玉英、佟乐四个孩子在抗日烽火中的戏剧故事和富于传奇的童稚友谊,对于电影中一些经典的情节进行了合理性展开,将故事演绎得更曲折、生动、有趣。"①央视一套播出的《红旗谱》也在数月前再度掀起红色经典电影改编为电视剧的收视高峰。据了解,目前正在摄制和筹备之中的"经典改编电视剧"有《红岩》、《红日》、《一江春水向东流》、《红灯记》、《子夜》、《家春秋》等。

如今,"红色经典"重拍成风,但细看《林海雪原》、《红色娘子军》等重拍剧之后,他们改编吸引人的招数也并不高明,就只有这么几招:

1. 颠覆英雄

传统英雄人物如果不修改,大家怀旧就没劲。于是杨子荣变成了伙夫,宣扬取掉其"高、大、全"的脸谱,注入所谓人性化、生活化的诠释。重拍的《红色娘子军》宣称大动手术,让洪常青不再"高大全"就是如此。

2. 增加扯眼人物

看了《林海雪原》,观众注意到槐花是增加的人物,而且因为是杨子荣未过门的媳妇非常扯眼。革命英雄人物怎能乱加儿女情长?这样"加戏"要招骂,但如此改编或许就是要一个争议。

---

① 《岁月不再经典重来——〈小兵张嘎〉之红色风暴》,广东电视台网站,www.gdtv.com.cn.

3. 戏不够,情来凑

"电影《红色娘子军》故事很简单,要变成电视剧怎么办？加戏呗。该剧增加了吴琼花与洪常青、与身边的姐妹们之间的情感、矛盾、冲突,还让洪常青与吴琼花来点情感纠葛。新版《小兵张嘎》也是如此,硬给张嘎增加一个好朋友童乐,于是有了日本人进城后利用童乐拉拢张嘎的新剧情。"①

改编者的招数不多,技巧也谈进步上丰富,在这个"审美疲劳"和"众口难调"的年代,改编红色经典的确有其难度。

说起红色经典,就不得不说红色经典电影的改编,也不得不提"惊现当年事,情动几代人"的《电影传奇》,似乎三者是一个锁链式的连带关系。由主持人崔永元创办的《电影传奇》自开机以来,就一直备受关注。2004 年 4 月 1 日作为中央电视台《东方时空》周末特别节目播出后,因其深沉的情感,奇巧的节目形式和丰厚的内容,以及各路大腕级主持人、演员和演员后代的集体客串,更是激起强烈反响。而在央视新近调整的节目时间表里,《电影传奇》赫然在册:自 2004 年 9 月 4 日起,《电影传奇》将在每周六 CCTV-1 综合频道 18：14 至 18：59 分黄金时段首播,与绝对收视冠军《新闻联播》仅仅相隔一分钟。

我们说了很多红色经典电影被改编及其翻拍为电视剧的问题,其实,拿"红色经典"做文章,规模最大、触及最深者,当属崔永元。他的电视节目《电影传奇》以 200 余部老电影为原料,《红色娘子军》、《林海雪原》、《冰山上的来客》、《小兵张嘎》等电影形式的"红色经典"自然无一遗漏。

崔永元曾经发誓:绝不戏说"红色经典"。《电影传奇》以电视栏目的方式出现,可以说满足了很多人(特别是现在年龄在四十岁以上)的怀旧情怀。崔永元自己也承认他的怀旧情怀是很浓的,他小的时候经常跟着一部电影,比如《英雄儿女》,一晚上跑三个部队驻地,一晚上为王成流三次泪。《电影传奇》的节目形式包括:再现老电影的精彩片段,再现当年拍摄时的工作场面,挖掘电影背后的故事。简单地说,《电影传奇》想告诉观众的是:"老电影是怎样炼成的。"其中最"有戏"的内容当然是"经典场面重现":主持人崔永元客串经典电影中的角色,比如洪常青、杨子荣。

现在崔永元要借助《电影传奇》反复强调环境对于艺术境界的制约作用。"用现在的眼光审判过去是很容易的,站着说话不腰疼嘛。我就敢说,如果把现在的艺术家放到当年的环境中,他们拍不出那么好的东西!"崔永元如是说。

---

① 彭志强:《红色经典重拍成热潮银幕英雄前仆后继》,《江南时报》,2004 年 3 月 15 日。

在探访《冰山上的来客》的历史时,崔永元曾被"深深地震撼"。当时领导审查《冰山上的来客》后,提出两个意见,一是一班长不能死,二是主题歌《花儿为什么这样红》内容"不健康",要拿掉。导演赵心水据理力争,领导说你会犯错误的。赵心水哭着说:你就让我犯一次错误吧!坚持的结果是,赵心水"犯错误",而《冰山上的来客》与《花儿为什么这样红》作为艺术精品得以永恒。崔永元让我们开始真正了解"红色经典"及其背后艺术家们的精神。的确,现在的电影电视工作者很难有这样的气度与情怀。

迄今为止不到两年时间里,节目组已采访了 800 多位编剧、导演、演员。在此过程中,崔永元对《电影传奇》态度也逐渐由"个人乐趣"升格到一种沉甸甸的东西:"掌握的资料让我大吃一惊,很多事与我原来想象的完全不一样。老电影、老影人身上有很多精神,在今天非但都不过时,反倒正是当今社会所缺失的。"也许《电影传奇》不仅仅是为了怀旧,崔永元希望唤回一种精神,那种让很多人都感觉到"沉甸甸"的东西,这是一个时代的人的精神理念性的东西,更是社会所缺失的、青年所缺失的。①

有人说"红色经典"塑造了一批英雄形象,也塑造了一代人;有人说"红色经典"只塑造了一个英雄,他(她)的名字叫"高大全",这同时也毁了一代人。有前一种想法的人更多的是记住了那些电影中的英雄人物,并为他们可歌可泣的精神所感染、所鼓励;而拥有后一种想法的人也许更多的是经历过那个红色年代,曾经被那些"红色经典"电影所深深感动,如今用新时代的视角和标准来重新审视那些"红色经典"电影的人们。也许,这两种说法都有失偏颇,但是笔者认为前者有很深刻的历史感,而后者则具备更强烈的时代性。

其实,不论是褒是贬,我们可以看出:人们把注意的目光和焦点放在电影中塑造的"人物"的身上,而非电影艺术。人们把电影等同于"小说",把叙事电影的功能定位在"塑造人物形象"上。没有人去看电影的结构、叙事方式、构图、镜头组接、甚至是《小兵张嘎》中经典的"长镜头"……这些都是被人们所忽略的。这不能不说是"红色经典"电影的一种悲哀,是人们对它的误解。

匈牙利著名电影理论家巴拉兹贝拉在他的《电影美学》中写道:"每一门艺术归根到底是都是以人为描写对象的,艺术是一种人的表现。"②其实,人本身

---

① 《崔永元畅谈〈电影传奇〉发誓决不戏说红色经典》,新华网,www. xinhuanet. com,2004 年 5 月 8 日。

② [匈]巴拉兹·贝拉:《电影美学》,中国电影出版社,2003 年版,第 50 页。

是有历史的、社会的和时代的局限性的。除了物质是永恒的之外,我们说艺术(和爱情)也是永恒的,但是这种永恒是要以人类本身得以永恒的繁衍生息为前提,如果有一天人类灭亡了,那么艺术也就随之灰飞湮灭。人的时代局限性就在此,而艺术作为"人的表现"也随之具有了一定的时代局限性。如果用这个逻辑来审视"红色经典",那么我们就可以理解建国初期百废待兴,人民建设祖国热情高涨,刚刚结束的战乱年代给当时的人们留下了深刻而惨痛的回忆,当时的电影人塑造战争年代可歌可泣的英雄人物,宏扬爱国情和报国心,来激励人们。在这样的历史背景下产生"红色经典"也就不足为怪了。我们也可以说当时的电影具有政治倾向性,带有"主旋律"的意味。

或许今天看来,"红色经典"就是用"单纯"的表现方式来缅怀和歌颂那个特定历史时代的英雄人物的"高大全",用"过激"的表现方法来鞭挞"假丑恶",确实存在极左思想、漠视人性、阉割情爱、"仇恨教育"等问题。但是在"红色经典"电影中反映的是那个民族矛盾、阶级矛盾极度深刻的年代,我们可以想象当时勤劳勇敢的国人面对外国列强和"国民党反动派"表现出来的惊人的团结和一致性。那样的年代造就了那样的电影艺术,"红色经典"可以说就是那个特定年代的"主旋律"。

我们用当今时代的审美视角和标准来衡量几十年前的电影,未免有些严格甚至是苛刻。如今电影艺术随时代的发展日益显示出多元化的发展趋势,电影艺术中人物的塑造要求"饱满"、人性化,而非机械化,"高大全"是人们所排斥的,被视为虚假的,而不完美的形象恰恰是具有人性化魅力的。如果说这是当今观众的审美眼光或审美口味,那么"红色经典"则是三十年前观众所喜爱的,看着"过瘾"的。笔者希望对待"红色经典",无须过于苛刻,它是那个时代的产物,是那个年代人们所热忠和喜爱的,是那个年代的主旋律电影作品,也寄托了那个时代人们美好的回忆,或是(被称作是)"奢侈"的娱乐方式。它具有时代的局限性,但是也具有时代的严肃性。如果有人担心"红色经典"中英雄人物的偶像效应会带来什么负面影响的话,其实是大可不必的;而如今的影视作品中的"英雄主义"、暴力、色情的东西才真正是值得我们去关心的。看完《狼牙山五壮士》的青少年不会去危害社会、危害别人,但是很多青少年看完了如今的一些电影却会引发社会悲剧。再者,换一个层面来说,我们很难想象如今的"主旋律"电影电视作品再过二十年、三十年或更久远之后,会被后人如何评说。

电影进入工业化大生产阶段,商业规则开始统治一切,"投资最小化,收益最大化"是每个电影投资商的梦想,这是商人的职业精神,本无可厚非;但如果艺术家把商人的职业精神误当成自己的职业精神,这错误就大了。商业化没有错,"红色经典"可以改编,可以翻拍,但是就是在改编和翻拍的过程中,融入了怎样的新元素?改编者、翻拍者是以什么样的态度来进行重新创作的?重新创作或者说是"解构"的影视作品是否被广大观众所接受?这才是真正重要的问题。

改编"红色经典"之道,那就是要充分尊重观众已经形成的审美心理期待,加入当代的某些因素,要继承而不是颠覆,要尊重而不是戏说,要建构而不是解构,要与时俱进而不要天马行空。这样才能拍摄出观众真正喜爱、现代版的、无愧于"红色经典"这一称号的电视作品。

二、电影语言的可探索性及其对电视电影的影响

谈及电影语言的探索,也许又是一个很长远的话题,我们很难在短短的一个章节中有详尽的阐释。单纯追溯一下百余年来的电影发展历史,从电影的诞生到 20 年代的先锋派电影,从苏联电影学派到有声片的兴起乃至美国电影的繁荣,从意大利新现实主义到巴赞的长镜头理论、法国的新浪潮、新德国电影运动、英国自由电影运动至今,电影的发展史中无数的电影人用智慧和心血为后人提供了无数宝贵的经验,整个电影史可以说是无数电影先驱和大师们的探索史。

比如 20 世纪 20 年代的先锋派电影人曾经最大限度地挖掘电影中非叙事因素的可能性,并把电影中非叙事化的因素推向极限,他们注重表现主观心理、画面的造型感和运动的节奏感。他们提出"非戏剧化",强调心理结构,推崇想象的、梦幻的世界,追求象征、隐喻的现代派风格等等都是那一时代的电影人对后世所作出的卓越贡献。

再如"新浪潮"电影在电影语言和电影形式的革新方面对电影艺术也做出了重大贡献。"由于'新浪潮'电影的制作费用低、周期短,采用实景拍摄和现场即兴的导演、表演的风格,因而创造出一种全新的纪实的摄影风格,长短镜头、不同景别的镜头错落有秩地交错使用以及灵活的移动镜头,都给电影带来了一派生机。剪辑手法也简单而实用,使用'无技巧剪辑',即戈达尔创造的'跳接'手法,大大加快了影片的节奏,这已经成为非常普遍的剪辑手法。在音响的运用上,'新浪潮'电影大量采用了自然音响、环境音响和同期录音的手

法,加强了影片的真实感。"①

在历代优秀的电影作品中,我们都可以在其中找到电影人(特别是导演)的风格,他们在影片中所作出的努力和尝试都表现了一代代电影人在影片中不断地探索和经验的累积。今天的电视电影正得益于继承了那些探索的经验和成果,这也足以看出电影语言的不断创新对于现今的电视电影(以及电视剧、普通电视节目)的巨大影响。

同时,又产生了一个新的问题——"电影语言的可探索性"的问题,则成为电影和电视电影的巨大差别之一。比如前面我们所说的先锋派电影和新浪潮电影运动中,当时的电影人对于电影语言的探索是值得后世人所称颂的,他们积累的经验是宝贵的;同时我们也应该看到:电视电影几乎不允许有如此大的"探索性空间",电视电影的拍摄直接目的就是要拿到电视台来播放,面向广大观众,而不象先锋派电影作品那样不在电影院线播放,而仅仅在小众群体内传播、进行学术探讨或交流。电视电影的直接目的是面对广大观众争取收视率,这与很多探索性的影片不同,这种直接目的(或是商业目的)的差异,导致了在"电影语言的可探索性"的问题上,二者的距离拉大,甚至是相去甚远了。

三、电影及电视电影相关的栏目报道

(一)《中国电影报道》

CCTV-6电影频道的晚间栏目《中国电影报道》以日播的形式向中国广大影迷不断介绍中国电影的最新动态,每一期节目中都包含了"每周一星"、"电影快讯"、"影人追踪"等不同类型的影视资讯。观众在《中国电影报道》中得到的不再是简单的"娱乐八卦信息",而是不同的电影从开机到杀青的系列报道。这个栏目几乎不报道国外的电影信息,而是把国产电影作为重点的报道内容。

可以说,电影的方方面面都可能被电视报道,都会为电影资讯节目提供丰富的报道素材;同时,也应该看到这其实也是电影对电视的利用方式之一,电影通过电视来为自身做"广告"。这似乎又回到了我们前面提到的"电影的电视化"问题:

(1)体现在电视节目对电影的报道上,这种报道无形中为电影宣传,为上映造势。《天下无贼》和《功夫》就是最好的例证。《中国电影报道》在这两部电影上映前做了无数的相关报道,请来了导演冯小刚和周星驰亲自出马来为影

---

① 张专:《西方电影艺术史略》,中国广播电视出版社,1999年版,第189页。

片宣传,还有剧中主创人员、主演、摄影师等等一系列的相关报道在近两个月的报道中早已吊足了影迷的"胃口",所以这两部电影的上映接连打破票房记录。《天下无贼》的票房已经突破一亿,而《功夫》在刚上映的一个周末就突破了五千万元大观。似乎这已经是中国电影的一个盛典。

(2)电影不但在电视上被宣传得红红火火,而且也以高昂的"身价"(放映权)得以在电视上热播、展露头角。我们不得不承认电影通过电视给观众带来了从形式到内容、从声音到画面的不同方面的享受,电影中生活的凝练化、人物的传奇化、特定情境中的特定的矛盾冲突等多方面都会给观众带来美的冲击和享受。

(二)《第十放映室》

CCTV-10的《第十放映室》栏目也是非常好的介绍电影的栏目之一。每一期有一个固定的主题,比如科幻灾难电影集锦、斯皮尔伯格电影系列、电影中的爵士音乐、黄飞鸿系列电影等等。每一期节目在九十分钟的时间内,详尽的介绍在该期主题的统摄下娓娓道来。以"斯皮尔伯格电影系列"为例,节目中介绍了他的电影代表作品,从《大白鲨》《侏罗纪公园》到《外星人 ET》,从《第三类接触》、《人工智能 AI》、《拯救大兵瑞恩》到《紫色》,从《辛德勒的名单》、《少数派报告》到《幸福终点站》等等,不但介绍了导演斯皮尔伯格的个人经历、他的电影中所表现出的独特的个人魅力,而且还融入了他的影片对电影界的影响,甚至还加入了电影界专家学者的评论。信息量极大,欣赏指数颇高,既可以满足广大影迷的需求,也可以说是电影学教材的影像杂志。

(三)《世界电影之旅》

与《中国电影报道》不同,《世界电影之旅》则纵览世界电影的最新动向,把当今世界主流电影(主要是欧美电影)的全新资讯信息在短暂的时间内向观众做出介绍,为观众提供第一时间的电影信息。从新片介绍到影人信息,从电影节的评奖到针对某部影片的多家媒体评论,都以"一二三四五"的"短评快"的形式展示在观众面前,以便观众在短时间内掌握世界主流电影的发展态势。

我们以 2005 年 4 月 9 日的节目为例,该期节目向观众介绍了"一对情侣"、"两款游戏"、"三人合作"、"四十天等待"和"五家观点":

"一对情侣"——好莱坞情侣明星马休·麦康纳和佩内洛普·克鲁兹合演的新片《撒哈拉》,经过漫长的宣传期,终于在洛杉矶中国剧院举行了首映典礼。

"两款游戏"——首任詹姆斯·邦德的扮演者肖恩·康纳利将加盟一款改

编自 007 电影的电脑游戏,这款游戏名为《来自俄罗斯的爱情》,其情节脱胎于007 系列电影的第二集。肖恩·康纳利不仅要把自己的脸借给游戏中的詹姆斯·邦德,还要为这个形象配音。游戏的设计者说,肖恩·康纳利是詹姆斯·邦德这个银幕角色的最佳代言人,他的形象可以吸引各个年龄层的邦德迷。凭借《女魔头》一片获得奥斯卡最佳女主角称号的查里兹·赛隆将出现在电脑游戏《魔力女超人》中,与肖恩·康纳利一样,查里兹·赛隆要同时为游戏中的女主角贡献自己的形象和声音。游戏《魔力女超人》是根据查里兹·赛隆的同名新片改编,这也是电影宣传工作之一。

"三人合作"——电影《珍珠港》的导演麦克尔·贝将执导动画片《变形金刚》的真人版本,斯皮尔伯格将担任监制。刚刚与麦克尔·贝合作了新片《神秘岛》的男星伊万·麦克格雷将出演男主角。

"四十天等待"——距《星战前传3》上映还有大约四十天时间,不过狂热的"星战迷"们已经蜂拥至洛杉矶的中国剧院门前排起了长队,准备等到四十天后购买第一批电影票。对那些铁杆"星战迷"来说,在中国剧院门前排队买票已经成为了一种仪式,从 1977 年第一部《星球大战》开始,每一部《星球大战》上映时都有数千名观众在影院门前守候,20 多年下来,这已经成了"星战迷"们的一种传统。甚至在排队者中间还流传着一句谚语——"来排队吧,尤达祖师会来的"。这一疯狂的举动也并不是毫无价值,排队者还自发的发起了一项为儿童基金会募捐的慈善活动,到目前为止,已经募集到了六千多美元善款。

"五家观点"——风格另类的影片《罪恶之城》一上映就取得了票房头名的位置,观众和影评界对这部影片也是赞誉有加,看来《罪恶之城》为沉闷了很久的好莱坞注入了一针强心剂。《华盛顿时报》:《罪恶之城》很好地继承了《低俗小说》中与众不同的风格,它是近期电影市场中惟一的亮点。《纽约时报》:在阴郁冷酷的气氛中成功地加入了幽默情节,《罪恶之城》在这方面做得很成功。《好莱坞在线》:单从拍摄技巧上说,《罪恶之城》这部电影堪称少有的杰作。《洛杉矶时报》:《罪恶之城》成功地再现了原作漫画的风格,不论对于漫画的读者还是电影观众,这都是一个好消息。《时代周刊》:导演罗德里格斯是个疯狂的天才,他才是《罪恶之城》中的头号明星。

通过这一期短短五分钟的节目,观众可以了解到如此丰富的电影信息,对于喜爱外国电影的观众来说,这样的资讯的确是了解世界主流电影动态的最佳平台之一。在这一期的节目当中,我们可以了解最新的影人"八卦",游戏和动画产业也渗透于电影之中,还有书籍、报刊杂志等平面媒体也会和电影产业一起发展,这几者之间的关系完全是互动的。比如《指环王》和《黑客帝国》等系列电影取得票房高额收入并大受好评之后,由电影改编的游戏也相继问世;不仅如此,相关的小说也卖得很"火"。而且我们还可以看到购买《星球大战》电影票的影迷还自发地发起了一项为儿童基金会募捐的慈善活动,并已经募集到了六千多美元善款。还有著名影星莎朗斯通在一次联合国对非洲儿童救济的会议上,作为非洲儿童的亲善大使,在五分钟之内就募集到百万美元作为非洲儿童的救济金。电影产业对于社会其他产业以及公共事业的影响力可见一斑。

(四)《天天影视圈》

北京电视台的《天天影视圈》是大型日播影视节目,它由《发烧碟中碟》、《演艺人生》、《影视沙龙》、《影视情报站》、《魅力影视》、《外景地》、《明星档案》等栏目组成。值得一提的是《天天影视圈》栏目的春节七天的特别节目"影视金曲送祝福",把2004年以及近年来广受欢迎的影视歌曲打包起来,配以精彩的影视剧画面,作为春节特别礼物送给广大影视剧观众。

该节目采取近年来流行的"观众点歌"的串联编排方式,通过短信在春节前向观众征集点播歌曲和点歌祝福,根据征集到的点歌要求编辑节目,并于春节期间播出歌曲和祝福。征集的点歌对象将把重点放在普通观众身上,特别是那些春节期间仍然坚守岗位、加班加点的各行各业的人们。为了便于操作和安排,节目组为七天节目归纳了七个主题,分别是"子女为父母点播"、"父母为子女点播"、"男朋友为女朋友点播"、"女朋友为男朋友点播"、"女朋友为女朋友点播"、"男朋友为男朋友点播"、"自己为自己点播"。好电影中那些美妙的旋律已经为广大观众所接受,也许没有《泰坦尼克》这部电影的热映,也就不会有《My Heart Will Go On》连续九个星期在北美及其他国家音乐排行榜名列第一的好成绩。电影是一门声画艺术,电影中的音乐作为电影整体中不可或缺的重要的一部分,影视业的发展和带动,音乐已经完全具有了"可视性"。由此我们还可以看到电影产业对于音乐业的带动。

除了上面我们介绍的栏目之外,还有很多是和"电影及电视电影"相关联的电视节目。譬如CCTV-8电视剧频道的《世界影视博览》,就包含多个版块:光音同行、银海聚焦、新片推荐、北美票房排行榜、影坛资讯及影人追踪等。各个地方电视台也都有自己的电影及电视电影的栏目报道甚至是影视频道。这一切都印证了当今影视业的一个重要的发展趋势,也就是我们前面所提到的"电影的电视化以及电视的电影化的发展趋向"。

仔细推究一下我们会发现电影产业已经渗透到现代社会的诸多领域及产业,游戏、音乐、IT 网络、电子、书籍、报刊、印刷出版等等方方面面都会找到电影的影子,就连平时走在大街上都会看见电影的宣传海报,甚至是日常对话和手机的短信中都满载着"有组织无纪律"、"黎叔很生气,后果很严重"、"我本将心向明月,奈何明月照沟渠"等(电影《天下无贼》中葛优的台词)这样的"经典"台词段落。电影已经不仅仅是一个娱乐产业,它早已经成为一种"文化"。观众通过电影了解外面广阔的世界,除了政治、经济、军事、文化等方面之外,还会了解到与自己不同国别的人的生活方式、思维方式。电影让我们去了解和感知外部的世界,也通过电影来感知我们自己。

电影(以及电视电影)相关的栏目非常之多,形态各异,由于篇幅和笔墨的关系,在此不必赘述。这一类型的栏目的火热以及观众喜爱程度之深,足以看出观众对于电影的喜爱,同时体现出了电影的电视化趋向,而且我们也可以看出电视不能完全满足观众的视听需求。2003 年中国电影全年票房突破 10亿,到 2004 年突破 15 亿,以及电影频道收视率居高不下,一方面说明中国观众对电影的热爱,另一方面也表明普通电视节目已经无法满足观众的"胃口",也许这正是中国电视电影产业进一步提升发展的重大契机。

第八章
电 视 特 别 节 目

电视特别节目发展历程中的三大关键词
电视特别节目的定义阐述及学理研讨
电视特别节目的四种类型
电视特别节目链和运营推介

第一节　电视特别节目发展历程中的三大关键词

　　电视特别节目,是中外电视人将"特别的爱(节目)给特别的你(观众)"的集中呈现,往往汇聚了各种电视制作单位及其外围机构的"精兵强将",并成为在愈演愈烈的中外"电视大战"中决定电视媒体发展成败、盛衰的"萧何"所在。电视特别节目,更进一步地将本已是声光电丰富、蒙太奇交织的电视传播,提升为凝聚社会关注眼球、满足视听感官享受、拓展电视影响张力的荧屏"饕餮盛宴"——这道已然走入寻常百姓家的"媒体大餐",自然也成为本书不可或缺的品评对象。

　　当然,理清事物发展之脉络,最有效且明晰的方式,无疑是抓住要点。将眼光落到中国电视特别节目上,就发现其发展历程并不漫长,甚至可以说,主要是在近十年间渐渐成熟、上规模起来(诸如各种主题系列节目、大型事件直播报道、庆典仪式报道、评选活动报道等等)。所以回头看看,将目光拉回十年、二十年乃至更远,以下三个关键词,或许多少便已能让人大致明确其历史发展的一二主脉。

一、春节联欢晚会

春节联欢晚会,已经成为具有中国特色的电视文化的独特组成要素、电视时代春节文化的有机组成部分和国家安定团结、人民安居乐业的象征和标志。从1980年至今春节联欢晚会的形成和发展历史来看,它走过了一条艰难曲折的发展道路,这是一个从不自觉到自觉,从摸索到失误到成功的过程,它已经成为一个特别节目的形式,也可以说是中央电视台的"黄金节目"(但是,目前其生存状况越来越让人怀疑还是否能继续成为"保留节目")。不过,无论从哪个角度来说,春节联欢晚会都是近二十几年来,出现在中国电视荧幕上"最特别的特别节目"。

甚至,之于春节联欢晚会的理论学术分析,都随着时间的前行而形成了许多说法和观点,什么"饺子论"、"口味论"、"新民俗伦",诸如此类。但是必须明确的是,作为中国电视业界最珍贵的特别节目品牌,务实的运作理念是惟一能够将其拉出这几年收视与评价泥潭的关键,以免重蹈《综艺大观》之类节目的覆辙。

这种绝对"中国特色"的电视特别节目,在历经四分之一个世纪的发展至今,成长性内质逐渐耗尽,在其发展平台期与衰落期的中间地带左右游走。但是,潜力的全部显现之后,并非一定指向颓势。作为特别节目,更是作为一种老牌的特别节目,春节联欢晚会的继续前进,不该再以想出一两个新锐理念,抱着相对侥幸的心理来赢得观众。它应该把之前自身的所有优势,进一步"反刍"吃透:主持人、环节设置、转场、灯光、舞美、音响编排更有精益求精的空间。"求新求变"与"坚守阵地"之间的把握拿捏,该是其导演最需思量之处。

二、香港、澳门回归特别报道节目

1997年6月30日到7月2日,中央电视台以空前的规模,全方位地报道了香港回归祖国这一仪式盛典。在长达72小时的直播、录播中,包含了消息快递、专题报道、文艺晚会、人物专访和音乐电视等多种电视形式,多角度、多视点地展示了香港回归的整个过程,再现了全国乃至全世界华夏儿女欢庆辉煌的所有场面。

为全面、生动、立体式地展现澳门回归这一历史事件,中央电视台按照"同步报道重大庆典活动、全面反映普天同庆盛况"的总要求,在1999年岁末经过

80 天连续奋战,CCTV-1、CCTV-4 和 CCTV-9 节目分别成功地进行了 48 小时和 38 小时的连续直播特别报道。按照既定日程连续直播历史事件,忠实记录了政权交接、举国欢庆的场面,同时还通过专题节目,介绍了澳门的整体情况。

孙玉胜在其《十年——从改变电视的语态开始》一书中将两次重大的特别节目分别称为"香江遗憾"和"澳门拾遗"①——他的态度是务实而谦虚。其实,正是从 20 世纪 90 年代末期这两次社会重大事件的特别节目报道开始,这一类型的电视特别节目在中国的电视屏幕中出现得越来越多,影响也越来越大。甚至发展到近年,只要是重大社会事件发生,必然会有多家电视媒体在对其进行特别节目的报道制作,最近的就比如 2005 年上半年台湾在野政要访问祖国大陆的电视特别报道。

三、"两会"报道

每年的"两会"报道,无疑是该年度的时政新闻类特别节目的重头戏,中央和地方各级电视媒体都会派出最强的报道队伍挖掘国计民生的要点和热点。

电视由于其自身独具的特点而成为"人大"、"政协"两会宣传报道的主渠道,绝大多数的社会公众是通过电视观看"两会"新闻报道的。而且,随着我国民主政治建设的进一步深入,广大观众对"两会"的关注程度也必然会随着公民参政意识的深化而逐步加强。而构筑全方位、立体化、大容量的报道格局,实施专业化、规范化的特别运作,强化节目针对性、贴近性、服务性则是做好"两会"报道的关键之义。

同时,对于各级各类电视媒体来说,把握好"两会"的特别节目报道,将是打响品牌、赢得观众的关键之举。在"两会"这个关键平台上,汇聚的政府关注、学者聚焦和百姓目光是"难能可贵"的集中,主流话语、精英话语和民间话语在其间的融会贯通也是"难能可贵"的明显。这种良机的把握,属于有心的电视媒体;而能够把握住这两个"难能可贵"的电视媒体,则会有必然的丰盛收获。

试看凤凰卫视借着吴小莉在"两会"报道中,被时任总理朱镕基的"钦点"之风光而获得特别"话语权";还有 2005 年,在历年"小丫跑两会"良好效应的基础上,央视经济频道更是打通频道内部不同栏目之隔,以频道的整体深度与

---

① 孙玉胜:《十年——从改变电视的语态开始》,三联书店,2003 年版,第 233 页、第 246 页。

实力应战 2005 年的"两会"新闻之战,取得了良好收视反映和高层回馈。

以上三个关键词反映的,可以说都是较为"传统意义上"的特别节目,其内容的特别胜于形式的特别,其宣传组织的工作多于策划运作的安排,但基本上能够体现出中国电视特别节目的发展脉络和特色。而当下(特别是进入新千年后,在 2003 到 2005 年间)与今后特别节目发展的新特点和趋势,将在本章中渗透详述,此处不多赘言。

第二节　电视特别节目的定义阐述及学理研讨

一、概说

在本书以上几个章节的类型界定论述中,无论是电视新闻资讯节目、电视谈话节目、电视文艺节目、电视娱乐节目、电视纪录片、电视剧还是电视电影,几乎都可以从其所定义的名称中较清晰地得知其相关的内涵指向以及外延范围。可以说,只要是有一般电视观看经历的普通观众都能较为明确地分辨出什么是新闻节目、什么是电视剧,诸如此类。而要在本章详述的电视特别节目,其首当其冲的特别性便在于其内涵与外延的复杂性与广泛性。

虽然从语词定义的角度来看,以上的说明似乎有重复定义的嫌疑。但是,与前几个章节电视节目类型划分是本着"电视学科理论逻辑、电视业界实践模式与电视观众收视习惯相结合"的"三结合"原则而进行是一致的,电视特别节目单立出一章来独自论说,也是有其"约定俗成"的原因的:不论是电视业界从业人员,还是广大电视观众,当说到电视特别节目时,虽然可能并不能比较准确地说出其定义,但是肯定在脑海里能浮现出其大致的节目呈现轮廓。

所以,由上可知,虽然特别节目的界定或许在书面概念、能指范围上并不是很精确,并不完全符合类型学的相关基本要求。但是"存在即为合理",而且电视特别节目作为一种极具生命力和发展性的存在物,则更加具有理论建构、分析的实际意义、效果。那么,到底什么是电视特别节目,其中包括了哪几种子类型,它的意义与价值究竟几何,它的发展趋势走向何方,影响亦有多大?——这些都是本章需要细细考量的。而在本节中,将主要明确电视特别节目的定义和相关问题的阐述。

二、定义阐述

定义是关于事物的本质及其特性的简要概括。列宁说过,所有定义都是有条件,相对的意义。当然,科学的定义能用简练准确的文字表述事物的本质及主要特征,这对普及该事物方面的知识会起着引导作用。因此,研究事物不能从其定义出发,定义应当产生于对事物本质及其特征有了明确认识的基础之上。

当然,如果只是通过语词游戏,用几个句子将电视特别节目的界定马上完成于此处,可谓是轻易的,毋宁是敷衍的。因为界定的目的,不只在于界定本体的价值,并不是为了界定而界定,更在于通过界定而深入理解、准确运用。因而从方方面面了解所要界定的是为何物,也是深入界定的不可绕过的前提要义,而相关的研究简史多少能够梳理围绕电视特别节目的理论拓展历程。

在中国电视节目类型界定的学研历史上,20 世纪 90 年代中前期如火如荼进行的"中国电视专题节目界定"(此处所指的所谓电视专题节目基本上涵盖了所有电视节目类型)活动,是中国电视界的一件大事,仅从其历时一年多的时间跨度上,就可见一斑。随着时代的进步,时至今日,各种样式、类型的电视节目相比当时,又有了量上和质上的大发展,更加呈现出多元交织,诸多因素融合的大趋势。但是,当时进行的电视专题节目的定位分类,基本概括归纳出了其本质特征,正确地实施了其控制与评价,对于电视专题节目的分类还是有历史借鉴价值的。

在这次"中国电视专题节目界定"的研讨论文集锦中,在所分出的非栏目类节目类型中,就包含了特别节目型,其定义为:

"特别节目是电视台为突出其播出的特殊意义,不受时间、长度和栏目要求所约束而特别编排、采用特别播出方式的重要节目。通常是为报道某一重大事件、人物、纪念日、节日,或为介绍有特殊意义的历史文化古迹、山川名胜等而特别制作的,如《话说长江》《话说运河》《奥运会节目》《国际地球日节目》《国际人口日节目》等特别节目,有时也是根据某一段时间内,党和政府的指令性需要而制作的,如'国家领导人答记者问'等等。"①

在借鉴业界前辈研究成果的同时,笔者还认为,在当前的中国电视界,对于电视特别节目作概念界定,应该更多地强调其社会影响和经济效应。毕竟,

① 杨伟光:《中国电视专题节目界定——研讨论文集锦》,东方出版社,1996 年版,第 34 页。

跟随着现今中国整体社会变革步伐的不断前进,中国电视行业内部也在慢慢发生调整,随着产业化的进一步深入,业界的事业属性与产业属性之比例在调和中逐渐开始偏向后者——而电视特别节目,在当下,是能够极其清晰地体现出一个国内电视机构的产业实力的重大标志。如果说,事业属性召唤下的"特别节目"(更该准确地称为"特殊的宣传节目")多有宣传任务而略显"好大喜功"的话,那么,目前主流的中国电视特别节目,如果没有足够社会影响和相当经济效应的预期,轻则"拿钱打水漂"、"消息不进门",重则会影响整个电视媒体的社会声誉与经济实力。也所以,那些"大胆构想,小心进行"的电视特别节目,只要一出手,将会社会影响、经济效应兼而有之。

由实践状态再反切入理论界定,电视特别节目的定义,应该作如下阐述:

"电视特别节目,是指各级电视机构打破常规播出之栏目、时间、长度等诸多限制,充分投入人、财、物资源,以各类特别事件作为内容载体,以特别策划、精心编排为形式特征,能够收获巨大社会影响和优质经济效应的特殊的电视节目类型。"

三、学理研讨

在 20 世纪 90 年代中前期进行的"中国电视专题节目界定"活动中,除了对特别节目的概念进行了界定之外,还就电视特别节目范畴中的以下问题进行了论述:

(1)电视特别节目所应有的题材内容——"选择重大题材,主题集中、突出,思想艺术水平较高,所反映的内容具有一定的权威性、文献性,是同类题材的其他节目不可替代的。"[1]

(2)电视特别节目所应有的播出安排——"选定在特定时间内的黄金时段播出,即通常安排在某一纪念日或某一事件发生期间,或作临时性安排,可视为一种非正常的播出手段。"[2]

(3)电视特别节目所应有的观众需求——"除自身的特殊意义,特殊水准之外,还兼有满足受众特殊需要的重大作用。一般来说,容易受到观众的青睐,有广泛的受众面和较强的社会反响,如《质量万里行特别节目》、《九·二三

---

[1] 杨伟光:《中国电视专题节目界定——研讨论文集锦》,东方出版社,1996 年版,第 34 页。
[2] 同上。

倒计时》等等。"①

电视特别节目作为一个热点研究对象，历来受到理论人士的研学关注，除了以上所提的那次隆重的界定研究活动外，仅以学术刊物《电视研究》中的发表论文来看，就能发现对于特别节目所做的研究学问，涉及面非常广泛：

比如《〈生活〉中特别的〈今天〉》(倪雯：2001年第十二期)就是关注2001年"七一"和"十一"期间，中央电视台《生活》栏目连续两次推出系列特别节目《今天》；而《转型时期中国电视媒体管理的几个问题》(程宏：2002年第一期)中也对于电视特别节目类型作了详细的叙述和展望。

在论述电视特别节目发展脉络及问题的学术文章中，《重大活动(特别节目)宣传推介体系——现代电视经营机制的重要组成部分》一文，无疑是最具时效性和针对性的(田秀萍、刘晏平、刘征：2004年第八期)。该文分析了长期以来，中国电视特别节目制作缺乏合理的运作、管理机制，缺乏有效的宣传和推介工作，一些投入巨大的节目并没有实现应有的社会价值和经济价值的现状，并指出了其中主要存在的五大问题，值得分析借鉴：

(1)缺乏重大节目(活动)举办的筛选和评估标准，重大节目(活动)的举办存在一定的盲目性。

(2)重大节目(活动)的举办与广告经营、市场开发脱节，节目编导人员往往只顾节目内容，不问市场，使得有好节目，却未实现广告招商，或因配合问题难以招商，无法保障节目取得相应的经济效益。

(3)缺乏市场目标，缺乏市场开发手段，缺乏统一运作的机制，没有围绕节目进行深层次、多层面的市场开发，丧失了大量商机。

(4)缺乏重大节目(活动)举办的统一标准和监督机制，造成成本失控。

(5)缺乏统一的宣传推介手段，宣传推介力度无法控制，致使部分重大节目(活动)被淹没在日常节目中，既未取得相应的社会效益，更无法保证其经济效益。

以上五点，可以说击中了中国电视特别节目制作中一直以来的弊病所在。但质言之，其核心关键，还是在于人的意识问题。传统电视人(甚至可能在业务上已然很优秀)，往往只有"节目意识"，没有"项目意识"。像特别节目这样需要预期统筹与市场推广的节目类型，从策划到举办、播出，往往需要经过一个较长的周期，需要花费大量的人力、物力和财力，而不能像以往"小作坊"似

---

① 杨伟光：《中国电视专题节目界定——研讨论文集锦》，东方出版社，1996年版，第35页。

的一点一滴"抠"出所谓的艺术精品。

反观一些国内外、港澳台优秀的电视机构,通过系统策划、加大投入,对特别节目和重大活动的宣传,往往取得良好的成果。凤凰卫视十分注重自身包装和宣传,不光是"9·11"事件这样的重大报道包装宣传及时、突出,而"给你一整年的美丽"更是将一些原本没有关联的系列选美报道,紧密地联系在一起加以宣传,造成强烈的视觉和听觉冲击,给人深刻的印象。

在国内,特别值得一提的是中央电视台第二套节目经济频道,它可以称得上是国内电视媒体中运作特别节目的行家里手,其下设的特别节目工作组将"3·15晚会"、"欢乐英雄"、"年度经济人物评选"、"城市中国"等项目运作地游刃有余,无论是社会影响,还是经济效益,双赢的局面令其能进一步良性壮大发展。

四、"特别"之处简析

简单说,电视特别节目的"特别"之处体现在以下三点:

首先,具有"特别"重要价值。电视特别节目,是电视机构、制作单位"立台(网)"、"立频道"、"立栏目"的关键要素。要想在当前激烈的中国电视市场上站稳脚跟,做好特别节目是一条捷径。

其次,采用"特别"运作模式。在电视特别节目的操作过程中,电视机构往往整合一切能整合的人力、物力和财力要素,为核心目标服务,力求达到最佳传播效果和盈利收益。

最后,把握"特别"发展趋势。中国的电视特别节目,在 2003 年到 2005 年间,发展的势头不可谓不猛,它的前景也被广大业界人士看好。同时,"事件化"(大力策划媒介事件)、"品牌化"(着重打造成熟品牌)和"国际化"(全面接轨国际潮流)的发展趋势也令其特殊性更为彰显。

这三个"特别"之处的具体表现,在本章下文的论述中将通过广泛的案例引证而有所涉及,此处不再展开。

第三节 电视特别节目的四种类型

一、概说

在以上历史发展渊源的观照和相关理论问题的厘清之后,笔者将结合不同类型电视特别节目在电视屏幕上的特殊呈现方式和传播内容之区别,将电视特别节目的子类型分为以下四种:媒介策划型电视特别节目、非计划新闻事件型电视特别节目、重大社会事件型电视特别节目和大型电视系列片。

同时,在这四个子类型当中,又有不同的细分节目。所以,本节内容的论述将结合电视业界鲜活、权威的特别节目案例展示,向读者揭开电视特别节目之"特别答案"。

二、媒介策划型电视特别节目

媒介策划型特别节目是在当前出现频率最为活跃、社会影响最为强势、各电视媒介最愿意一试身手的电视节目类型。与"传统意义上"的电视特别节目,诸如"五一"、"十一"、春节各类庆典、晚会活动报道不同,该型节目更是"变被动为能动",体现了电视媒介的实力与魅力。

(一)概念界定

这一在 21 世纪初期才在中国兴起的电视特别节目,无疑是各种电视节目类型中的"航空母舰",寻找各种形容词凸现其重要性状都不足为过,但为了学理上规整界定的需要,笔者将其归纳为:

"媒介策划型电视特别节目,是指各级各类电视媒体,在电视这一广域媒介平台上,对有社会影响和经济价值的媒介事件进行'能动'而'充分'的策划,进而构建媒体盛景,吸引普泛眼球的一种电视特别节目类型。"

为了更好地说明这一概念,对其中的几个关键语词,加以补充说明:

媒介事件(Media Event)——其实,剥离过多学理上的修饰与论述,媒介事件就是"一种特殊的电视事件"。而这样的理解,对于媒介策划型特别节目的概念掌握,是足够了:就是指这种事件的主导者是电视媒体,比如以湖南卫视的"超级女声"特别节目为例,它的主导者就是湖南卫视本身。

"能动"而"充分"——接着上述电视媒体的主导者身份而论,电视媒介在策划该型电视特别节目的时候,"能动"是其第一要义。这是对比事先可以想到的或已然发生的事件而被动地做特别节目而言的;所谓"充分",则是指正因为是"主动出击应战",所以电视制作单位必然会"倾巢而出",全力以赴。

同时,这其中的要义也可以用传播学中"议程设置"的理论来诠释。所谓"议程设置",通俗地说,就是"大众传媒迫使受众关注某些特定的问题……它们不断地向大众建议他们所思、所知、所感的内容应该是什么"。① 而在电视

---

① 张国良:《20 世纪传播学经典文本》,复旦大学出版社,2003 年版,第 410 页。

媒介中,要想体现出这种议程设置的倾向性,除了上述提到过的主观层面的"能动"外,在客观层面上节目时段和时长的特殊安排也是关键要素。所以,对于媒介策划项目型特别节目而言,以合适的方式设置具有足够吸引力的特别议程,便成了节目成功与否的关键。

(二)典型案例

在明确了媒介策划型电视特别节目的准确定义之后,笔者将通过以下典型案例的解析,进一步显示该型电视特别节目的特质所在。

1．"品牌中国"

"品牌中国"是中央电视台第二套节目经济频道在 2005 年 4 月下旬推出的一档特别节目。该节目以"中国品牌的一次大聚会,成为中国品牌加油助力的全民总动员"为宗旨,通过央视优质平台的推介与鼓呼,力求以电视媒介自身的能量,为中国品牌打造更广阔的发展天地。

同时,这一纵论品牌的电视特别节目,自身也不忘品牌的树立。媒介策划型电视特别节目之"能动"要素,对内对外都有显现。为了强化"品牌中国"特别节目之品牌,形成足够力度的"媒介事件"关注点,CCTV-2 经济频道"划零为整"、全面出击,试看:从 4 月初开始,由 5 个栏目陆续推出同一主题的报道作为铺垫,包括 20 集《经济信息联播》系列报道"品牌中国创",5 集《经济半小时》专题报道"寻找中国品牌",5 集《中国财经报道》系列报道"中国品牌新势力",5 集《经济与法》"保护知识产权我们在行动"特别节目,以及《对话》的 2集相关节目——"联合舰队"之势已出,"航空母舰"之威同样壮大——作为这次特别节目中的特别节目,《2005CCTV 我最喜爱的中国品牌》集纳特别对话与晚会嘉年华的形式,将本次特别节目推向最高潮。

这一案例的启示在于,"品牌中国"虽然出自中央级媒体平台,但是这并非宣传之图,而是充分体现了制作单位——CCTV-2 经济频道自发的企划之求。正是因为这种自发性,导致了最后良性的"多方皆赢"的局面:CCTV-2 经济频道收获了社会美誉、收视率和广告利润;中国知名品牌企业的品牌推广获得了比"打广告"要好得多的传播效果以及更进一步明确了自身定位;广大电视观众也能更清晰地了解我国现今国有品牌的生存状况,甚至通过品牌这一切入点,更深入接触了我国民族工业的现实——媒介策划型电视特别节目,往往会因为其能动的切入角度,而能够真正"负责任"(就社会效应而言)、真正"享赢利"(就经济效应而言)。

2.“中华小姐环球大赛”

相对于“品牌中国”的责任与厚重而言，“中华小姐环球大赛”无疑是轻快而美丽的。但是，作为凤凰卫视近年来节目创意制作的一个大手笔，“中华小姐环球大赛”的影响力也不可小觑，早已是红遍大江南北，乃至大洋两岸。

在“美女经济”时代，媒介策划型电视特别节目在选择节目落脚点的时候，除了关注内在的时代价值与历史意义等内容层面的东西之外，更不能把形式之美的重要意义和价值给忘了——有时，“形式就是内容”，特别是在电视这一视听交织的载体中，美好的人、事、物，在表层带来的愉悦，或许并不比内在的意蕴要差。

凤凰卫视，就是这样一个聪明的电视媒体，“神形皆具”——在凤凰旗下的各大频道中，你能看到最严肃，最重视内容、内涵的电视节目，比如《时事开讲》、《世纪大讲堂》等等；但是同时，它的一档名为“中华小姐环球大赛”的特别节目，却走的是“智美路线”（才貌兼顾）。自 2003 年推出第一届“中华小姐环球大赛”以来，在三年多时间中，这一完全由凤凰卫视策划的电视特别节目一直吸引着各路美女的目光，而这些美女们又广泛地吸引了更多观众的眼球。

从这一案例中，或许能够获得的最大启示在于：媒介策划并不只能关注那些“重大题材”、“重大事件”，有时“走位飘忽些、灵动些”，更加容易获得意想不到的成功。

如上所述，“品牌中国”和“中华小姐环球大赛”可谓是两种不同风格媒介策划型电视特别节目的典型代表。在当前的中国电视荧屏上，类似前者的成功案例还有诸如“感动中国”、“城市中国”、“年度经济人物评选”等特别节目，而与后者相近的还有“超级女声”、“莱卡我型我 Show”等特别节目。同时，如果仔细观察，就会发现越是中央级别、越是主流的电视机构，其制作的媒介策划型电视特别节目就越为正式，宏大叙述为主；越是地方或境外媒介，其制作的该型节目就越为炫丽，娱乐色彩越盛——这其中体现的，就是媒介策划型电视特别节目中媒介策划主体因素的作用、方向之别。

三、非计划新闻事件型电视特别节目

非计划新闻事件型电视特别节目，是电视特别节目中最具新闻价值和时效性的节目类型。同时，也正是因为其更侧重新闻价值和更强的时效性，令该型节目与之后要论述的重大社会事件型特别节目有了一定的区别。

这是一种以“短、平、快”报道模式“打头阵”的电视特别节目，而这种“短、平、快"也是区别非计划新闻事件型特别节目与"深思熟虑"的媒介策划型特别节目的关键所在。

(一)概念界定

非计划新闻事件型电视特别节目的概念把握,关键在于理解何谓本处定义的"非计划新闻事件"之义以及制作、报道手段上的特质。

该处的"非计划新闻事件"具有以下几个特质:

首先,特别要提出的是,"非计划"不完全等同于"突发"。与一般的专门新闻报道中"突发新闻事件"的定义有所不同,此处的"非计划"在整体时效性上是低于突发事件的专门新闻报道的,毕竟再灵活的"联合舰队"在整体行动速度上还是比一艘小快艇来得慢,"非计划"总要转向"计划"的。这里的"非计划"更多的是与其他类型的电视特别节目的报道模式、关注对象和反应速度对比而言的。

其次,此处的"新闻事件"是针对那些具有极大社会影响的新闻现象、人物而言,一般都是地区、国家乃至全球范围的重大事件。一般的中小事件的报道上升不到特别节目的层面,不论多么及时。

在制作、报道手段上,非计划新闻事件型电视特别节目注重及时反映和全面报道,从最基础的消息报道到现场报道,再到专题评述、专题型纪录片的及时跟进,乃至其他相关节目的制作,力求将突发新闻事件的方方面面都全景式地展示在观众面前。因此,该型特别节目既要求极高的新闻敏感、新闻反应,又需要一支强大而全面的制作队伍及时跟进。

通过以上简述,笔者将非计划新闻事件型电视特别节目定义为:

"对于由于各种因素导致不可计划或计划反应时间有一定滞后的具有重大社会影响、乃至国际影响的广域性新闻事件,进行尽量及时,又更侧重于全面、详尽报道制作的电视特别节目类型。"

(二)典型案例

1. 凤凰卫视"9·11"报道

2001年9月11日,一个波及全球的灾难日,但是对于凤凰卫视而言,却意味着一个"成就日"的到来,而事实上,它也牢牢把握住了。可以说,凤凰卫视的"9·11"报道作为一个非计划新闻事件型电视特别节目的成功案例,在全球范围,都是有足够的示范作用的。

几年前的那次恐怖袭击,回想起来,依旧历历在目。但是在当时,能够在中国观众面前提供全面详尽电视信息的,就唯有处于直播状态中的凤凰卫视中文台。这也正如凤凰卫视中文台台长王纪言所言:"全世界判断媒体的一个尺度就是,当重大事件发生的时候,第一个声音由谁最快发出来。"①

凤凰卫视在第一时间抢到报道先机之后,审时度势,将这一事件的严重性估计得足够充分,并将整体节目的高度也提升到"特别节目"的层面,随即安排全球记者站的记者同时出发,又调动起来全台的台前幕后精英,主持人更是轮番上阵,连续播出了 36 个小时,为这个重大历史事件做了非常及时,同时又非常详尽的特别报道。

而在当时,同为华语重量级电视媒体的中央电视台,由于各种原因所限,只是在袭击之后做了新闻简报,直到当天的午夜之前都没有再提供其他任何有效的信息。于是,记得那时,各地也因此出现了四处寻找能够收到凤凰卫视的电视的人们——在 21 世纪还出现这样的收视情况,既体现了中国电视的巨大制约所在,同时又说明了凤凰卫视借这次特别节目的报道,赢得了多少目光,以及这些目光里的人心。

非计划新闻电视事件特别节目,一般来说,在刚刚开始报道的那一时间,总是以上文提到过的"短、平、快"的模式切入,因为之前并没有心理的预期和素材的准备。从凤凰卫视"9·11"报道的例子中,可以获得的最大启示在于:这种类型的电视特别节目,必须从初期的"非计划"向之后"计划"的过渡,从"短、平、快"向"全面、翔实、多角度、多层面"的进阶,从"只一条消息"到"各栏目跟进",只有这样的声势,才有该类型节目作为特别节目的应有效应。

2. 中央电视台伊拉克战争报道

因为"9·11"报道的失语,给凤凰卫视以巨大的拓展机遇。无疑,2002 年"9·11"对于中央电视台是一个"难以忘记的日子",那么 2003 年的"3·20",则更是央视另外一个意义上难以忘记的日子。在这次直播战争的眼球争夺战当中,中央电视台不再沉默,它不仅挺身而出,而且以特别节目的姿态高调出现。

在当时,CCTV-1、CCTV-4、CCTV-9 节目都非常果断地暂停常规节目的播出,全面对这场战争进行全方位、全天候滚动式报道或现场直播——这些有许多不可知因素的"非计划性"的直播,直接带动了央视收视率大幅提升:据统计数据显示,在 2003 年 3 月 20 至 23 日,这三套节目的收视份额较平时提升400%,全国人均每天收视时间增加 13 分钟。其中,CCTV-1 直播报道时段在

---

① 钟大年、于文华:《凤凰考——建构一个新传媒》,北京师范大学出版社,2003 年版,第 140 页。

全国16个地区的收视率达4.27%,收视份额达32.97%;CCTV-4直播节目的平均收视率达2.56%,收视份额达13.45%,均比平时提高28倍左右;英语播出的CCTV-9节目收视率和收视份额也均比平时提高6倍。调查数据还显示,中央电视台在平常收视较弱的广州地区,收视份额提升了14倍,达到了20.50%,超过了竞争对手凤凰卫视。

请注意上一段的最后一句话,其实凤凰卫视是本没有能力成为央视的竞争对手的,这次的"超过"该是应有之义。从这个案例来看,最大的启示在于:从某种程度上说,谁把握住了非计划新闻事件型电视特别节目,谁就能够掌控电视荧屏,美誉度、收视率、广告额自然"翩翩而至"——凤凰卫视获得"华人媒体中的CNN"殊荣的"出头一仗"和央视重获广泛好评的"翻身一仗",都仰仗于此。

四、重大社会事件型特别节目

重大社会事件型特别节目,在中国最具代表性的,可以说就是每当"全民过年运动"开始时,中央电视台春节联欢晚会的"如约到来"。但是,由于与春节联欢晚会相关的论说已然不绝于耳,相关的文字也有了汗牛充栋之势,因此笔者不再详述。在以下第二部分的典型案例中,也将以当下比较有活力的节目为评析样本。

(一)概念界定

什么是重大社会事件型特别节目呢?笔者认为,首先必须弄清楚这里的"重大社会事件"是为何意。在中国电视界,能够参与报道、并以特别节目形式推出的"重大社会事件"有各类传统以及舶来的节日、庆典、纪念日,比如春节、中秋、"3·15"、"五一"、"十一"等等,对于这类事件,比较传统、典型的特别节目制作模式便是晚会;还有世界各地、社会各界以某种特殊名义举办、开展的各类重大活动,比如奥运会、世博会、大型展览盛典等等,对此常常以丰富的直播与专题节目结合的方式进行报道。

由此可知,所谓重大事件型特别节目便是:

"对于各类节日、庆典、纪念日以及各种大型活动、展览盛会,所进行的全方位、多视角报道制作的电视特别节目类型。"

这一类型的电视特别节目,在近期电视上出现得较多,同时声势也逐年看涨,从以下的案例中也能看得几分。

(二)典型案例

1.《共度好时光》

"五一"劳动节期间的特别节目,是各大电视机构着墨最重的选题点之一(另两个是春节和"十一",由于性质类似,而不再例举)。试看中央电视台的各大频道平台,在"五一"期间都有各自的特别安排:以"打造中国电视最大娱乐平台"为己任的综合频道将从早到晚推出"五一七天乐"、"欢乐中国行"以及多台现场直播、晚会的特别节目"联合舰队";新闻频道、科教频道乃至少儿频道也都将推出各具特色的特别节目——因而,从中央电视台整体平台的角度看,这将是一个更大规模的重大社会事件特别节目"航母战斗群"。

接着,笔者将对其中的最强"战舰"——CCTV-2经济频道推出的《共度好时光》作具体分析:这是经济频道于2004年10月首创的长假精编节目集锦单元,频道根据早中晚不同的收视特点,在全天各个版块安排了不同色彩的节目。比如,在2005年5月1日到7日的白天,CCTV-2分六个时段分别挑选出了历年最具卖点的名牌节目与观众"共度好时光"。而在这七天每晚8点的黄金时间,经济频道七大品牌栏目都将以特别制作示人:5月1日的《交换空间》,将飞赴深圳为观众朋友展示一场48小时的装修挑战赛;5月2日,《电视烹饪大赛》三组特殊嘉宾来做客。川、鲁、苏、粤四大菜系的四位烹饪大师将发挥所长;5月3日,《鉴宝》"比眼力,真假共辨;猜价格,珍宝同赏";5月4日,《绝对挑战》,新的挑战,新的起点,为渴求人才的招聘单位和勇于挑战的求职者当"职业红娘",同时为求职者提供培训基金;5月5日,《幸运52》为您讲述几位选手从毕业到就业,从零开始的成长历程;5月6日,《开心辞典》六对明星母子来到节目现场,著名演员沈丹萍、吕丽萍、马羚、史可,歌手李玲玉,还有时装设计师马艳莉这些特殊的漂亮妈妈和她们的宝宝乖乖的组合第一次亮相荧屏;5月7日,来自法国、瑞典、美国的选手齐聚《超市大赢家》,上演一场"活色生香"的超市盛会。

同时,由于"五一"这一重大社会事件时期的特殊性质,老百姓、劳动者都在休假,因此CCTV-2经济频道"有所为,亦有所不为",包括《经济半小时》之内,所有的财经资讯类节目都在这一阶段暂停,这无疑给电视人如果进一步开拓重大社会事件型特别节目的发展之路以务实启示。

2."3·15"晚会

"3·15"是世界上通行的"消费者权益日",但是这个纪念日的普及却是伴随着中央电视台"3·15"晚会的成长而进一步在中国深入人心的,这正如晚会制作者的自我描述:"十几年的时间,'3·15'从一个国外泊来的普通纪念日,演变成为中国消费大众维权的一个节日、一面旗帜。每年的春天,她都会再一次擦亮我们信念和勇气,让诚信和理性的光芒照耀每一位经营者、消费者的心灵。让每一位消费者了解'3·15'、关注'3·15'、参与'3·15'既是每年一次的《CCTV3·15特别节目》的目的,也是责任。"①

这一重大社会事件型特别节目之"特别",首先,在于事件本身的"特别",毕竟消费者受骗上当甚至危及到人身、财产安全的事件,在当前中国社会中层出不穷而受到人人唾弃;其次,在形式上,"3·15"晚会也并不仅仅是一个晚会那么简单,其中的大量专题性"小片"都是前期一系列艰难采访报道行动的成果——晚会成了展示的平台;同时,它一般长达半年的制作周期也说明了这并不是仅仅在灯光、舞美方面准备一下就好了的,在其背后有一支强大的特别制作队伍在逐月逐日地忙碌于各方面的前期准备过程中。

也正是因为这些"特别",使得"3·15"晚会作为一档晚会而言,并不那么华彩、甚至有些朴实,但是其作为一档重大社会事件型特别节目而言,却是极其成功的——这给人的启示在于:特别节目需要"特别内蕴"。

五、大型电视系列片

细心的读者会发现,笔者在排列不同类型电视特别节目的顺序时,是按照节目类型的新锐度和成长性要素来进行的。而在这部分最后要谈的大型电视系列片,的确是中国电视特别节目中历史最为悠久(因而谈不上新锐)、发展最为成熟(所以成长性缺失)的节目类型。它的黄金时期,其实是在20世纪80年代前期到90年代前期的"专题片时代"②。而在今日,由于一部《再说长江》的兴起在一定程度上引起了人们的关注,也引起了本书的重视。

(一)概念界定

大型电视系列片——这一拥有二十多年发展历程的电视特别节目,由于其形态特征和内容特质已然非常成熟,所以对其概念的描述,并不是复杂之事。

笔者认为,要想把握"大型电视系列片",在形态特征上须把握"大型"和"系列片"这来两个语词的意义:首先,何谓"大型"?这是有质与量上的两部分

---

① "央视国际"网站 CCTV-3·15 晚会资料,www.cctv.com.

② 注:根据本书第五章"电视纪录片"的论述,所谓的"专题片"已被归入了"专题型纪录片"一类中。

体现,在质方面,是节目前期立项、策划准备充足,节目中期人、财、物耗费高,节目后期编辑制作精致、节目播出影响深远等;在量方面,是节目工作人员多、节目播出时间长、节目分集多、节目播出周期长等。其次,何谓"系列片"?"系列"则肯定是分集播出,同时集与集之间的联系也是一脉相承,而非各表一枝。此外,由于是系列播出的,所以最终的播出效果也是具有整合特性的。

而内容特质的把握,则离不开"传承历史文化"、"应合社会潮流"以及"影响民众心理"的充分认识。

由此可知,大型电视系列片,可以定义为:

"前期立项、策划准确充分,中期人、财、物投入大,后期编辑制作精良的分集系列播出的电视特别节目,它往往在传承历史文化、应合社会潮流的同时,能够广泛地影响民众心态。"

(二)典型案例

大型电视系列片的案例并不多,而且时间跨度极其久远。但是,这种类型的特别节目中的每一部作品,却都引起了巨大影响,几乎都成为播出当时的社会文化热点现象。甚至可以说,电视在当今的中国有如此之大的统摄力,跟那时候(主要是20世纪80年代)打下的良好基础,不无关系。正是从那时的那些大型电视系列片起,电视的大众化步伐开始慢慢加快。

1.《话说长江》

大型电视系列片《话说长江》是在1982年播出的,一共25集。在今天看来,别说是这种专题型纪录片,就是一般的电视连续剧都限制在20集左右,因而由此也可以说,仅就篇幅来说,《话说长江》就是"特别"的。

在当时《话说长江》的播出过程中,这个节目使全国人民感觉到耳目一新,收视率到达了40%,这是相当可观的(目前在中国电视界,这种精英话语性质的电视节目,如果收视率能够达到0.4%就算比较不错了,相差一百倍)。而且,在这个节目的播出过程中,它所拉开的长江画卷点亮了电视屏幕前的每一双眼睛,长江沿岸的秀美风光深深地印在了人们的脑海中,由此也自然收到了大量的观众来信,以至于在这25集的节目当中,其中有两集竟是专门做的"答观众问"。这使这个特别节目跟观众的关系产生了微妙的变化,而且产生了观众对这个节目的认同。

当时,这部大型电视系列片的播出,令一个人和一首歌风靡全国,至今还有不小的影响:那就是该节目的主持人陈铎和该节目的主题歌《长江之歌》,这也从一个侧面反映了这部电视特别节目的特殊价值。

2.《话说运河》

在《话说长江》的热播引起了中国电视史的第一次"专题片"收视高潮之后,尝到了甜头的中央电视台感受到了非常大的鼓舞。该特别节目一播完,在这个基础之上的原班人马就进入了《话说运河》的制作。

《话说运河》于1984年开拍,在之后的1986年3月到1987年1月,进行了九个月的播出。这次播出的轰动效应甚至大大超过《话说长江》。

在《话说运河》的拍摄过程中,大型电视系列片的摄制手法和模式开始臻于完善:首先,注意现场的氛围,把现场作为非常重要的元素,有意识把现场保留得非常真实;其次,比较重视平民视角。不只是推到跟观众面对面,还把记者推到现场,让他们跟老百姓进行交流,跟观众进行直接交流。另外,老百姓在画面里成了一定的主角,有说话的权利。把话筒交给了老百姓,比《话说长江》有了很多进步;此外,《话说运河》还采取了边制作边播出的形式,前面制作了几集就开始播出,后面的制作,把观众大量的意见融入到系列节目之中;同时,在更纯技术的层面来看,《话说运河》的航摄也比《话说长江》更为贴近观众。

可以说,大型电视系列片在20世纪80年代的"头两炮"是非常成功,因着这两部片子的成功,在接下来的十年左右时间内,诞生了一批同类型的电视特别节目,其中比较优秀的有如《望长城》等等。但是,时至今日,大型电视系列片虽不能说已成为"明日黄花",但是其颓势还是非常明显的——其本质原因在于:那种电视理念的时代已经远去。

3.《再说长江》

"长江后浪推前浪",不再是时代主流的大型电视系列片,因为《再说长江》,似乎在二十年后又找到了当年的风采。正是在这二十年后,33集大型电视系列片《再说长江》全新启动。《再说长江》,每集30分钟,将于2006年在中央电视台第一套节目黄金时间播出。

根据笔者的了解,《再说长江》将"以人物为主体,以故事为核心,以悬念为切入"作为摄制工作的指导原则;力求以最生动、最典型的人物作为叙事的主体,通过人来透视自然长江的生命力,通过人来折射长江的发展与变化;力求通过故事来讲信息,是故事化的信息和信息化的故事,能够使人们在一种易于接受与理解的叙事方式中感受与认识长江;力求切入方式引人入胜,设问与发现并重,引领主题的深入。[①]

---

① 参见"央视国际"网站"再说长江"资料,www.cctv.com.

这部从 2004 年 6 月开始摄制的电视特别节目,集聚了当前中国电视界最精锐的力量,使用着最精良的设备,因此使人看到了大型系列电视片的今日活力。而从中,给予人最大的启示莫过于:大型系列电视片作为电视特别节目中一种历史悠久的类型,它的生命之火并未完全熄灭。特别是在当下新锐制作理念、制作团队、制作设备的投入,在 2006 年重磅推出时,一定不会让对其有期待的人们感到失望!

第四节   电视特别节目链和运营推介

从当下中国乃至全球电视事业的发展趋势角度来看,只要是对电视业界深入且熟谙的有识之士都会认识到"特点突出"已然成为电视节目、电视频道乃至电视台在愈加激烈的市场影响、广告份额、观众资源等等诸项竞争中突出重围、崭露头角的不二利器。而办好电视特别节目无疑就是电视机构广泛吸引电视观众、全力打造精品电视最为重要的手段。

从某种意义上讲,特别节目的制作,与王牌栏目的推出一样,成为电视机构生存和发展的最重要手段。越来越多的电视台意识到加强自身形象包装推介的重要,开始有计划地策划系列大型活动和特别节目,以凸显自身存在,提高收视率和市场占有率,争夺广告客户,树立媒体形象;与此同时,越来越多的电视人,也通过特别节目这一相对灵活、特殊而又有深远影响力量的平台,实现自己的电视愿景。

因此,对于电视特别节目热点争鸣问题的关注,无疑将在明确其类型界定之后,更进一步加深对其的理解和认识。

一、"栏目—频道—台(网)"电视特别节目链

从当前的中国特别节目的发展状况来看,在各级电视媒体中,只要有实力运作特别节目的,都形成了从栏目到频道,再到台(网)的"节目链"。是对这一链条中的每个组成层面的特别节目做一分析,无疑是从媒介经营的宏观视角切入的,是对电视特别节目的又一类解读方式。

(一)栏目层面

顾名思义,栏目层面意指从单个栏目的运作层面生发、开设特别节目。

这一层面是电视特别节目生根发芽的最基础承载,毕竟电视栏目是电视荧屏上最为观众熟知和接受的常规形态,在电视栏目中呈现的并不仅仅是内

容层面的节目理念、节目主持人、节目环节等等外在的可见因素,更内隐着意识形态结构、商家广告投放、观众收视惯性等诸多非显性因素。从某种程度上,这一系列的内隐因素便是电视理论学界和实践业界更需把握拿捏的要义所在。

电视栏目作为电视事业发展的关键载体,其对于电视业界社会声誉和经济获益的特殊支撑力,一直以来均是从学界到业界的观照热点。如何保持电视栏目的品牌影响和时代特性?如何务实地使中国电视屏幕中能够出现像美国 CBS《60 分钟》一样长盛不衰的栏目?这些问题一直在广大电视从业者和理论研究者那里得到一次次的回答、论证,答案可以说是越来越完满了。但是,回答这些问题的方向却一直有一些偏差,其中最明显的就是过于重视改版。由长久以来没有足够的经营理念和品牌意识,电视栏目的制作人、编导往往不能理性的把握改版的时机、目的和效果。往往"大家改我也改","我上台按我的改,你掌权按你的变"或者"一年一小改,三年一大改",其结果可想而知:"千栏目一面"、"面目暧昧不清"、"面目变化多端"成了当下中国电视栏目中的通病。更深入地来看,这也同时间接影响了相关电视频道的品牌实力、投资实体对于电视媒体的投入兴趣以及电视从业人员的事业忠诚度与专业素养。笔者在此不由地要为浮泛的改版之风降降温,提出:电视栏目与其不断地改版,不如多制作些影响深远的特别节目(从某种意义上说,特别节目是电视栏目之于普通常规节目的一种"内容性改版")。

电视栏目之于电视发展的重要意义是彰显分明的,很难想象没有栏目支持的电视频道的存在状况。但是,电视栏目的创新进展,正如上文所述,并不在于盲目的改版,而更在于两方面的运作把握:一方面在于加强所属节目的内容建设,不断提高节目质量;另一方面就在于注重对电视节目和电视栏目的包装,加强自身的宣传,而能够将这两方面兼顾的运作方式,就是策划特别节目——"一个成熟的栏目经常通过制作特别节目来表现实力,扩大影响,提升栏目地位,形成收视热点。《东方时空》走过 9 年,在人员力量和节目经验上的积累,使得操作特别节目成为一种内在的需求……这样的设计,为栏目赢得关注。"[①]

(二)频道层面

在电视机构的运营结构中,从栏目向上发展一级的层面,便是频道层面。

---

① 梁建增:《内涵是金·内容为王》,《电视研究》,2002 年第 3 期。

"频道"作为当下中国电视业界和学界均广泛关注和使用的一个关键词,毋庸置疑,是具有理论和实践价值的。打造频道品牌、构造专业化频道、频道整体运营包装等等都是由频道层面生发的种种热点议题和发展趋势。

正如张同道所言,"如果说电视栏目是电视台的家常菜,那么特别节目则是盛宴。没有电视栏目支撑,电视频道将为无米之炊;没有特别节目,电视频道将流于平庸。"[①]的确,在当今频道专业化、付费频道推广等竞争发展的背景下,特别节目似乎也更成为一个频道树立品牌、扩展影响的重要手段。在这时,特别节目往往能够跳出栏目局限,迈向频道层面。

诚然,由其特殊的层面所在,决定了"频道特别节目"与常规电视栏目是一种互动关系,两者在彼此促进、互为他者的同时,更是对于频道整体架构有着稳固的支撑意义和发展价值。"频道特别节目"既能提高电视频道整体收视状况,对于软性的观众收视习惯和刚性的电视收视数据的提升都不失为最有力的手段;同时,"频道特别节目"也往往能以"一览众山小"的气势,成为包装所在电视频道形象的最有效策略。特别节目总是和特别事件联结在一起,"频道特别节目"的最大特色就表现在于"全频道的高度策划、制造媒介事件(Media Event)",其中的关键词即为"独":以独到新闻鼻(News Nose)挖掘选题,以独特理念分析事件,以独有模式运作节目。以上的"三独"是归纳容易、践行困难,在电视业界的实际制作中,对于频道层面的特别策划,虽然已然是各家高手的深谋远虑甚至是处心积虑之蓝图规划,但是题材撞车和模式雷同却是比比皆是。就在2004年度进行的几个大型的"频道特别节目"中,CCTV-2经济频道"城市中国"项目与CCTV-新闻频道"魅力城市"项目,湖南卫视"超级女声"选秀与东方卫视"莱卡我型我Show"选秀就非常相似,甚至容易混淆。

此外,"频道特别节目"特别地考验了所在电视频道迅速的反应能力与组织水准。大型特别节目做得如何,是能够令到行家里手洞察相关主办频道的人力、财力、文化品位与社会影响力的。但是,必须明确的是,"频道特别节目"之定语是"频道",凸现了其并不是与专业频道无关的节目,而是与专业频道风格契合的相关特别节目,它的价值在于提升专业频道的知名度与冲击力,塑造频道形象。正如"水能载舟亦能覆舟"一样,如果不量力、不审慎地运作"频道特别节目",首先节目本身就不容易成功(体现在广告招商与社会影响力上);其次就算节目本体受到好评,但对于相关频道发展合成本、合规范的理性促进

---

①   张同道:《中国电视频道专业化探讨》,《电视研究》,2001年第6期。

就不能够达到预期目标(比如改版前旅游卫视的特别节目《打的去伦敦》)。

(三)台(网)层面

由频道至上,便是电视机构的最高形态,电视台(网)层面。在这一层面所运作进行的电视特别节目也可以称得上是特别节目中的最高形态,特别节目中的"特别节目"。

毫不讳言,"台(网)特别节目"是立台(网)之本。试看较早前春节联欢晚会之于中央电视台和近两年"9·11"报道之于凤凰卫视的建立台(网)品牌、影响力的巨大贡献,从中便能领悟到"台(网)特别节目"的特别之处。同时,这种特别影响,不仅仅给予相关电视机构以足够的建构支撑,更体现在对于国计民生、社会进程到普罗舆情的深远影响。比如每年的春节联欢晚会不但已然成为传统节庆文化的新载体,更有彰示政权稳固的意识形态功能;而大致每逢十年举行的国庆阅兵的特别转播节目,与其说是电视盛宴,毋宁说是强势的国家意识的潜在渗透;甚至相对软性的诸如凤凰卫视"中华小姐环球大赛"选美,也结合其他林林总总的选美、选秀活动,潜移默化地影响民间审美心态与取向以及年轻一代(特别是女性)的成功观和生活目标。

主打建构的"台(网)特别节目"项目,对于任何一家电视机构不仅仅是一次机遇,同时也处处流露出挑战性的特质。一些节庆类、主题策划类的特别节目,对于一家电视机构而言,虽然可能准备工作同样繁复,但是一般都会有比较长期的预备时间,往往也不存在人力、财力的空缺。但是,诸如"9·11"、"SARS"、伊拉克战争等极具突发性和时效性意义的此类特别节目制作时,如何在第一时间,在一个电视台(网)内,聚集足够的人力、物力和财力,辅以第一敏感性和策划迅捷度,将特别节目做细、做足、做好,则对于大大小小的电视机构而言,无疑都是一个挑战。

也因此,"台(网)特别节目"可谓是电视节目阵群中当之无愧的"航空母舰",往往有着"一荣俱荣、一损俱损"的现实效应。特别是在国内电视媒体的意识形态性质与政宣喉舌性质依然牢固的今天,一个级别的电视台往往也对应着一个级别的行政机构,从中央到省到地市,"台(网)特别节目"往往也是同级别党政机构(特别是宣传部门)的关注焦点和工作重点。如若此类层面的特别节目办得不好、甚至出状况,那么当事负责人、管理团队的业务前景和事业发展也将随之黯淡。

当然,诸如凤凰卫视、星空卫视等一些在国内落地的境外强势电视机构,他们的话语空间相对来说要大一些。只要他们自身的实力和业务能力足够,以及在节目选题方面注意避免过于敏感的事件,或将其"软化",那么他们的"台(网)特别节目"的发展视域无疑会越来越大。同时,这类特别节目的成功策办,对于其品牌的树立也将有良性的互动。

二、电视特别节目运营推介

由于电视特别节目对于制作单位的重要意义,所以相比其他类型的电视节目,其运营和推介工作的重要性与力度都更为强化。

(一)宏观运营框架

电视特别节目不能仅仅作为特别的节目类型去观照,也不能仅仅以电视节目的传统评价方式去衡量,而更应该从项目经营运作的高度去处理。科学、规范的特别节目运营体系、框架应该包含以下几个组成要因:

1. 确定适当的节目管理者(制片人),建构良好的管理机制

特别节目运营框架的建构,涉及电视台各个节目制作、管理统筹部门和广告营销、对外推介部门等等,其协调性要求高,涉及相关机构较多。因此,节目管理者最好是电视机构的业务管理部门,并在指定的业务主管部门下面设立专门的业务运作部门——特别节目工作组,负责对框架内的具体运作业务进行管理。

在项目运作过程中,要充分依靠现有节目运作机制,明确分工合作。同时,在充分协调与沟通基础上,形成以业务垂直领导为依据的、层次明确的管理机制,实施有效管理。

2. 确定适当的节目运作者,建构规范的运作机制

特别节目经营框架的具体操作层运作布局,涉及面较广。运作者应该尽量包含各个方面的成员。根据框架运作需要设立的项目运作工作组,是体系的运作者。具体操作行为,由相关的项目运作工作小组负责进行。项目运作工作小组由特别节目工作组牵头,组织业务主管部门、相应节目部门、广告营销部门、市场开发部门、财务精算部门、法律咨询部门等的人员共同组成。

项目运作时,应有明确的规划管理原则、分工合作原则和管理协调方法,并在这些具体的规范指导下运作。

3. 确定科学的推介工作步骤,建构合理的对象分类标准

既然作为节目运营框架,必然需要推介工作的步骤安排。在具体推介行为中,涉及的推介对象千差万别,导致推介行为的差异性很大,为了便于管理、规范运作,保证推介效果良好,需要根据适宜的分类原则,对推介对象进行科

学分类管理。并根据不同的类型,建立不同的推介标准和模式。

4. 确定有效的经营手段与平台,建构科学的经营模式

只有有效的手段、合适的平台和科学的模式,才能使特别节目的经营运作活动达到良好的效果。特别是在不同的推介模式建立后,依据推介对象的等级,制订具体实施方案,并依此分阶段地落实方案。

由上可知,特别节目的运营流程,从选题对象的找寻、确立,到运作方案的策划、实施,相关运作报道组都应在业务主管部门与节目主管部门之间,依据规范的方法,进行良好的沟通。同时将管理、运作、推介等诸多细节分工与任务统筹,以成本化、人性化、流水线化的方法论原则自始至终地进行。而且,特别节目对于相关参与工作的人员都有更加综合性和高端性的指标和要求,只有真正"一专多能"、有节目意识和经营意识的优秀电视人方能成为特别节目运营框架中的主体建构者。

(二)具体推介要点

1. "早"——提早广告、公关

电视特别节目的宣传和推介,可以认为是一种自我包装的广告手段。广告到达观众,引起观众注意,被观众认同到产生期待,这需要一定的时间过程。如果过程过短,就无法引起或完成观众这一系列的心理反应,从而影响宣传效果;同时,电视特别节目的宣传和推介,也可以认为是一种自我推广的公关过程。特别节目的运作,因为其重大性特征,毕竟具有一定的风险性,也因此除了使观众要在收视前有心理预热,更应该针对所做节目特性提早做好政府公关和企业公关,在很多时间还得加上其他媒体的公关照应。

因此,提早广告公关预热,保证推介工作时间的充裕,是做好重大活动(特别节目)的宣传和推介的前提。

例如,2004年香港凤凰卫视举办的"中华小姐评选"活动,该活动是2004年电视台一整年的"重头戏",评选要到下半年才真正开始并揭晓。然而,电视宣传片则从年初开始,以"预约一整年的美丽"为主题,不断地播出,不断地提醒关注,不断地制造期待;同时,该活动与各家企业的宣传推广互动(如珠宝业、旅游业等),以及与兄弟媒体的关注报道互动(如新浪网等),也从公关角度壮大了整体活动的声势。

2. "多"——"三多"(多渠道、多阶段、多频次)投放宣传片

特别节目的宣传和推介,需要形成一定的强势规模。而借助多种推介平台,多渠道进行多种形式、多重角度的宣传是增强宣传推介效果的重要手段。

在进入信息时代的今天,电视媒体只是众多媒介类型中的一种,并不是人们获取信息的惟一渠道。因此,借助其他媒体,发挥各自的宣传优势,可以有效地丰富宣传推介的内容,补充仅仅依靠电视媒体进行宣传造成的缺失。例如,在"9·11 周年祭"活动中,美国 ABC 既与《今日美国》携手为专题节目"102 分钟:关键时刻,严重灾难"大作宣传,又通过 ABC 自己的网站进行节目导视。

特别节目的宣传推介,应该针对不同时期活动(节目)的特点,分析宣传的侧重点,划分为不同阶段进行宣传。尤其是节目临近时,更要大量地投放导视宣传片,加强播出的频次。以 Discovery 频道为例,他们在 2003 年 5 月 26 日至 30 日播出了纪念登上珠峰 50 周年的系列节目,频道在 5 月 21 日就将此作为了全天的主要宣传内容,共播出了四个版本的宣传片,在 24 小时之内频次达到 70 次。

3."准"——找准卖点、受众

电视媒体的特别节目内容、形式迥然各异,不同性质的活动(节目)有其相应的艺术特点和受众群。因此准确的宣传角度和宣传定位,是做好特别节目宣传和推介的关键。

例如,一年一度"CCTV-MTV 音乐盛典",是内地及港台地区流行乐界一项重要的音乐颁奖典礼,又备受众多酷爱流行音乐的年轻人所关注。因此活动举办方抓住这些特色,选择相应的宣传造势手段。2003 年颁奖前夕,"CCTV-MTV 音乐盛典"在上海的 RojamDisco 和北京的 JJDisco 举办了两场拉票派对。这种推介方式首先符合音乐节目的特点,同时无论形式还是内容都是这一特定受众群乐于接受的。

4."新"——创新企划、宣传

在电视媒体竞争日趋激烈的今天,勇于开拓,独树一帜,才能脱颖而出。特别节目的宣传推介和其他类型的宣传一样,吸引观众眼球是成功的先决条件。不同的活动(节目)有着各自的特点,宣传推介也没有固定的模式。总之,只有独具特色、推陈出新的方式,才能够令人耳目一新,达到宣传和推介的目的。

参 考 文 献

著　作：

［匈］巴拉兹·贝拉.电影美学.北京：中国电影出版社出版,2003.

北京广播学院电视系学术委员会.中国应用电视学.北京：北京师范大学出版
　　社,1993.

［美］布鲁斯·F.卡温.解读电影.桂林：广西师范大学出版社出版,2003.

辞海编辑委员会.辞海.上海：上海辞书出版社,1989.

傅显明,张隆栋.外国新闻事业史简编.北京：中国人民大学出版社,1988.

高鑫.电视艺术学.北京：北京师范大学出版社,1998.

耿文婷.中国的狂欢节——春节联欢晚会审美文化透视.北京：文化艺术出版
　　社,2003.

关玲.中国电视文艺20年.北京：北京广播学院出版社,2000.

关玲.多维视点.北京：北京广播学院出版社,2000.

韩小磊.电影导演艺术教程.北京：中国电影出版社出版,2004.

郝建.影视类型学.北京：北京大学出版社,2004.

何丹.电视文艺.北京：中国广播电视出版社,2001.

洪民生,刘文敏.中国电视音乐.北京：中国三峡出版社,1996.

胡经之.文艺美学.北京：北京大学出版社,1999.

胡钰.大众传播效果.北京：新华出版社,2000.

胡智锋.电视美学大纲.北京：北京广播学院出版社,2003.

胡智锋.会诊中国电视.北京：文化艺术出版社,2005.

黄匡宇.电视新闻学.北京：华东师范大学出版社,1990.

［美］吉妮·斯克特.脱口秀——广播电视谈话节目的威力与影响.北京：新华
　　出版社,1999.

姜依文.生存之镜.北京：北京广播学院出版社,2000.

吕新雨.纪录中国：当代中国的新纪录运动.北京：三联书店,2003.

吕正标,王嘉.电视新闻节目理念、形态与实务.北京:中国广播电视出版社,
2004.

[美]麦克·奎恩.理解电视——电视节目类型的概念与变迁.北京:华夏出版
社,2003.

苗棣.电视艺术哲学.北京:北京广播学院出版社,1997.

[苏]莫·卡冈.艺术形态学.北京:三联书店,1986.

[美]尼尔·波兹曼.娱乐至死.桂林:广西师范大学出版社,2004.

任远.电视纪录片新论.北京:中国广播电视出版社,1997.

单万里.纪录电影文献.北京:中国广播电视出版社,2001.

孙玉胜.十年——从改变电视的语态开始.北京:三联书店,2003.

陶涛.电视纪录片创作.北京:中国电影出版社出版,2004.

项德生,郑保卫.新闻学概论.武汉:武汉大学出版社,2000.

项仲平.电视节目策划.北京:中国广播电视出版社,2002.

汪文斌,胡正荣著.世界电视前沿.北京:华艺出版社,2001.

王录.电视综艺节目特色与走向.北京:中国广播电视出版社,1999.

吴素玲.电视剧发展史纲.北京:北京广播学院出版社,1997.

杨伟光.中国电视专题节目界定——研讨论文集锦.北京:东方出版社,1996.

杨伟光.电视转播文集.辽宁:辽宁民族出版社,1991.

杨燕.电视戏曲论纲.北京:中国广播电视出版社,2000.

杨燕.中国电视戏曲研究.北京:北京广播学院出版社,2002.

叶子.电视新闻学.北京:北京广播学院出版社,1997.

叶子.电视新闻节目研究.北京:北京师范大学出版社,1999.

游洁.电视文艺节目的创作.北京:中国广播电视出版社,1999.

于丽爽,宋茜.谈话的力量.北京:中央编译出版社,2004.

张法.美学导论.北京:中国人民大学出版社,1999.

张凤铸.中国电视文艺学.北京:北京广播学院出版社,1999.

张广智.影视史学.台北:扬智文化事业有限公司,1998.

张锦华.传播批判理论.台北:台湾黎明文化事业公司,1996.

张君昌.应用电视新闻学.北京:中国广播电视出版社,1997.

张雅欣.中外纪录片比较.北京:北京师范大学出版社,1999.

赵玉明.广播电视简明词典.北京:中国广播电视出版社,1999.

赵玉明,王福顺.中外广播电视百科全书.北京:中国广播电视出版社,1995.

赵玉明,王福顺.广播电视词典.北京:北京广播学院出版社,1999.

郑保卫.当代新闻理论.北京:新华出版社,2003.

钟大年,于文华.凤凰考——建构一个新传媒.北京:北京师范大学出版社,
    2003.

朱宝贺.电视文艺编导艺术.北京:中国广播电视出版社,1996.

朱菁.电视新闻学.杭州:浙江大学出版社,1999.

壮春雨.电视节目学概要.杭州:浙江大学出版社,2001.

宗匠.电视娱乐节目理念设计与制作.北京:中国广播电视出版社,2003.

期　刊:

《中国广播电视年鉴》(1999—2005)

《中国广播电视学刊》(1999—2005)

《现代传播》(1999—2005)

《电视研究》(1999—2005)

《中国记者》(1999—2005)

《新闻战线》(1999—2005)

《新闻大学》(1999—2005)

《当代电视》(1999—2005)

《中国电视》(1999—2005)

后　记

　　本书是中国传媒大学徐舫州教授带领"电视节目类型学"课题组成员,从 2004 年 6 月到 2005 年 6 月,耗费一年时间,投入辛勤劳动,最终打造而成的电视学学术作品。

　　在徐舫州教授的指导下,本课题组成员在经过多次"头脑风暴"讨论,掌握广泛学术资料后,方才根据个人学术优势和兴趣,以分工协作的方式开始书稿的创作,并又经过了反复三次的修改,最终成书。本书具体各章写作分工如下:

　　导论——徐舫州、徐帆

　　第一章——邹晶、白健

　　第二章——姚紫虹、陶鹃瑜

　　第三章——刘斌、刘媛媛

　　第四章——刘颖、孟鑫

　　第五章——常仕本

　　第六章——刘园、董鹏

　　第七章——李欣

　　第八章——徐帆、芦婧睿

　　本书最终统稿及联络工作由徐舫州教授指导徐帆完成。在全书进展过程中,徐舫州教授一直对各章内容的写作进行指正,并审订了本书的终稿。

　　我们课题组成员难忘本书论证过程的雄辩、写作期间的耗神以及徐师点拨的幽默,还有师母张静滨教授无微不至的关怀。同时,也非常感谢浙江大学出版社能够提供这次出版机会!

　　我们希冀这本《电视节目类型学》对于中国电视学界、业界而言,是一本"实在的书",并衷心期待诸位读者不吝指教!

作　者
2005 年 11 月

图书在版编目（CIP）数据

电视节目类型学/徐舫州,徐帆著. —杭州：浙江大学出版社，2006.3（2022.8 重印）

（求是书系. 广播电视学）

ISBN 978-7-308-04653-4

Ⅰ.电…　Ⅱ.①徐…②徐…　Ⅲ.电视节目－类型学
Ⅳ.G222.3

中国版本图书馆 CIP 数据核字（2006）第 018459 号

电视节目类型学

徐舫州　徐　帆　著

责任编辑	曾　熙
装帧设计	俞亚彤
出版发行	浙江大学出版社
	（杭州市天目山路 148 号　邮政编码 310007）
	（网址：http://www.zjupress.com）
排　版	杭州青翊图文设计有限公司
印　刷	浙江临安曙光印务有限公司
开　本	787mm×960mm　1/16
印　张	16.75
字　数	275 千
版印次	2006 年 3 月第 1 版　2022 年 8 月第 14 次印刷
书　号	ISBN 978-7-308-04653-4
定　价	42.00 元
